유능한 상담자의 심리치료

내담자에게 집중하라

Scott D. Miller · Barry L. Duncan · Mark A. Hubble 공저
김희정 · 조민아 · 송소원 · 장석진 · 이정화 공역

학지사

Escape from Babel

역자 서문

2002년 가을, 역자는 이 책의 대표 저자인 스콧 밀러(Scott D. Miller)의 워크숍에 참석한 적이 있다. 워크숍의 주제는 심리치료자가 아무리 뛰어나나 하더라도 상담은 내담자가 주도적일 때 그리고 치료자가 내담자의 강점과 자원을 신뢰하고 지원해 줄 때 더 효과적이라는 내용이었다. 이 책에는 심리치료의 주인공은 심리치료자가 아니라 내담자라는 밀러와 그의 동료들의 관점이 잘 반영되어 있다.

역자는 '내담자 주도적' 혹은 '내담자의 강점과 자원을 신뢰하라.'는 이 책의 주제를 좀 더 쉽게 요약하기 위해 옛이야기를 하나 들려주고 싶다. 이 이야기는 역자가 인턴으로 일했던 상담센터 'Center for Change'와 역자의 슈퍼바이저였던 로버트 윌리엄스(Robert Williams)에게 보내온 밀러의 이메일에서 발췌한 것이다.

며칠 전 셀던 콥(Sheldon Kopp)의 글을 읽다가 이런 이야기를 발견했습니다. 옛날에 많은 사람들이 높이 받들던 저명한 도사가 한 분 있었는데, 하루는 그의 제자 중 한 사람이 물 위를 걸었다는 이야기를 전해 들었습니다. 그러자 도사는 제자를 불러 사실을 물었습니다. "자네가 물 위를 걸었다는 소문이 들리던데, 어찌된 일인가?" 그러자 제자가 말하기를 "스승님의 이름을 크게 부르며 걸었더니 제가 물 위를 걸을 수 있었습니다."라고 하였습니다. 도사는 "저 바보 같은 녀석도 그리할 수 있다면 나도 할 수 있을 테지." 하며 강가에 가서 물에 발을 넣으며 소리쳤습니다. "나야, 나! 나라고!" 그러자 그는 우스꽝스럽게도 재빨리 물속으로 가라앉아 버렸다고 합니다. 존 위크랜드(John Weakland)는 심리치료자들이 너무 자기만의 방식을 고집하다가 오히려 치료의 핵심을 이해하지 못하게 된다고 경고한 적이 있지요. 이처럼 우리는 치료 과정에서 무엇이 가장 중요한 것인가를 잊어 가고 있는 것 같습니다. 앞에서 말한 도사처럼 우리도 내담자를 신뢰하지 못하고 자신을 과신한 나머지 물속으로 가라앉고 있는지도 모릅니다.

그동안 250여 가지가 넘는 다양한 심리치료 이론들(정신분석, 행동주의, 인지주의, 인본주의, 실존주의, 게슈탈트 상담, 현실상담 등)은 서로 자신의 이론이나 모델이 다른 이론이나 모델보다 더 효과적이라는 것을 증명하기 위해 논쟁해 왔다. 특히 그 선두에 섰던 심리치료자들의 모습은 앞의 이야기에 나온 도사의 모습과 별반 다르지 않았다. 그러나 저자들은 이 책을 통해서 이렇게 많은 심리치료 이론 중 어느 것도 다른 것보다 더 효과적이거나 덜 효과적인 것은 없으며, 오히려 모두 비슷하게 효과가 있음을 실제 연구를 예로 들어 보여 준다. 그리고 우리가 명심해야 할 것은 이렇게 많은 이론과 모델을 아우르는 통합적 언어, 즉 심리치료의 공통분모인 네 가지 요인(치료 외 요인, 관계 요인, 기법과 절차, 기대 · 희망 · 플라시보)이라고 주장한다.

이 책은 심리치료 공부에 첫걸음을 내딛는 초보 상담자가 자신이 배운 것을 통합하여 앞으로 나아갈 방향을 모색하는 데 도움을 줄 수 있을 것이다. 또한 현재 상담 및 심리치료 분야에서 활동하고 있는 전문가에게는 자신의 임상 경험을 돌아보고 새로운 대안을 모색하는 길잡이가 되어 줄 것이다. 그리고 심리치료에 관심 있는 모든 연구자에게는 병리와 문제 중심의 전통적인 심리치료 관점에서 강점과 해결중심의 관점으로 패러다임의 전환을 가져다줄 것이다. 여기에 저자들의 유머와 위트 섞인 사례, 비유들은 보너스로 갖고 가도 좋다.

저자들이 에필로그에서 고백하였듯이, 역자들 역시 자신을 '~주의자' 혹은 '~접근법을 사용하는 치료자'로 정의하고자 하는 유혹에서 완전히 자유로워지기란 어려울 것이다. 하지만 그때마다 이 책에서 말하는 심리치료의 통합적 언어를 기억하고, 내담자의 힘과 자원을 신뢰하며, 그것을 내담자가 활용하도록 조력함으로써 효과적인 심리치료자가 되도록 노력할 것이다. 독자들도 이 책을 통해 효과적인 심리치료자로 거듭나기를 바란다.

끝으로 역자들이 함께 모여 이 책을 번역하고자 했을 때 흔쾌히 책의 출판을 허락하고 지원해 주신 학지사 김진환 사장님과 직원 여러분께 감사 드린다.

2009년 8월
역자 대표

추천사

이 책은 심리치료에 대한 명쾌하고 즐거운 비판을 통해 독자로 하여금 많은 것을 생각해 보도록 한다. 심리치료의 실제에 대해 걱정어린 논평을 내놓는 마빈 골드프라이드(Marvin Goldfried), 존 노크로스(John Norcross) 그리고 폴 와첼(Paul Wachtel)과 마찬가지로, 이 책의 저자 스콧 밀러(Scott D. Miller)와 배리 던컨(Barry L. Duncan) 그리고 마크 허블(Mark A. Hubble)은 통합적 언어를 소개함으로써 심리치료의 치유적인 측면에 초점을 맞추도록 한다. 이들은 각기 다른 치료 체계를 제시하는 사람들과 달리 특정 심리치료를 확립하는 데는 관심이 없다. 대신 심리치료의 핵심이 되는 몇 가지 간단한 원리에 주목한다. 즉, 독자에게 어떤 새로운 심리치료 체계를 받아들이라고 강요하지 않으면서 심리치료에 대한 자신들의 관점을 유쾌한 문체로 매우 신선하게 소개하고 있다.

이 책에서는 네 가지의 공통 요인에 초점을 두고 이를 설득력 있게 설명하고 있다. 저자들도 말했듯이, 이 네 가지 요인은 이론적 관점에서 보면 특별히 새로운 발견은 아니다. 하지만 이 요인은 내담자의 긍정적인 변화라는 가장 중요한 부분을 치료 경험과 임상에 기초하여 응축한 것이다. 따라서 치료자가 개인적으로 '어떤 이론에 기초하여 치료를 개념화하는가'와 상관없이 이 핵심 요소는 모든 심리치료 체계에서 가장 주목할 만한 것이다.

심리치료의 역사를 통해 이들 공통 요인에 대한 임상적 · 경험적 증거는 충분히 제시되어 왔다. 이 책은 풍부한 임상적 자료를 사용하여 이를 설명하고 심리치료의 역사를 이들 요인을 중심으로 재통합할 것을 제안한다. 이는 심리치료 분야의 최근 동향(예를 들면, '경험적으로 타당한 치료'에 대한 광기, '효과가 증명된' 치료 매뉴얼의 개발 및 사용, 특정 장애에 가장 적합한 치료법을 적용하려는 움직임)과는 뚜렷한 대조를 이룬다. 그럼에도 불구하고 저자들이 수십 년 동안의 연구와 현명한 치료자 및 철학자의 은유에서 지혜를 쌓고, 특정 치료 기법에 대한 광기와 같은 최근의 추세에서는 한 발짝 물러나 있다는 점에서 감탄할 만하다. 따라서 이 책은 초보 상담가는 물론 전문 상담가들에게도 도움이 될 것이다.

마이클 램버트(Michael J. Lambert)

Escape from Babel

차례

사실을 추구하고 분류하라.
그러면 당신은 과학의 노동자가 될 것이다.
이론을 이해하고 수용하라.
그러면 당신은 이론을 위한 정치가가 될 것이다.

니콜라스 모리스 아르투스 (Nicholas Maurice Arthus), 1862 - 1945
면역의 급성알레르기(De l'Anaphylaxie a l'immunité)

Escape from Babel

프롤로그

이 책에 대한 구상은 몇 년 전 저자들이 워싱턴 시에 있는 머피네 술집에서 맥주를 마시며 나누었던 대화에서 비롯되었다. 그때 우리는 가족치료동맹(Family Therapy Networker) 연차내회가 열렸던 워싱턴에 머무르고 있었다. 밀러(Miller)는 프레젠테이션을 마치고 19년째 학회가 열리고 있는 옴니쇼어햄(Omni Shoreham) 호텔의 복도를 돌아다니며 여러 워크숍을 드나들던 중 우연히 허블(Hubble)과 던컨(Duncan)의 프레젠테이션을 보게 되었다. 처음에는 그들의 '현실 대 심리치료 산업: 현대 심리치료의 신화와 과학' 이라는 다소 자극적인 워크숍 제목에 호기심이 발동했다가 워크숍 내용이 당시 자신이 쓰고 있던 논문과 매우 유사했기 때문에 계속 머무르게 되었다(Miller, 1994a).

워크숍이 끝난 다음 우리 세 사람은 얼마 동안 서로의 생각과 의견에 대해 이야기했는데, 길 건너 머피네 술집을 향해 걸어갈 때까지 계속되었다. 처음 대화의 주제는 허블과 던컨의 프레젠테이션 내용에 관해서였는데, 특히 그 당시 심리치료 분야가 당면한 문제와 도전에 관한 것이었다. 예를 들면, 어떤 특정한 치료법의 효과에 대한 과장된 주장이나 내담자의 사소한 행동이나 염려까지도 정신건강 문제로 비화시키거나 치마 길이나 양복의 깃 모양만큼이나 유행에 따라 빠르게 나타났다 사라지는 새로운 치료 기법이 급증하는 것에 관해서였다. 또한 심리치료의 효과에 대한 공공의 감시와 의료보험 급여가 증가하고 있는 이 시대에 이론과 기법, 훈련 계보에 따른 심리치료 학파들의 분열이 심리치료가 살아남는 데 결국 어떠한 영향을 미칠 것인가에 대하여 이야기했다.

얼마 후 우리는 토론 방향을 바꾸어 현재의 문제에 대한 잠재적인 해결책을 생각하기 시작했다. 토론은 살아 있는 듯 생생했고 내용은 다양했다. 그리고 곧 대화는 몇 가지 공통적인 주제를 중심으로 응집되기 시작했다. 밀러가 냅킨 위에 아이디어를 메모했고, 누군지 기억은 안 나지만 우리 중 한 명이 마침내 이 아이디어를 책으로 만들자는 제안을 했다. 그리고 약 3년 반 후에, 우리의 우연한 만남과 그 후에 함께한 작업의 결과로 두 권의 책-『**유능한 상담자의 심리치료**(Escape from Babel)』와 『불가능한 사례를 위한 심리치료(Psychotherapy with 'Impossible' Cases)』-이 나오게 되었다.

이 두 권의 책이 그날 머피네 술집에서 우리가 느꼈던 흥분과 희망의 일부분이라도 담고 있기를 바란다. 동시에 우리의 의도는 새로운 또 하나의 심리치료 모델을 만들거나 산더미같이 쌓여 있는 임상 기초서적들에 한 줄의 제목을 더하려는 것이 아님을 유념해 주기 바란다. 다른 책들은 치료자의 일상적인 치료 작업에 필요한 실용적 정보를 담고 있지만, 우리의 목표는 서로 다른 접근을 사용하는 심리치료자가 치료 관계에서 핵심이 되는 요인, 다시 말하면 '무엇이 효과를 가져오는가'에 관해 서로 소통할 수 있는 통합적 언어를 제공하고자 하는 것이다.

감시와 책임이 무거워진 이 시대에 임상가들은 더 이상 분열되어 있을 여유가 없다. 1995년 단기치료의 선구자 존 위크랜드(John Weakland)는 사망 직전에 "우리는 '자신만의' 치료 방법을 가지는 것과 해마다 새로운 치료법이 필요하다는 것에만 집중한 나머지 위기에 처한 사람들을 돕고 변화를 촉진하기 위한 진지하고 유용한 대화로부터는 멀어졌다."(p. 16)라고 말했다. 21세기에 심리치료가 살아남고 임상가들이 조력자라는 지위를 잃지 않으려면, 서로의 명백한 차이점은 제쳐 두고 무엇이 치료에 도움이 되는지 이야기하고 협력하고 아이디어를 나눌 방법을 찾아야 한다. 즉, 우리는 심리치료의 실제에 있어서 통합적 언어를 찾아야 한다.

독자도 곧 알게 되겠지만 우리가 말하고자 하는 것은 다른 연구, 특히 심리치료의 성과와 과정 및 사회심리학 분야의 연구에 크게 의존하고 있다. 우리가 읽고 이 책에 인용한 수백 명의 연구자들의 연구 덕분에, 즉 그들이 주의 깊게 실행한 연구로부터 심리치료의 실제에 있어서의 통합적 언어가 도출되었다. 이 점에서 우리는 심리치료의 성과 연구자인 마이클 램버트(Michael J. Lambert)에게 특별한 감사를 드린다. 그의 연구와 지지, 수많은 전화를 통한 자문이 우리의 생각에 중대한 영향을 미쳤다.

그 밖의 많은 연구자와 임상가의 선구적인 연구에도 감사를 드린다. 심리치료에 있어서 공통적 치료 요인에 대한 그들의 선구적인 연구는 우리의 작업에 큰 영향을 주었다. 모두를 다 열거할 수는 없지만, Jerome Frank, Lewis Wolberg, Carl Rogers, Sol Garfield, Ken Howard, Alexandra Bachelor, C. H. Patterson에게 감사를 전한다. 또한 연구와 슈퍼비전, 격려를 통해 우리의 개인적 · 직업적 삶을 풍성하게 만들어 준 수많은 사람들–Steve de Shazer, Bill O'Hanlon, Lynn Johnson, Hal Miller, Jeffrey Zeig, Larry Hopwood, Karen Donahey, John Weakland, Scott Fraser, Bob Peach, Aileen Erbacher, Linda Heinz, Mary Talen, Justine Ritter, Doug Buchanan, Ellen Averett, Denny Schemmel, Marita Barkis, Charlie Gelso–에게 감사한다. 이 많은 연구자들과 멘토들 그리고 친구들이 없었다면 이 책의 저술은 불가능했을 것이다. 두 권의 책을 통해 격려와 인내를 보여 준 편집자 수잔 먼로(Susan Munro)에게도 감사한다.

Escape from Babel

01

바벨탑에 갇히다

심리치료의 이론과 실제

세상에는 많은 학문과 가르침이 있는데, 이러한 가르침을 공부함으로써 우리는 세대에서 세대로 전해 내려오는 훌륭한 것들을 배운다. 그러나 결국 끝에 가서 우리는 "이것이 최고다, 이것은 틀렸다."라고 말하며, 종교, 철학, 심리학 혹은 그 무엇이 되었건 그 아름다운 깃발 아래에서 다툰다.

『침묵으로의 회귀(Returning to Silence)』
다이닌 카타기리 Dainin Katagiri

사업은 탐욕스러운 과학이다. "예술이 빵을 주지는 않는다"라는 말은 이제 과거 어느 때보다도 진실이 되었다.

'Sigmund Freud가 동생 Edward Silberstein에게 쓴 편지'
지그문트 프로이트 Sigmund Freud

01

바벨탑에 갇히다

심리치료의 이론과 실제

선불교에 이런 옛이야기가 있다. 어느 날 네 명의 젊은 스님들이 깨달음을 얻기 위해 스승의 말씀을 들으러 갔는데, 스승이 젊은 스님들에게 완전히 침묵할 것을 권하였다. 이 말을 듣고, 첫 번째 스님이 열의에 차서 말하기를 "그럼 나는 이제부터 아무 말도 하지 않을 거야."라고 하였다. 그러자 두 번째 스님이 첫 번째 스님을 비웃으며 "흥, 당신 벌써 말했잖아." 하고 말하였다. 세 번째 스님이 말하였다. "당신들 둘 다 바보로군. 왜 말을 하지?" 마지막으로 네 번째 스님이 자신에 차서 말하기를 "말을 안 한 사람은 나뿐이군!"이라고 하였다.

이 네 명의 젊은 스님들의 행동은 심리치료 분야에서 다양한 상담모델을 주장하는 우리의 행동과 다르지 않다. 1960년대 중반 이후 심리치료 모델은 60개에서 250개 이상으로 그 수가 증가하였다

(Garfield, 1982; Herink, 1980; Research Task Force of the National Institute of Mental Health, 1975). 이는 거의 4배 이상 증가한 것이다. 그러나 모델을 세는 방법에 따라 실제 심리치료 모델의 수는 이보다 더 많을 것으로 추측된다(Kazdin, 1986).

이 이야기에 나오는 스님들처럼 많은 치료 모델의 옹호자들은 치료 과정에 대한 그들의 독특한 이해와 자신이 선택한 모델의 우월성을 증명하려 한다. 그러나 지난 40년 동안 상담의 효과에 관한 연구들을 통하여 어떤 한 가지 이론, 모델, 방법 혹은 일련의 기법이 다른 어떤 것보다 일관되게 더 낫다는 연구 결과는 도출되지 않았다(Lambert & Bergin, 1994; Lambert, Shapiro, & Bergin, 1986). 실제로 입수할 수 있는 모든 자료에 의하면, 정신역동과 내담자 중심 접근에서 부부치료부터 가족치료에 이르기까지 서로 다른 치료 모델들 거의 모두가 똑같이 효과가 있었다(Doherty & Simmons, 1995, 1996; Lambert & Bergin, 1994; Shadish, Montgomery, Wilson, Wilson, Bright, & Okwumabua, 1993). 즉, 단지 모델들 간의 차이점 때문에 치료 성과에 차이가 생기는 것은 아니었다.

특정 모델을 옹호하는 사람들은 몇몇 연구를 인용하여 자신들의 접근이 우월하다는 것을 보여 주려 하지만, 자료를 면밀히 살펴보면 그들 간에 의미 있는 차이는 존재하지 않는다. 정신건강 치료 분야에서 그렇게 떠들썩한 인지주의 및 생물학적 '혁명'에서조차 이것이 사실로 드러났다. 예를 들면, 최근의 생물학적 정신의학의 인기는 일반인들에게조차 심리치료보다 약물치료가 우월하다고 증명이나 된 것처럼 생각하도록 만든다. 적어도 우울증과 불안이라는 가장 흔한 두 가지 정신건강 문제에 있어서는 그렇다. 그러나 최근의 인기는 둘째치고, 지난 수십 년에 걸쳐 향정신성 약물치료와 심리치료를 비교하기 위해 수집한 자료에 의하면, 두 분야는 거의 동등한 효과를 얻는 것으로 나타났다(Lambert & Bergin, 1994). 우울증 치료에 관한 비교연구에 따르면, 약물치료와 심리치료 간에는 유의한 차이가 없다(Elkin, 1994).

'인지 혁명' 역시 엄청난 찬사를 받고 있지만, 결론은 비슷하다. 지금까지 대부분의 임상가들은 인지주의 혹은 인지-행동주의 치료가 일반화된 불안, 공포증 및 공황 관련 장애에 '탁월한 치료법'이라고 들어 왔다(Barlow, 1988). 내담자의 75%가 공포증을 극복하는 데 성공적이었다는 발로우와 울프(Barlow & Wolfe, 1981)의 연구 결과와 같은 결과가 대부분이었다. 지난 10년 동안 미국에서는 발생빈도수는 높지만 치료가 힘들고 재발이 쉬운 임상적 문제에 대해 인지주의 및 인지-행동주의가 효과적인 임상적 접근으로 자리를 잡았고, 치료 프로그램의 구조를 바꾸는 데 중요한 영향을 미쳤다. 이러한 연구 결과는 매우 획기적인 것으로 여겨졌고, 마침내 미국 심리학회 내에 '심리치료 절차의 혁신에 관한 중요한 발견을 광고하고 확산시키기 위한' 특별 전문 위원회가 구성되었다(Task Force Report on Promotion and Dissemination of Psychological Procedures, 1993, p. 1; Chambless, 1996). 이 위원회가 '경험적으로 타당하다'고 정의한 심리치료 접근의 80%가 인지주의 혹은 인지-행동주의 관점에 속한다는 것은 놀라운 일도 아니다.

하지만 불행히도 이 주장을 뒷받침할 만한 강력한 증거는 결코 많지 않다. 초기에 이루어진 몇몇 대단위 문헌 고찰에서는 인지주의와 행동주의 접근이 전통적인 언어와 관계 중심의 심리치료보다는 작지만 일관된 이점이 있는 것으로 나타났다. 하지만 이후의 연구들은 이러한 이점의 대부분이 인위적인 연구의 결과라는 점을 보여 주었다. 예를 들면, 발로우와 울프(1981) 및 기타 연구들에서 나타난 75%의 성공률은 대부분 치료 과정 전부를 실제로 다 마친 연구 대상자—처음부터 연구에 참여한 연구 대상자를 모두 포함한 것이 아니라—를 바탕으로 나온 것이었다. 다른 연구자들이 25%라는 평균적인 중도 탈락률을 넣어 계산해 보았더니, 이 접근의 성공률은 50%로 별로 크지 않은 것으로 나타났다(Duncan, Solovey, & Rusk, 1992; Prochaska, 1991). 더욱 문제가 되는 것은 인지주의와 행동주의에 대해 우호적인 결과를 보여 주는 연구들은 대부분 결과 측정에 있어서 반응성이 높은 측정 도구를 사용하였거나 연구자가 그 접근에 충성도를 가지고 있기 때문이라는 점이다. 이러한 사실을 고려하여 자료를 분석한 후속 연구에서는 인지주의와 행동주의 치료가 우월하다는 증거가 전혀 없는 것으로 나타났다(Lambert & Bergin, 1994). 이러한 점을 고려할 때, 독자들은 아마도 앞서 언급한 인지주의와 행동주의 접근에 극히 우호적인 특별 전문 위원회가 인지-행동주의를 주도하는 어떤 한 사람의 요구에 의해 만들어졌다는 사실을 알게 된다 해도 별로 놀랍지는 않을 것이다.

최근 임상계를 휩쓴 대유행은 **단기치료**다. 단기치료 접근의 옹호자들은 단기치료가 '다른 어떤 심리치료 접근보다 더 쉽고 빠르고 영구적이며 보다 유쾌하고 효과적인 것은 물론 극적인 성공을 가져올 수 있다.' 고 주장한다(O'Hanlon & Wilk, 1987, pp. 217-218). 단기치료 운동 관련 이론가나 임상가는 훨씬 더 급진적이다. 예를 들면, 『가족치료동맹(Family Therapy Networker)』이 발행한 단기치료에 관한 특별호에서 NLP(Neuro-Linguistic Programming) 임상가인 안드레아스와 안드레아스(Andreas & Andreas, 1990)는 그들의 접근이 '단기보다 더 단기' 이며, 단 한 번의 신속한 상담을 통해서도 치료할 수 있다고 주장하였다.

근래의 상담 환경에서 생존하기 위해 고군분투하는 임상가들이 이러한 주장을 그냥 지나칠 리 없다. 보험회사나 제3의 납부자, 고용주, 보건 수급 단체 그리고 정부보조금 기관도 그냥 넘어가지 않을 것이다. 이들은 항상 끝없이 증가하는 정신건강 서비스 비용을 줄일 수 있는 방법을 찾고 있기 때문이다(Berg & Miller, 1992). 그럼에도 불구하고, 단기치료주의자들이 주장하는 바의 대부분은 그 증거가 부족하다(Miller, 1994a).

예를 들면, 단기치료주의자들의 주요 주장 중 하나인 '단기(briefer)' 라는 점을 생각해 보자. 물론 머릿속에 즉각적으로 떠오르는 질문은 단기를 어떻게 정의하는가 하는 것이다. 단기치료 운동 내의 다양한 학파들은 특정한 물리적 시간에는 동의하지 않지만, 대부분 '단기' 란 내담자가 치료에 소요한 시간을 의미하며, 그들의 접근이 다른 전통적인 '비단기(non-brief)' 접근보다 내담자의 고충을 해결하는 데 시간이 덜 소요된다는 점에는 동의한다(Frances, Clarkin, & Perry, 1984). 그러나 연구문헌에 의하면, 치료 기간에 있어서 '모든 심리치료는 단기치료' 라고 할 수 있다. 지난 50년간 수집된 자료에 의하면, 내담자들은 치료 모델과는 상관없이 일관되게 평균 몇 회기의 상담에만 참석하는 것으로 나타났다(Garfield, 1971; Koss & Butcher, 1986; Levitt, 1966; Miller, 1994a).[1] 한 가지 특히 충격적인 예는 1949년 가필드(Garfield, 1989)가 재향군인회를 대상으로 장기적인 통찰 지향적 정신역동 심리치료(insight-oriented psychodynamic psychotherapy)를 사용하는 임상가의 치료 기간을 조사한 것인데, 내담자는 평균적으로 단 6회기의 상담에만 참여하는 것으로 나타났다. 최근 들어, 미국 결혼 및 가족치료학회(American Association of Marriage and Family) 회원 중 무선으로 약 2,000명을 표집하여 실시한 조사에 의하면, 치료자들은 각기 다른 유형의 내담자에게 여러 가지 치료 모델을 적용하여 치료했음에도 불구하고, 평균 가족치료 횟수는 단 9회기에 그쳤다(Doherty & Simmons, 1996).

단기치료 모델에 대해서도 같은 결과를 얻을 수 있다. 예를 들면, 단기치료가 '장기(long-term)' 치료보다 더 손쉽고 신뢰로운 혹은 더 지속적인 변화를 가져온다는 증거는 결코 없다. 자료에 의하면, 단기치료는 그것이 대신하고자 했던 전통적인 접근(장기치료)과 거의 같은 결과를 성취하는 데 그치고 있음을 보여 준다. 한마디로 전문

---

1) 어떤 이들은 임상 장면에서 치료 목표를 달성하는 데 너무 오랜 시간이 걸리는 내담자들이 많기 때문에 이와 같은 주장을 믿지 못하겠다고 한다. 코헨과 코헨(Cohen & Cohen, 1984)은 이것을 '임상가의 착각'이라고 하였다. 이러한 사례들이 내담자 전체를 대표하는 것도 아닌데, 치료자들은 그 사례들을 보면서 모든 내담자가 오랜 기간 동안 치료를 받아야 한다고 확대 해석한다는 것이다. 이러한 사실은 임상가가 실제보다 치료 기간을 100~170% 정도 길게 예측하는 경향이 있다는 크네스퍼와 그 동료들(Knesper et al., 1985)의 연구에도 잘 나타나 있다.

가가 단기치료와 장기치료의 차이점이 무엇이라고 믿건 간에, 치료 결과에 있어서는 정말로 차이가 없다는 것이다. 더불어 어떤 단기치료도 내담자의 주요 호소 문제에 대해 단회 치료 그 이상의 효과를 나타낸다는 증거가 없다. 또한 치료 모델과는 상관없이 치료를 받는 모든 내담자의 최빈치 상담 횟수는 1회기임을 보여 주는 연구도 있다(Frank, 1990; Talmon, 1990). 나아가 이 연구는 치료 모델과는 상관없이 단 1회기의 치료만을 받은 내담자의 대다수가 한 번의 방문으로 충분히 도움을 받기 때문에 그 이상의 치료가 필요하지 않다는 것을 보여 준다(Talmon, 1990). 원로 심리치료 학자 제롬 프랭크(Jerome Frank, 1990)는 "1회기의 면담 이후에 그만두는 환자의 대부분은 그들이 의도했던 것을 성취했기 때문에 그만두는 것이다. 일반적으로 이러한 내담자는 계속해서 치료를 받은 내담자만큼 자신들이 향상되었음을 보고한다."(p. 6)라고 하였다.

단기치료 내담자의 평균 회기 수와 최빈 회기 수가 다른 전통적인 '비단기' 접근으로 상담받은 내담자의 평균 회기 수 및 최빈 회기 수와 같다는 것은, 단기치료가 '내담자가 치료를 빨리 마치도록 만든다.' (O'Hanlon, 1991, p. 108)는 주장을 무의미하게 만든다. 단기치료자가 그들의 치료 방법으로 치료 기간을 단축시키는 것이 아니라는 것은, 에라토스테네스(Eratosthenes)가 지구의 지름을 측정했다고 해서 지구가 둥글어진 것이 아닌 것과 같다(Sagan, 1980). 대부분의 치료는 치료 모델과 상관없이 단기다. 단기치료자가 내담자가 참여할 상담 횟수를 미리 정해 놓으면, 그 치료는 시간제한을 하지 않을 때보다 대체로 더 길어진다(Orlinsky, Grawe, & Parks, 1994).

램버트(Lambert)와 버긴(Bergin)은 『심리치료와 행동변화 핸드북(Handbook of Psychotherapy and Behavior Change)』 제4판에서 이와 같은 결과를 고찰하고 다음과 같은 결론을 내린다.

> 두 개 혹은 그 이상의 치료 접근을 비교하는 연구에서 치료 성과의 차이는 극히 미미한 것으로 나타났다. 왜냐하면 내담자가 받는 치료는 모두 충분히 치료가 가능하도록 면밀히 계획된 것이기 때문이다(p. 158).

연구자로서 무엇에 대해 확신을 가지고 말할 수 있는 경우는 드물지만, 우리는 확신을 가지고 말할 수 있다. 단순히 치료 모델이 치료 성과에 큰 차이를 가져오지는 않는다.

이처럼 연구 결과가 다양한 치료 모델의 성과에서 유의한 차이가 거의 없다는 것을 명백히 보여 주고 있는데, 왜 대학원 교육 프로그램이나 평생교육 세미나, 전문 출판물은 그 주제에 그토록 많은 시간과 관심을 쏟는지 모르겠다. 합리적인 사람이라면, 그렇게 차이가 거의 없는 여러 가지 이론적 접근에 대해 왜 전문가들이 계속해서 토론을 하는지 그 이유에 대해 의문을 가질 것이다. 물론 이것은 그들이 무지해서가 아니다. 다양한 치료 모델이 비교적 서로 비슷한 치료 결과를 보인다는 연구는 25년 이상 있어 왔기 때문이다(Garfield & Bergin, 1971). 그렇다면 치료 모델에 대한 전문가들의 논쟁이 계속되는 이유는 무엇인가? 답은 간단하다. 치료 모델은 정말로 차이점을 만들어 내기 때문이다. 결코 내담자에게는 아니지만 말이다.

언어 분열 조장하기: 두 치료 모델 이야기

마음은 스스로 최면제를 가지고 있는데, 그중 최고는 '말'이다.
토마스 사츠(Thomas Szasz), 1994

핵심을 설명하기 위해 인기 있는 두 가지 치료법—해결중심치료와 이야기치료—의 선구적 인물인 드 세이저(de Shazer)와 화이트(White) 간의 논쟁을 살펴보자(de Shazer, 1993; White, 1993). 몇몇 사람들이 이들 두 사람의 접근에 있어서의 이론적 · 기술적 유사성을 제기한 것이 이 둘 간의 논쟁에 불을 지폈다(Chang & Phillips, 1993; Johnson & Miller, 1994; Kowalski & Durrant, 1990; Selekman, 1989, 1991; White, 1986 참조).

논쟁 중 한 가지는 해결중심의 '예외(exceptions)'라는 개념과 화이트의 '독특한 결과(unique outcomes)'라는 개념이 유사하다는 주장에 초점이 맞춰져 있었다. 해결중심 연구에서는 '예외'를 '내담자가 도움을 요청하는 불평거리가 사라진 순간'이라고 정의하고 있다. 반면 이야기치료에서의 '독특한 결과'란 '문제 때문에 내담자가 의기소침해 있거나 압도되지 않은, 혹은 문제가 내담자의 삶을 방해하지 않는 순간'으로 정의된다(O'Hanlon, 1995, p. 26; White & Epston, 1990 참조). 양쪽 접근에서 똑같이 치료자의 역할은 이러한 순간을 **확대 · 강화**하거나, 단순히 그 순간에 대해 함께 **대화를 나누는 것**이다(Lipchik, 1988; O'Hanlon, 1995; White & Epston, 1990).

이 두 정의가 매우 비슷하게 들림에도 불구하고, 화이트와 드 세이저는 개념의 유사성을 제기하는 의견에 둘 다 격렬하게 반대하였다. 나아가 각자의 접근법 전반에 대한 날카로운 대비를 통해 서로의 차이점을 뚜렷이 보이고자 극심한 노력을 기울이기도 하였다. 화이트(1993)는 "결론적으로 우리의 생각과 치료에는 유사성보다는 차이점이 훨씬 더 명확하고 크다(p. 123)."라고 하였고, 이에 질세라 드 세이저(1993) 역시 "두 접근법은 다른 가문, 다른 전통에 속하기 때문에 절대 이론적으로 양립할 수 없다."(p. 120)라며 더욱 강하게 반발하였다.

오해를 방지하기 위해, 심리치료 분야에서는 모두들 서로의 유사점보다 명백한 차이점을 강조한다는 점에서 드 세이저와 화이트만 특별히 이러한 것이 아니라는 것을 독자들은 주지하기 바란다. 그로스커스(Grosskurth, 1991)가 말했듯이, 이러한 일은 프로이트와 초기 정신분석 운동 시대까지 거슬러 올라간다. 또한 이것은 정신건강 분야에만 해당되는 일도 아니다. 하지만 생각해 보아야 할 문제는 앞서 이미 설명하였듯이 성과에는 아무런 차이가 없는데, 왜 이론적 모델들은 유독 그들의 차이점을 강조하기 위해 애쓰는가 하는 것이다. 실제로 치료 성과에 차이가 매우 적다는 것을 고려한다면, 차이점에 대한 토론은 단어에 대한 논쟁, 즉 치료에 관해 어떻게 말하는가에 대한 말싸움에 지나지 않게 된다.[2]

이론적 모델들이 차이점을 강조하는 데는 상담의 효과를 높이는

2) 이러한 논쟁은 임상가나 심리치료 모델을 창안한 사람에게만 국한된 것이 아니다. 『심리치료 연구(Psychotherapy Research)』라는 저명한 학술지에 최근 도널드 키슬러(Donald Keisler)라는 유명한 심리치료 연구자(1966년 「치료의 효과가 모두 같다는 주장은 신화에 불과하다」는 연구 논문으로 유명함)가 30년 동안 서로 다른 치료법 간의 차이를 전혀 발견하지

것과는 다른 어떤 이유가 있다. 그것은(물론 추측이지만 하나의 가능성은) 모델 창시자들이 내담자가 아닌 그들의 주요 고객인 심리치료자들에게 영향을 미치고 깊은 인상을 남기기 위해서다. 심리치료자야말로 하나의 이론 혹은 다른 이론에 가장 관심을 기울이는 사람들이며, 그들의 임상 작업을 개념화하고 조직하기 위해 다양한 모델을 사용하고, 전문서적을 구입하며, 훈련 워크숍에 참석하는 사람들이다. 한 연구에 의하면 치료 모델의 영향을 가장 많이 받는 사람들은 바로 치료자들이라고 한다. 즉, 치료 모델은 치료자가 그들의 내담자에게 말하는 방식과 치료자 개인의 가치관에 영향을 미친다(Kivlighan, 1989; Thompson, 1986). 다시 말하면, 치료 모델은 내담자를 돕는 치료자의 활동에 영향을 미친다는 점에서 유용할 수 있다. 이러한 관점에서 볼 때, 단기치료의 옹호자들은 아주 능숙한 판매 사원이라고 볼 수 있다. 그들은 현재 사용되고 있는 다른 모델과 똑같은 결과를 나타내는 모델을 임상가가 구매하도록 하는 데 성공하였다. 어떻게 그렇게 많은 임상가에게 그것을 팔 수 있었을까?

치료법 옹호자들은 그들의 모델이 어떻게든 '치료 모델 시장' 에서 성공하기 위해 눈에 띄도록 만들어야 한다. 원로 심리치료 연구자 제롬 프랭크(1976)가 지적하였듯이, 만약 '어떤 방법이 다른 방법과 구별되지 않는다면' (p. 76) 치료자는 특정한 접근을 습득하기

못했음에도 불구하고 여전히 특정한 치료의 효과를 주장하고 있음을 보라. 여기서 다시 우리는 이들이 이토록 차이점을 강조하는 동기가 무엇인지 궁금해진다. '치료법 간에 차이가 없다는 바로 그 진실' 을 그토록 받아들이기 어려운 이유가 대체 무엇인가 말이다(Kadzin, 1986).

위해 상당한 시간과 돈을 들이는 데 별로 관심을 갖지 않을 것이다. 단순한 경제학 논리에 따르면, 개발자들은 독점적인 제품을 가지고 있을 때, 즉 경쟁자가 없거나 혹은 적어도 소비자가 봤을 때 그들의 제품과 경쟁 제품 간에 유의미한 차이가 있을 때, 가장 큰 이윤을 얻을 수 있다고 한다. 개발자가 자신의 제품을 다른 제품들과 구별되도록 만들지 못한다면, 판매는 전적으로 가격차에 의해서 움직이게 된다. 어떤 제품의 개발자이든 피하고 싶은 것이 바로 이것이다. 아무도 익지 않은 스테이크를 먹고 싶지 않듯이!

입증할 만한 자료가 없어도 한 치료 모델을 다른 모델들과 구별되도록 하는 방법은 그 모델만의 특별한 언어 혹은 이론과 기법에 대한 화법을 개발하는 것이다(Coyne, 1982). 특별한 언어를 사용함으로써 그 모델은 뭔가 다른 색깔을 띠게 되고, 이는 다시 그 개발자가 만든 독특한 주장을 정당화한다(Lakoff, 1990). 본질적으로 모델들은 다르게 들리기 때문에 다른 것처럼 보인다. 광고업계에서와 마찬가지로, 심리치료 시장에서 용어를 다르게 만드는 것은 굉장히 중요하다. 다시 말하면, 실제로 한 모델을 다른 모델과 구별해 주는 것은 모델에서 사용하는 용어가 다르다는 것이 전부다.

그러나 에이브러햄 링컨(Abraham Lincoln)이 즐겨 말했듯이, 개의 꼬리를 발이라고 부르기로 동의했다고 해서 개의 발이 실제로 다섯 개가 되는 것은 아니다(Joseph, 1994). 특별한 언어를 개발함으로써 그 치료 모델을 심리치료자에게 더 많이 판매할 수는 있겠지만 그렇다고 해서 다양한 모델 간의 치료 성과에 차이가 없다는 사실이 바뀌는 것은 아니다.[3] 나아가 용어의 차이를 치료 성과의 차이와 동등하게 여기는 것은 결국 심리치료 분야 전반은 물론, 특히 심리치료의 실제에 매우 큰 희생을 초래할 수도 있다(Garfield, 1987; Hubble, 1993).

정신건강 서비스 분야는 급격한 변화의 시기를 맞고 있다(Berkman, Bassos, & Post, 1988; Cummings, 1986; Zimet, 1989). 심리치료 역사상 다른 어느 때보다 내담자에게 제공하는 서비스에 대한 치료자의 책임감이 요구되고 있다(Clement, 1994). 제3의 납부자들은 심리치료자에게 '돈을 받으려면 좋은 치료를 제공해야 한다.'고 하면서 임상 서비스를 제공하는 사람들의 자질과 그들이 제공하는 서비스의 효과에 대해 증명할 것을 요구하고 있다(Boedecker, 1994). 이전과는 달리 이러한 요구에 제대로 응하지 못할 경우에는 축출당할 수도 있다.

최근에는 심리치료자의 탐욕과 사기, 무능함, 비윤리성, 대중문화의 일시적 변덕에 극도로 편승한 사례를 고발하는 대중 서적과 기사, 뉴스거리가 폭포처럼 쏟아지고 있다. 어떠한 형태든 경험적으로 검증되지 않은, 그리고 치료의 효과가 인정되지 않은 치료법을 사용하는 심리치료자의 권한에 대해서도 심각한 문제가 제기되고 있다.

---

3) 사실 드 세이저(de Shazer)는 이 책의 대표 저자와의 사적인 만남에서 자신이 해결중심 단기치료를 창안한 목적은 더 효과적인 치료법을 위해서라기보다는 '심리치료 분야에 영향력을 행사하고 싶어서' 라고 스스로 말하고 다닌다고 하였다(de Shazer, 1994). 이 내용은 드 세이저 자신이 말했다는 사실은 숨긴 채 한 연구 논문을 통해 출판된 적도 있었다(Miller, 1994a). 사실 드 세이저가 항상 이러한 입장이었다는 증거는 또 있다. 9년 전에 드 세이저는 해결중심 모델의 초창기를 회고하며 말하기를 "우리는 5년 계획, 이런 것은 없었지요. 우리는 그저 가족치료 분야의 선두에 서고 싶었던 겁니다."(Nunnally, de Shazer, Lipchik, & Berg, 1986, p. 77)라고 하였다. 최근의 해결중심 치료의 인기를 감안하면, 그의 의도는 성공한 것처럼 보인다.

미국의 몇몇 심리치료 분야의 외부 집단은 정신건강 소비자를 확실하게 보호하기 위해 안전하고 효과적이라고 증명되지 않은 심리치료에 대해서는 의료보험 공제를 막기 위한 입법을 추진 중이다. 여기서 효과적인 심리치료란 심리치료자에 의해서가 아니라 과학적 연구에 의해 안전하고 효과적이라고 증명된 것을 말하며, 실제로 치료를 담당하는 심리치료자는 이 연구에 참여하지 못할 수도 있다(『FMS Foundation Newsletter』, 1995년 3월 1일자).

이러한 계획은 많은 심리치료자들을 분개하도록 만들었지만 우리가 비난할 사람은 심리치료자인 우리 자신이다. 실험적 근거가 없는 너무 많은 과장된 주장들, 잠시 나타났다 사라지는 환상적이고 이국적인 기법들, 시끄럽고 공공연한 내부 다툼이 심리치료의 유용한 이점은 깎아내리고 불명예를 안겨 주기 시작하였다. 만약 심리치료 분야의 임상가들이 서로 간에 의사소통과 협력을 촉진시키기보다는 분열시키는 언어를 생산하고 사용하기를 계속한다면, 심리치료를 감시하고 통제하려는 시도는 더욱 심화될 것이다.

감시의 눈길이 심해지고 더 큰 책임감이 요구되는 이 시대에 심리치료 전문가들의 의사소통은 더 이상 현대의 바벨탑과 같아서는 안 된다. 변화에 적응하고 21세기라는 새로운 시대에서 살아남기 위해 치료자들은 자신들의 치료가 약속한 바를 실제로 이행하고 있다는 것을 증명하기 위해 공동의 노력을 기울여야 한다(Lerner, 1995).

알카셀저* 이야기

1970년대 후반 알카셀저(Alka-Seltzer)를 만든 제약사는 '내가 그걸 몽땅 먹어 치웠다니 믿을 수 없어요.'라는 독창적인 광고 문구를 만들어 낸 광고 회사를 해고함으로써 업계를 놀라게 한 일이 있다. 이 재치 있는 광고는 시리즈로 제작되어 매우 빠르게 미국 전역에서 통용되는 용어가 되었고 광고업계 내에서 대단한 갈채를 받았기 때문에 제약사가 이 광고를 중단하겠다고 선언한 것은 충격적인 일이었다. 전 세계 광고 회사가 앞다투어 비슷한 광고를 제작할 정도였지만, 알카셀저 제약사가 안고 있던 근본적인 문제는 알카셀저의 효과에 문제가 있다는 점이었다. 따라서 광고가 아무리 인기 있다 해도 약의 효과에 문제가 있어 더 많은 약을 팔 수 없게 되자 광고를 중단한 것이다.

알카셀저 제약사처럼 치유자 역시 치료 모델과 그 개념의 주창자들을 '해고'해야 할지도 모른다. 이유는 간단하다. 그것이 효용이 없기 때문이다. 그것은 심리치료의 효과를 가져오지도, 설명하지도 못한다. 심지어 임상가가 효과적인 심리치료에 대해 배우는 것을 방해하기도 한다. 예를 들어, 많은 문헌에서 상담전문가의 훈련, 교육

---

* 역주 독일 바이엘사에서 발매한 진통제 겸 소화제로 물에 녹여 먹는 발포정이다. 한때 미국의 대중매체가 성장하던 초기에 종합 치료제처럼 광고되었으나, 아스피린이 효과적이기는 하나 누구나 복용해도 좋은 것은 아닌 것처럼, 라이증후군(Reye's Syndrome: 바이러스 감염에 걸린 어린이나 사춘기 청소년이 갑자기 심한 구토와 혼수상태에 빠져 생명이 위험한 상태에까지 이르는 질환)과의 연관성 때문에 복용이 제한적으로 가능하다는 이유로 이전 방식의 광고도 중단되었다.

및 경험과 치료 효과 사이에 기껏해야 중간 정도의 상관관계가 있음을 보여 주었다(Berman & Norton, 1985; Christensen & Jacobson, 1994; Clement, 1994; Garb, 1989; Hattie, Sharpley, & Rogers, 1984; Jacobson, 1995; Smith, Glass, & Miller, 1980; Stein & Lambert, 1984). 광범위한 자료를 검토한 결과, 전문가와 상담한 내담자보다 보조상담자의 도움을 받은 내담자가 문제를 더 잘 해결하는 것으로 나타났다(Lambert, Shapiro, & Bergin, 1986, p. 174; Hattie, Sharpley, & Rogers, 1984 참조; Smith, Glass, & Miller, 1980).

대학원 교육과 평생교육 프로그램에 드는 평균 비용을 고려할 때, 우리는 상담 훈련과 효과 간의 상관관계가 클 것이라고 기대한다. 그러나 불행히도 기존 문헌에 따르면 그렇지 못하다. 더구나 다우즈(Dawes, 1994, pp. 133-177)가 지적하였듯이 대부분의 전문가 조직의 윤리규정은 치료자가 과학적 검토를 받은, 혹은 유익하다고 증명되거나 적어도 유해하지 않은 치료법을 사용해야 한다고 요구하지 않는다. 다만 그들이 훈련받았고 자신 있게 사용할 수 있는 기법을 적용하라고 요구할 뿐이다.

치료 모델에 따른 상담 훈련은 치료의 효과를 높여 주지도 못하지만, 오히려 내담자 및 치료 과정을 관찰하고 판단하는 데 선입견으로 작용한다(Dawes, 1994). 예를 들어, 최근 회복 지향적 접근에서 사용하는 소위 **정화**(abreaction)라는 것이 이루어진 다음에 내담자가 호전되면, 이것은 곧 내담자가 부인(혹은 억압)하고 있던 것을 드러내는 작업이 필요하다는 가설을 지지하고, 따라서 이 모델의 타당성을 입증하게 된다. 그러나 그 절차에 따라 내담자가 호전되지 않으면 이 모델이 타당하지 않다는 증거로 채택되지 않는다. 이러한 실패 사례는 내담자의 부인(혹은 억압)이 예상했던 것보다 더 심각하다거나 부인된 것이 드러나기 전에 훨씬 더 강력한 절차를 사용하여 더 광범위한 치료가 필요하다는 것을 뒷받침하는 증거로만 여겨질 뿐이다(Gilovich, 1991; Jordan, Harvey, & Weary, 1988; Nisbett & Ross, 1980). 바츨라비크(Watzlawick, 1986, p. 92)가 지적하였듯이 이 모델은 **성공과 실패가 모두 타당화**되므로 본질적으로 잘못될 수가 없는 것이다.

그러나 이는 이와 같은 문제를 피하기 위해 치료 모델이 갖는 주도권을 인정하지 않는다는 의미일 뿐, 심리치료 전체를 비효과적인 것으로 폄하해야 한다는 뜻은 결코 아니다. 심리치료가 위약(placebo)이나 치료를 받지 않은 통제집단보다 더 효과적이라는 것을 보여 주는 증거는 상당히 많다. 또 치료를 받은 내담자 집단의 평균이 통제집단의 80%에 해당하는 내담자보다 더 호전된 결과를 보여 준다(Lambert & Bergin, 1994; Smith, Glass, & Miller, 1980). 치료자가 '마법사나 만병통치약 장수 혹은 기대 이상의 성과를 올리는 공상적 사회개혁론자들'(Hubble, 1993, p. 4)이 아님은 명백한 사실이다.

그럼에도 불구하고 심리치료 분야에서 치료 모델의 핵심 역할에 반박하는 것은 심리치료에서 무슨 일이 일어나도 상관없다거나, 어렵고 때로는 혼돈스러운 치료 과정이라는 바다를 항해하는 치료자에게 아무런 지침이 될 만한 것이 없다고 말하려는 것은 아니다. 심리치료 분야에서 포스트모더니즘 및 상대주의적 사고의 인기가 높아지고 있지만, 1992년 가족치료동맹 컨퍼런스에서 제시된 바와 같이, 심리치료 전문가는 '영원히 치료를 해 나가면서 스스로 치료법을 만들어 나아가야 할' 운명은 아니다(Miller, 1994a). 사실 효과적인 심리치료의 요소 및 과정에 대한 증거는 상당히 많다. 이러한 증거는 심리치료 모델 간의 차이점보다는 유사점이 심리치료에서 내담자가 경험하는 변화의 대부분을 설명해 준다는 것을 명확히 보여 주고 있다. 이러한 유사점을 검토함으로써 심리치료의 실제에 있어 보다 통합적 언어(unifying language)를 형성하는 일단의 공통 요인(common factors)을 발견할 수 있다. 현대의 심리치료 전문가들이 차이점을 강조하기 위한 토론과 활동에 초점을 두고 있는 것과는 대조적으로, 통합적 언어는 모든 치료 모델이 공통적으로 가지고 있는 조력 과정에 초점을 둠으로써 임상가로 하여금 변화하는 정신건강 분야에 통합적으로 대처할 수 있도록 해 준다.

여기서 제안하는 언어는 절충주의와는 다르다. '절충주의자'라고 자신을 정의하는 임상가들의 숫자는 증가하고 있지만, 많은 연구들은 절충주의란 하나의 신화임을 분명히 보여 주고 있다(Smith, 1982; Watkins, Lopez, Campbell, & Himmel, 1986). 한 연구를 예로 들어 보자. 절충주의자인 임상가들은 현재 사용되고 있는 약 400개의 상이한 치료 접근 중 단지 4개만을 사용하고 있는 것으로 나타났다. 이는 거의 절충주의라고 하기 어렵다. 더욱 문제가 되는 것은 통합적 혹은 절충주의적 접근이 특별히 혹은 일반적으로 효과적이라는 연구도 없다는 점이다. 이렇게 지지하는 연구가 부족한 이유는 다른 접근보다 절충주의가 비교적 최근에 등장했기 때문이기도 하지만, 그보다는 절충주의(더불어 적절한 연구와 타당화가 부족한 다른 방법들)에 대한 경험적 증거가 부족하고, 말 그대로 이 접근이 아직은 실험적 이라는 것을 의미한다.

통합적 언어를 구성하는 공통 요인이 가지는 이점은 심리치료 성과에 관한 지난 40년간의 연구에 근거하고 있다는 점이다. 이것은 실험적인 것이 아니다. 이 공통 요인을 가장 강력히 뒷받침해 주는 증거는 이들 연구가 처음에는 특정한 접근의 효과를 증명하기 위해 시작되었다가 오히려 모든 접근이 거의 동등한 효과를 갖는다는 결과를 보여 준 것이다. 다시 말하면, 특정 치료자의 특별한 능력을 증명하기 위해(때로는 과시하기 위해) 시작된 연구가 종래에는 기대하지도, 원하지도 않았던 공통 요인의 존재를 증명하게 되었다는 것이다.

예를 들면, 『심리치료 대 행동치료(Psychotherapy versus behavior therapy)』(Goldfried & Newman, 1992)에 요약된 슬론, 스테이플스, 크리스톨, 요크스톤 그리고 휘플(Sloane, Staples, Cristol, Yorkston, & Whipple, 1975)의 연구를 보자. 이 연구는 정교한 연구 절차로 정평을 얻었는데, 90명의 외래환자를 심리분석적 치료와 행동치료, 최소한의 처방만을 받는 집단 그리고 대기자인 통제집단에 무선으로 할당하여 수행하였다. 연구에 참여한 치료자는 모두 노련한 임상가이자 자신이 선택한 모델에서 높이 평가받는 전문가들이었다(Lambert & Bergin, 1994). 4개월 동안의 치료가 제공된 후 시행된 평가에서 심리분석적 치료와 행동치료를 실시한 두 집단의 환자는 기대했던 대로 통제집단의 환자보다 호전된 것으로 나타났다. 그러나 놀랍게도 두 치료집단의 환자들이 똑같이 잘 지내는 것으로 나타나, 어느 한 접근도 우월한 결과를 보이지 않았다. 8개월 후에 이루어진 추수 조사에서 치료 효과에 관한 자료를 수집한 결과, 여전히 차이점이 없는 것으로 나타났다. 이 연구와 비슷한 다른 연구에서도 이론이나 방법이 매우 다른 치료법들이 치료 성과에 있어서는 동등하다는 것이 확인되었다.

공통 요인을 바탕으로 한 통합적 언어는 사실 결코 새로운 접근이 아니다. 거슬러 올라가면, 1936년 사울 로젠즈웨이그(Saul Rosenzweig)가 서로 다른 치료법의 임상적 효과는 이론적 차이점에 달려 있는 것이 아니라, 그 접근의 공통 요소에 달려 있다고 주장하였다. 후에 제롬 프랭크(Jerome Frank, 1973)는 그의 혁신적인 저서 『설득과 치유 (Persuasion and Healing)』에서 서로 다른 치료 모델이 유사한 효과가 있는 이유는 일련의 핵심 요소 때문이라고 주장하였다. 그는 심리치료는 '하나의 실체'라고 볼 수 있다면서, 다음과 같이 비유하였다.

> 정신분석과 체계적 둔감법처럼 서로 명확히 다른 두 심리치료는 페니실린과 강심제의 관계와 유사한 관계에 있다고 할 수 있다. 페니실린과 강심제는 서로 완전히 다른 증상에 사용되는 전혀 다른 약품이다. 그러나 다른 한편으로는 서로 다른 이름으로 팔릴 뿐, 둘 다 아스피린을 포함하고 있어서 약효 성분은 같거나 유사하다. 이렇게 볼 때 이 둘은 다르다기보다는 같다고 봐야 할 것이다(pp. 313-314).

몇 년 후 스트럽, 해들리, 그리고 고메즈-슈와츠(Strupp, Hadley, & Gomez-Schwartz, 1974)는 '심리치료에 있어서의 특정/불특정 요인

(Specific and nonspecific factors in psychotherapy)' 이라는 유명한 연구를 통해 프랭크가 관찰한 바에 대한 증거를 제시하였다.

불행히도 공통 요인이란 용어 그 자체에는 많은 심리치료자들을 처음 어떤 모델로 이끄는 것과 같이 개념적으로 끌어들이는 매력이 없다. 전혀 독특하거나 특별하거나 복잡하고 불가해하게 들리지도 않을 뿐만 아니라, 나아가 임상가가 심리치료 이론에 대해 기대하는 복잡함이나 명확한 설명을 약속해 주지도 않는다. 더욱 악조건은 설득력과 카리스마가 있는 대변인이 없다는 것이다. 멘켄(H. L. Mencken)이 지적하였듯이, 이는 종종 진실이 안고 있는 문제이기도 하다. 그는 "진실을 갉아먹는 것은 주로 진실이 불편하고 종종 따분하기 때문이다. 인간의 마음은 좀 더 재미있고 즐거운 것을 찾는다."라고 말한다. 이와 같은 불리한 점에도 불구하고, 통합적 언어를 구성하는 요인은 현재의 모델이 제공해 주지 못하는 어떤 것—책임감을 요구하는 이 시대에 명확하고, 임상 실제를 위해 경험적으로 검증된 가이드라인—을 제공해 준다(Duncan & Moynihan, 1994).

다음 장에서는 심리치료의 실제에서 통합적 언어를 구성하는 요인에 대해 자세히 설명할 것이다. 이에 대해 어떤 사람들은 모든 심리치료에 존재하는 공통적인 요인을 강조하는 것 자체가 또 하나의 모델이나 접근이 아니냐며 논쟁하려 들 것이다. 공통 요인에 대한 논문을 읽은 한 임상가는 "그다음에는 뭐가 나올까요? '무상표, 무모델' 인가요?"라고 물었다(Lisson, 1995, p. 11). 그러나 다음 장에서 우리는 통합적 언어로 이야기하는 것은 똑같은 목소리로 이야기하는 것과는 다른 것임을 보여 줄 것이다. 공통 요인은 곡의 음률처럼 각각 다른 순서와 형식으로 배열되거나 다양한 형식으로 연주될 수는 있으나, 여전히 공통의 언어에 기초하고 있다. 여기서 공통의 언어란 최대한의 융통성과 창의성을 허용하지만 화자들을 분리시키기보다는 통합하는 언어를 말한다. 따라서 이 언어의 특정한 용어를 제안함에 있어서 우리는 새 모델을 만들기 위한 기반을 마련하거나 '새롭고 더 나은' 치료 브랜드를 판매하기 위한 용어를 창조하려는 것이 결코 아니다. 우리는 심리치료 분야의 고객인 치료자의 주목을 끌기 위해 이미 초만원 상태인 이 분야에 또 하나의 경쟁자를 보탬으로써 얻을 게 없다는 것을 잘 알고 있다.

다음 장에서 설명될 언어는 어떤 고정된 기법이나 치료 과정에 대한 확신이나 불변의 형식 또는 좋은 치료 결과를 달성하기 위해 무엇을 해야 하고, 무엇이 필요한가를 지시하려는 것이 아니다. 그보다는 모든 심리치료자가 자신의 임상 작업에서 이미 작용하고 있는 공통 요인이 영향을 미칠 수 있는 부분을 인식하고 그것을 극대화시킬 수 있는 방법을 몇 가지 제안하고자 한다.

Escape from Babel

02

바벨탑에서의 탈출

심리치료의 실제를 위한 통합적 언어

모든 심리치료가 치료를 받지 않는 것보다는 낫다. 그러나 어떤 한 심리치료 이론이 다른 심리치료 이론보다 우월하지는 않다…… 이는 잘 통제된 효과 연구 및 권위 있는 문헌 고찰을 통해 내릴 수 있는 결론이다. 오늘날 다양한 치료 접근의 옹호자들이 자신들만의 고유한 치료적 장점을 주장하는 상황을 고려할 때, 어떤 이론도 다른 이론보다 더 우월하지 않다는 것은 정말 놀라운 일이다.

조엘 와인버그(Joel Weinberg), 1995, p. 45

어떤 이론을 따르는 사람들에게 있어 그 이론의 기본적 구성개념에 대한 의견이 일치하지 않는다면, 그 이론은 오랫동안 탁월한 이론으로 남기 어렵다.

스튜어트 커크와 허브 커친스(Stuart A. Kirk & Herb Kutchins), 1992, p. 31

02

바벨탑에서의 탈출
심리치료의 실제를 위한 통합적 언어

파킨슨병(경련성 마비)의 병리적 원인은 100년 이상 동안 의학적으로 설명되지 않았다. 이 병은 뇌 관련 질환으로 최초로 이 병에 대해 설명한 파킨슨(Parkinson)이라는 사람의 이름을 따서 명명되었고, 이제는 환자와 그 가족, 내과 · 정신과 · 신경과 의사들에게 너무나 잘 알려진 질환이다. 하지만 이에 비해 덜 알려진 사실은 정신건강 전문가가 과거에 이 병의 발생에 대해 기이하고 거의 기괴한 심리학적 설명을 제시했었다는 사실이다.

초기 관찰자의 설명에 따르면, 이 병에 걸린 사람은 '감정과 태도에 경직성을 보이며 정서의 결여, 우울질환의 소질을 나타내는데, 이런 증상이 나타난 이후에는 수십 년에 걸쳐 운동 기능의 이상이 발생한다.'(Todes & Lees, 1985, p. 97)는 것이다. 1875년 프랑스의 유명한 신경학자 샤르코(Charcot)는 정서와 유전적 요인의 결합으로 인해 이 정신적 문제가 나타난다고 보았다. 환자의 정서 상태가 파킨슨병의 원인이라는 것은 수년 동안 하나의 추측에 지나지 않음에도 불구하고 유력한 설명으로 받아들여졌다.

1940년대 후반 부스(Booth)는 파킨슨병 전 단계의 환자는 사회적 기대와 기준을 따르고 동시에 권위자로부터의 독립과 자유 사이에서 조화를 이루는 것을 어려워한다고 보았다. 나아가 이 환자들은 어린 시절부터 자신의 감정을 희생해서라도 사회적 규준을 준수해야 한다는 생각이 주입된 사람들이라고 믿었다. 부스는 이것이 적대적이고 가학적인 충동을 감추거나 차단하는 사회적 가면을 발달시키는 결과를 가져온다고 보고, 파킨슨병은 환자가 좌절하거나 독립성을 상실하거나 혹은 공격성이 폭발해서 심리적 균형(사회적 가면)이 깨질 때 출현한다고 하였다. 그러나 이 설명은 단지 파킨슨병 환자뿐 아니라 현재 미국 사회에서 성장하고 살아가는 대부분의 사람에게 적용되는 이야기일 것이다. 그럼에도 불구하고 부스는 그가 알아낸 요인이 파킨슨병의 발병 원인과 관련되어 있다고 굳게 믿었다(Booth, 1948).

곱씹어 보면, 이런 식의 무모한 성격 분석의 목적은 파킨슨병의 심인성 혹은 기능적 원인(파킨슨병의 원인이 심리적 좌절이나 독립성의 상실, 심리적 균형의 상실 때문이라는 것)을 알아내기 위한 것이었다. 그 당시의 전문가들은 이러한 가설을 뒷받침하기 위하여 로르샤흐 반응이나 임상적 경험, 전문가적 관찰과 같은 그들 나름의 '구체적인 자료'를 사용하여 병인학적 육감(주로 정신분석적 용어로 된)을 자신 있게 키워 나갔다. 문제는 파킨슨병이 '뇌의 기저핵(중뇌의 일부)에서 신경

전달물질인 도파민의 고갈로 운동 기능이 쇠퇴하는 것' 이라는 설명이 확립되기까지 이러한 심리학적 추측이 어떤 도전도 받지 않고 폭넓게 받아들여졌다는 점이다(Hubble & Koller, 1995).

안타깝게도 파킨슨병에 관한 이 일화는 정신건강 분야에서 여전히 되풀이되고 있는 주제를 떠올리게 한다. 임상가는 복잡하고 공허한 심리치료 모델과 이론에 중독되어 종종 자신의 신념에 임상적인 현실을 맞추려고 한다. 심리치료 분야의 역사를 보면 거의 모든 심리치료 학파가 문제의 형성과 치료 목표, 특정 내담자를 위한 문제해결 방식에 대해 자신들의 이론을 강하게 옹호해 왔다. 각 학파의 옹호자들은 오만에 가까울 정도의 뻔뻔함으로 자신들의 심리치료 모델이 설명력과 치료 성과에 있어서 다른 치료 모델보다 훨씬 우수하다고 주장한다. 이러한 경향이 뚜렷한 만큼 아직도 심리치료 분야는 그것을 반복해야 할 운명인 것처럼 보인다. 심리치료 모델의 설명력과 치료 성과를 과장하려는 심리치료자의 욕구는 끝이 없어 보인다.

예를 들어, 심리치료 모델 시장을 휩쓸고 있는 가장 최근 동향 중 하나인 이야기치료에 관하여 『가족치료동맹(The Family Therapy Networker)』(심리치료 분야에서 어떤 다른 전문 서적보다 많은 독자를 확보하고 있는 잡지임)에 발표된 논문 하나를 보자. 저자는 이 새로운 접근법이 '문제를 안고 있는 사람들의 삶에 즉각적인 영향을 미칠' 뿐만 아니라 '생각을 행동으로 옮기는 능력' 을 배양해 인종차별주의, 성차별주의 그리고 여러 가지 정치적인 '~주의' 를 중단시킬 수 있다고 주장하였다(O'Hanlon, 1995, p. 24). 또 전국적으로 광고되는 신경 언어 프로그램과 안구운동 통합법(NLP Eye Movement Intergration)이라고 불리는 심리치료는 어떠한가? 이것에 대한 광고는 미래의 소비자에게 "여러분은 더 빠르고 쉽고 안전하고 효과적인 방법을 배우시겠습니까?"라고 묻는다. 누가 그것을 원하지 않겠는가? 의료보험이 필수인 이 시대에 심리치료자의 생존 여부는 얼마나 빨리 효과적인 결과를 얻는가 하는 것에 점점 더 많이 의존하게 되었으니 말이다. 앨버트 엘리스(Albert Ellis, 1995)의 『더 나은, 더 깊은, 더 영구적인 단기치료(Better, Deeper, and More Enduring Brief Therapy)』는 어떠한가? 이 책은 독자에게 다음과 같은 기법을 배울 수 있다고 약속한다.

> …… 덜 심각한 내담자뿐만 아니라 **성격장애, 정신병, 정신적 결함**이 있는 심각한 내담자에게도 유용하다(Brunner & Mazel Bulletin, 1995, p. 6).

그러나 엘리스의 주장을 단기치료의 성과에 관한 연구와 대비시켜 보면, 그 주장은 현실과 다르다는 것을 알 수 있다. 코스와 시앙(Koss & Shiang, 1994)은 『심리치료와 행동변화 핸드북(Handbook of Psychotherapy and Behavior Change)』에 실린 단기치료에 관한 문헌 고찰을 통해 다음과 같이 말하고 있다.

> 단기 치료가 특정 내담자 집단에 효과적이라는 강력한 경험적 증거가 있다…… **그러나 단기치료는 성격장애, 물질 남용, 정신병과 같이**

보다 심각한 장애에는 효과가 낮은 것으로 나타났다(p. 681).

임상 심리치료자는 치료 모델 개발자들의 주장에 대해 어떤 결론을 내려야 할까? 그들의 수사적 기교와 경험적 현실 간에 큰 차이가 존재한다는 점을 고려한다면, 그들이 그렇게 열을 올림에도 불구하고 그들이 손에 들고 있는 치료 모델은 그리 빛나는 것이 아님은 분명하다.

통합적 언어에서 사용하는 용어

우리는 익숙한 것은 그냥 지나치기 쉽다.
바로 코앞에 있는 것이 가장 마지막에 보인다.

윌리엄 배럿(William Barrett)

우리는 거의 40여 년에 걸친 연구를 통해 다양한 치료 접근들이 서로 다르다기보다는 유사하다고 자신 있게 말할 수 있다. 심리치료는 그 독특한 설명 방식이나 전문적인 용어 때문에 효과적인 것이 아니라, 앞의 장에서 지적하였듯이 오히려 공통적인 요인에 성패가 달려 있다. 이러한 관점에서 심리치료의 성과에 관한 연구로 유명한 마이클 램버트(Michael Lambert)는 1994년 사적인 대화를 통해 다음과 같이 말했다.

치료가 성공적으로 되어 갈 때 당신은 그것을 알 수 있습니다. 그리고 성공적인 치료에는 많은 공통점이 있지요…… 훌륭한 인지치료자, 행동치료자, 정신분석치료자의 행동은 매우 유사합니다.

심리치료의 실제를 위한 통합적 언어의 기초가 되는 것이 바로 램버트가 말한 이 공통점이라는 것이다. 다행히 이 언어를 채택한다고 해서 치료자가 심리치료에 관해 완전히 새로운, 혹은 다른 언어를 배워야 한다는 것을 의미하는 것은 아니다. 사실 통합적 언어의 단어와 개념은 이미 대부분의 임상가들에게 익숙한 것이다. 왜냐하면 이미 그들은 자신이 하는 일을 통해 성공적인 심리치료를 제공하고 있기 때문이다. 끊임없이 새롭게 등장하는 치료 모델을 따라가느라 지친 사람들은 분명 이 통합적 언어를 환영할 것이다.

또한 치료자들은 그들의 내담자 역시 모든 훌륭한 심리치료의 공통적인 부분에 잘 반응한다는 것을 알 수 있다. 사실 대부분의 사람들이 특별한 훈련이 필요 없는 쉬운 언어를 사용하면서 살아간다. 내담자에게 심리치료 중에 도움이 되었던 경험이 무엇인가 물어보면, 특정한 이론 중심적인 개입이나 기법을 언급하는 경우는 거의 없다. 대신 내담자는 일관되게 같은 변수들, 예를 들면 '존중받고, 이해받고, 보살핌받는 것'을 '치료적'이라고 말한다(Lambert, 사적인 대화에서, 1992년). 또한 내담자는 치료자가 어떤 한 가지 치료법이나 언어에 제한되어 있기를 바라지 않는다. 쿠엘, 뉴필드 그리고 조애닝(Kuehl, Newfield, & Joanning, 1990)의 연구를 예로 들어 보자. 이 연구에서 내담자는 자신의 치료자가 특정 이론을 경직되게 따르지 않는다고 느낄 때 치료 경험에 더욱 만족하는 것으로 나타났다.

통합적 언어를 구성하는 요소들

통합적 언어를 구성하는 것은 이론이나 치료 형태(예를 들면, 개인, 집단, 가족) 혹은 치료의 양(치료의 빈도수와 횟수)에 상관없이 모든 유형의 심리치료에 핵심이 되는 네 가지 공통적인 치료 요소들이다. 심리치료를 통한 변화에 기여하는 순서에 따라 이 네 요소를 열거하면, 치료 외 요인, 치료 관계 요인, 모델과 기법 요인, 기대, 희망 및 플라시보 요인이다(Lambert, 1992).

치료 외 요인: 내담자와 내담자가 처한 환경

모든 것은 운과 타이밍이다. 능력도 중요하지만,
능력은 항상 세 번째다.

도널드 램버티(Donald Lamberti, 1995)

임상 문헌에서 내담자는 자아가 실현되지 못한 사람, 가족 역기능의 징표이자 저항하는 사람 그리고 대부분의 치료에서 중요하다고 여겨지는 모든 상담 기법을 적용해야 할 대상으로 그려져 왔다. 사실 어떤 사람이 일단 치료를 받기로 결심하면, 갑자기 그는 이전의 그 자신보다 못한 사람이 되는 것처럼 보인다. 그들은 자신의 마음을 더 이상 알지 못하고, 자신의 감정으로부터 분리되며, 잘못된 것이 있어 고쳐져야 할 대상이 되고, 치료자가 도와주려는 것에 악의적으로 저항하기 위해 수단과 방법을 가리지 않는 존재가 된다. 내담자의 장점을 끌어내기 위한 심리치료라는 작업이 이처럼 내담자의 무능함을 숭배하게 된 것은 흥미로운 일이다. 내담자의 무능함을 숭배하게 되었다는 증거는 정신건강 분야에서 병리 및 결핍 중심의 언어와 『정신장애에 관한 진단과 통계편람(Diagnostic and Statistical Manual of Mental Disorders)』(APA, 1994)이 대중문화 속에서 얼마나 의미심장하게 받아들여지고 있는가를 보면 알 수 있다(Kaminer, 1992).

어떤 식으로든 내담자는 약하고 비효율적인 존재라고 가정하는 반면, 치료자는 치료적 만남의 전문가이자 영웅으로 간주된다. 위대한 치료자에 관한 책은 수백 권이 있지만, 위대한 내담자에 관한 책은 거의 없다.

이러한 경향은 전문가들의 워크숍이나 학회에서 가장 분명하게 드러난다. 그곳에서는 수심에 가득 잠긴 개인이나 부부 혹은 가족을 모집하여 심리치료 분야의 저명한 전문가가 현장 시연을 보여 준다. 특히 이러한 연출을 위해 가장 이상적인 내담자는 현재 자신이 받고 있는 치료에서 '막다른 곤경'에 처한 것으로 보이는 내담자다. 거의 수백 명에 달하는 정신건강 전문가들로 구성된 관중 앞에서 내담자는 자신의 곤경과 가장 아픈 곳을 '거장'에게 내보이고, 거장은 내담자를 치료하기 위해 소위 혁신적인 개념과 기법-적어도 관중이 돈을 지불하고 보고자 하는 것-을 보여 준다. 요컨대, 이러한 시연 장면을 녹화한 비디오테이프는 '심리치료의 거장들'(AAMFT가 이름 붙인)이라는 상표를 달고 다른 임상가에게 대여되거나 판매되기도 한다.

이러한 예가 말해 주듯이, 심리치료의 실제에 대한 글과 생각은 심리치료라는 드라마의 무대 중앙에 심리치료자를 올려놓는다. 그러나 이 무대에서 내담자에게는 좀처럼 변화의 주체로서의 역할이 주어지지 않는다. 그럼에도 불구하고, 연구 문헌들은 내담자야말로 실제로 유일하고 가장 강력하게 심리치료의 효과에 기여하는 사람임을 분명히 보여 준다. 어떤 치료에서든 내담자의 참여 수준과 내담자가 치료자 및 치료자가 하는 일에 대해 어떻게 지각하는가가 치료의 성패를 결정한다. 사실 '내담자는 누구인가' 라는 전체적인 틀(그들의 강점과 자원, 문제의 지속 기간, 사회적 지지망, 처해 있는 상황, 삶의 안팎을 엮어 주는 우연한 사건들)이 치료자가 할 수 있는 그 어떤 일보다 중요하다. 심리치료에 있어서 내담자야말로 진실로 변화의 거장이라는 것은 많은 연구를 통해 충분히 그리고 명확히 알 수 있다. 내담자는 언제나 자신의 치료자보다 더 강하다.

내담자가 심리치료의 성과에 기여한다는 것은 공통의 치료 요소들 중 '치료 외 요인' 을 말하는 것이다. 어느 심리치료를 막론하고 이 요인은 심리치료에서 일어나는 긍정적인 변화 가운데 40%나 되는 많은 부분을 설명해 준다. 이 요인은 내담자의 회복을 촉진하는 내담자 자신 및 내담자가 처한 환경의 일부분 혹은 전부를 의미한다(Lambert, 1992). 그것이 치료에 형식적으로 관여하는가, 그렇지 않은가와 상관없이 말이다. 이처럼 치료 외 요인은 심리치료의 실제를 위한 통합적 언어의 주춧돌이다.

모든 심리치료에는 그것이 형식적 언어나 기법의 일부분이든 아니든 상관없이 치료 외 요인의 효과가 작용한다. 치료자는 그들의 일상적인 심리치료에서 이 요인을 염두에 둠으로써 심리치료의 효과를 향상시킬 수 있다. 3장에서는 이러한 요인을 인식하고 치료 과정에 좀 더 신중하게 반영하기 위한 구체적인 정보와 방법을 제시하고자 한다.

치료 관계: 내담자와 치료자의 협력

> 사람들에게 무엇을 하라고 하는 것은 옳지 않다.
> 노를 잡고 그들과 함께 배를 저어야 한다.
>
> 헤롤드 제넌(Harold Geneen)

우리는 치료적 관계라는 매개물을 통해 치료 과정을 실연하고 경험한다. 비록 사용하는 단어와 개념은 다를지라도 대부분의 심리치료자와 치료 학파는 효과적인 결과를 가져오는 데 있어서 치료적 관계의 중요성을 인정하고 있다.

지난 40년 동안 치료적 관계의 중요성은 다양한 치료법(예를 들면, 행동주의, 인지주의, 정신역동, 경험주의, 절충주의, 집단상담 및 약물치료, Henry et al., 1994)을 통해 검토되었다. 그 결과 모든 심리치료 접근에서 치료적 관계와 치료 성과 사이에 유의한 상관관계가 있는 것으로 나타났다. 연구자들은 심리치료의 성과 변량의 30%가 소위 '관계 요인(relationship factors)' 이라고 불리는 것에 기인한다고 보았다. 따라서 치료적 관계는 치료 외 요인에 이어 두 번째로 중요한 치료 요소가 된다(Lambert, 1992). 그에 대한 증거는 명백하다. 이는 심리치료 연구의 거장 한스 스트럽(Hans Strupp, 1995)이 **'질 좋은 상호관계 맥락**은 모든 심리치료에서 없어서는 안 될 필수 조건' (p. 70)이라고 언급한 데서도 찾아볼 수 있다.

나아가 연구에 의하면, 치료적 관계에 있어서 내담자의 참여 수준이 치료의 성과를 결정하는 가장 중요한 요인이다(Orlinsky, Grawe, & Parks, 1994). 다시 말해, 치료자와 협력하고 노력하는 동기화된 내담자가 심리치료에서 가장 큰 효과를 본다. 그리고 치료자와의 유대감 혹은 동맹 의식이 치료에 대한 내담자의 참여 수준에 큰 영향을 미친다. 그러나 연구에 의하면, 우리가 예상하는 것과는 달리 내담자가 얼마나 오랫동안 심리치료를 받았는가가 동맹이나 유대감에 영향을 주지는 않는다(Horvath & Luborsky, 1993). 따라서 비용 대비 효과와 치료 기간의 단축을 강조하는 의료보험 체계 때문에 좋은 치료 관계를 형성하는 것이 어렵지 않을까 염려하는 치료자는 안심해도 될 듯하다.

반면, 강한 치료적 동맹을 형성하는 것보다 훨씬 더 중요한 것은 공감, 존중, 진실성–인본주의 심리치료자인 칼 로저스(Carl Rogers)가 효과적인 심리치료의 '핵심 조건'이라고 생각했던–이다(Horvath & Luborsky, 1993). 최근의 연구는 내담자가 치료자를 온정적이고 신뢰할 만하며 무비판적이고 공감적이라고 인식할 때, 강한 동맹이 형성된다는 것을 보여 주고 있다. 그러나 치료자가 이러한 치료적 환경을 내담자에게 성공적으로 제공하고 있는가에 대해서는 스스로를 평가해 보는 것만으로는 충분치 않다. 오히려 내담자가 핵심 조건(공감, 존중, 진실성)을 어떻게 느끼는가 하는 것이 더 중요하다(Bachelor, 1988). 많은 연구들이 치료자의 지각보다는 치료 동맹에 대한 내담자의 평가와 심리치료의 성과 사이에 더 높은 상관이 있음을 보여 준다(Horvath & Luborsky, 1993; Orlinsky et al., 1994). 따라서 가장 도움이 되는 치료적 동맹은 내담자가 정의하는 공감, 진실성, 존중과 일치하는 치료 관계가 확립되었을 때 형성될 수 있다(Duncan, Solovey, & Rusk, 1992).

치료 외 요인과 마찬가지로 관계 요인은 모든 심리치료 접근에 도움이 되는 부분이다. 특정 모델의 이론이나 기법에서 관계 요인을 그 일부분으로 명백히 정의하고 있든, 아니든 간에 말이다. 관계 요인을 심리치료의 통합적 언어에 포함시키는 것은 심리치료 전문가가 이미 알고 있는 것–관계 요인이 성공적인 심리치료의 요인이라는 점–을 바탕으로 실제 치료를 하도록 하기 위해서이며, 또한 관계 요인이라는 중요한 요인을 더 잘 활용하도록 돕기 위해서다. 따라서 4장에서는 관계 요인을 인지하고 고무시키는 것에 관해 다루게 될 것이다.

치료 기법: 심리치료의 실제

기법은 인간의 관계 형성과 의사소통의 의식화된 수단이다……
인간관계 속에는 항상 기법과 기법에 부여된 개인적 의미가 담겨 있다.

마이클 마호니(Michael Mahoney)

통합적 언어의 또 다른 요소에는 치료 기법이 포함된다. 모든 치료자는 기법을 사용한다. 예를 들면, 우리는 치료 회기 중에 치료자가 특정한 질문, 경청, 반영, 재확인, 정보 제공, 설명(재구조화, 해석 등), 제안, 자기 노출을 비롯하여 치료 회기 안팎에서 해야 할 과제를 부여하는 것을 볼 수 있다. 또한 치료자와 내담자가 어디에 앉아야 하고, 언제 치료를 시작하고 끝내야 하는지, 누구를 치료해야 하는지, 심지어는 내담자에게 휴지를 주어야 할지에 대한 것까지 알려주는 기법적인 고려 사항도 있다.

치료자의 이론적 경향이나 기법에 따라 대화나 질문의 내용은 달라진다. 1장에서 설명하였듯이, 사실 기법에 있어서의 차이점과 그 기법을 설명하기 위한 용어들은 종종 심리치료자들을 이론에 따라 구분하고 토론하는 데는 편리한 도구다. 그러나 어떤 모델을 적용하든 대부분의 치료는 내담자가 스스로를 위해 어떤 행동을 취하도록 도와준다는 공통적인 특성이 있다. 모든 모델에서 치료자는 자신의 내담자가 새로운 이해를 도모하고, 다른 감정을 느끼고, 공포를 극복하고, 모험을 하고 또는 오래된 행동양식을 바꾸기 위해 이전과는 다른 무엇인가를 해 보기를 기대한다.

그러나 심리치료 분야가 기법 요인에 대해 그토록 관심을 기울이고 투자하였음에도 불구하고, 심리치료의 성과에서 실제로 기법이 작용하는 비율은 치료 외 요인이나 관계 요인이 차지하는 비율에 비해 적다. 널리 인용되는 램버트의 심리치료의 성과에 관한 고찰에 따르면, 치료자의 모델과 기법은 전체 심리치료의 성과에 단지 15% 정도 기여할 뿐이라고 한다. 이는 독특한 개념화와 혁신적인 개입방법(예를 들면, 근원요법, 가계도, 기적질문, EMDR, 편지 쓰기)을 자랑하는 치료 학파들에게는 곤란한 연구 결과일 수 있다. 그러나 데이터는 명확하게 말해 주고 있다. 치료자가 사용하는 기법은 내담자에게 그리 인상적이지 않다고 말이다. 램버트는 다음과 같이 말했다.

> 내담자는 이러한 기법을 높이 평가하지도, 꼭 필요하다고 생각하지도 않는다. 내담자는 치료자의 특정한 기법적인 개입에 대해 거의 신경 쓰지 않는다. 치료자는 자신이 경험하는 치료에 대한 현상학적 경험의 세계와 내담자의 경험이 상당히 다르다는 것을 깨달아야 한다. 내담자가 주의를 기울이는 것은 비치료적인 측면과 관련된 것들이기 때문이다. 또한 객관적인 평정자에게 녹음된 치료 테이프를 들려주었을 때도, 어떤 기법적인 개입보다 비치료적인 측면이 치료 성과와 더 큰 상관관계가 있다고 평가하였다(램버트와의 사적인 대화에서, 1993년 12월 9일).

통합적 언어를 심리치료의 근간으로 삼을 때, 치료 기법은 어떤 특정한 이론적 주의 혹은 치료 학파를 말해 주는 것으로 여겨지기보다는 공통 요인의 효과를 높여 줄 수 있는 장치로서 활용될 수 있다. 그래야만 치료자는 개입 방법을 배우고 치료 분파를 수련하는 데 들이는 시간을 줄이고, 자신이 가장 잘하는 것(이해하기, 경청하기, 관계 맺기, 내담자가 스스로를 돕는 방법을 발견하도록 격려하기)을 하는 데 더 많은 시간을 보낼 수 있을 것이다.

기대, 희망 그리고 플라시보: 이름 없는 3인조

통합적 언어의 마지막 요소는 기대, 희망 그리고 플라시보다(Lambert, 1992). 이 요소는 치료 기법과 마찬가지로 치료 성과에 15%쯤 기여하는데, 내담자가 단순히 심리치료를 받겠다고 결심함으로써 호전되는 부분을 말한다. 연구에 의하면, 심리치료가 도움이 될 것이라는 기대만으로도 내담자의 기분이 저하되는 것은 줄어들고 희망이 생기며 변화가 촉진되는 효과가 있다고 한다(Frank & Frank, 1991).

심리치료 초기에 치료자가 내담자에게 보여 주는 태도는 내담자가 희망을 갖게 하는 데 큰 영향을 미친다. 치료자가 회의적인 태도를 보이고, 정신병리의 치료와 변화는 어렵고 장기에 걸쳐 이루어지는 것이라는 점을 강조한다면, 공통 요인의 효과는 줄어들거나 축소되기 쉽다. 반면, 치료자가 심리치료의 가능성과 효과를 강조한다면, 내담자에게 희망과 치료 효과에 대한 긍정적인 기대를 불어넣을 수 있다. 그러나 이러한 희망적인 치료 분위기를 조성하는 것이 '먹구름도 뒤쪽은 은빛으로 빛난다' 는 식으로, 내담자의 어려움에 대해 극단적으로 낙천적인 태도를 가지라는 뜻은 아니다. 그보다는 내담자가 현재 당면한 어려움과 더불어 내담자에게 더 나은 미래가 올 것이라는 가능성을 치료자가 믿어 줄 때 내담자가 희망을 가질 수 있다는 의미다.

연구에 따르면, 희망과 기대는 사람들에게 삶의 여러 분야(예를 들면, 학교 성적, 주요 질환의 관리, 직업적 문제해결)에서 상당한 이점을 가져다준다(Goleman, 1991). 수많은 심리치료 연구에서도 변화에 대해 긍정적인 기대를 갖는 것이 성공적인 심리치료의 필수 조건이라는 결과가 나타났다(Snyder et al., 1991; Snyder, Irving, & Anderson, 1991). 5장에서는 치료 과정에서 이러한 요인이 효과적으로 작용하도록 하기 위한 정보와 의견을 구체적으로 제시할 것이다.

결 론

대대로 심리치료에서 진정한 변화를 가져오는 것은 독창적이고 지적인 치료 모델과 치료 기법이라고 배워 온 심리치료자들에게 정말 중요한 것은 '네 가지 공통 요인'이라는 사실은 맥 빠지는 일일 것이다. 지금껏 심리치료자는 불꽃 튀는 마케팅의 대상이 되어 왔다. 수많은 서적과 평생교육 세미나, 대학원 교육은 심리치료를 가장 복잡하고, 기교적이며, 종종 드라마 같은 비즈니스로 그려 왔다. 매일매일 부딪히는 임상 작업의 고단함 때문에 많은 심리치료자들은 통합적 언어의 네 가지 요인이 현대를 살아가는 내담자들이 호소하는 복잡한 문제를 해결하는 데는 별로 도움이 되지 않는 무기력한 것이라고 느낄지도 모른다.

그러나 치료자가 내담자의 문제나 치료를 위해 세우는 공식은 복잡하지만, 성공적인 심리치료에 기여하는 요인은 사실 복잡하지 않다. 연구 자료에 의하면, 성공적인 심리치료는 우리가 삶에서 경험하는 다른 유익한 경험들과 다를 바가 없다. 다만 차이가 있다면, 심리치료는 치료자와 내담자 간에 도움을 주고자 하는, 사회적으로 약속된 계약에 의해 이루어지는, 명백하고 비교적 단순하며 단도직입적인 동시에 종종 지루한 작업이라는 점이다. 물론 심리치료가 항상 쉬운 일은 아니라는 것은 의심의 여지가 없다. 그러나 쉽다는 것과 단순하다는 것은 매우 다른 문제다. 종종 심리치료는 복잡하지만, 그것이 반드시 성공적인 심리치료를 위한 요인 역시 복잡하다는 것을 의미하지는 않는다.

심리치료자들이 통합적 언어를 사용하기 위해 할 수 있는 최선의 방법은 자신이 선택한 모델과 이론을 제쳐 두고, 자신의 임상 작업에서 현재 작용하고 있는 네 가지 공통 요인을 찾아내고 이해하는 것이다. 예를 들면, 그동안의 연구를 통해 심리치료의 성과를 가장 잘 예측해 주는 요인은 치료에 대한 내담자의 참여 수준으로 나타났듯이, 심리치료자는 내담자가 치료 과정에 전념하도록 만들기 위해 스스로 무엇을 하고 있는가를 면밀히 살펴봄으로써 공통 요인을 탐색할 수 있다. 치료 외 요인이 치료 목표 달성에 기여하는 중요성을 고려할 때, 치료자는 내담자들이 현재 무엇을 하고 있는지 그리고 그들의 강점과 자원은 무엇인지 발견해야 한다. 그리고 내담자에게 긍정적인 변화에 대한 기대와 희망을 주기 위해 치료자 자신은 무엇을 하고 있는가를 살펴보아야 한다.

만약 당신이 치료자라면 다음 장에 나오는 내용과 권고 사항을 읽기 전에 자신의 임상 작업에서 통합적 언어를 구성하는 공통 요인이 작용한다는 증거를 찾아보기 바란다. 『오즈의 마법사(The Wizard of Oz)』에 나오는 도로시처럼 심리치료자는 항상 캔자스*로 돌아갈 방법을 알고 있다. 어떤 고수나 심리치료의 거장, 인간행동에 대한 복잡한 이론이나 고급 워크숍도 필요치 않다. 어떤 한 가지 모델 혹은 모델과 기법, 주의를 혼합한 것을 신봉할 필요도 없다. 모델이나 기법과는 상관없이 효과적인 심리치료에는 공통 요인이 작용하고 있기 때문이다. 사실 통합적 언어는 기존의 치료 모델을 그토록 호소력

---

* 역주 가장 기본이 되는 것, 즉 여기서는 심리치료의 네 가지 공통 요인을 의미한다.

있게 만드는 기법적인 정교함이나 이론적인 고상함은 부족할지 모르나, 지난 40년에 걸친 경험적 연구가 그 주장을 뒷받침해 준다. 더욱 중요한 것은 통합적 언어는 내담자를 돕기 위한 공통의 관심사에 있어서 서로 분열되어 있는 임상가들을 통합할 수 있다는 점이다.

Escape from Babel

03

심리치료의 무명 용사들

내담자와 우연한 사건의 효과

사자가 역사를 서술하지 않는 한, 사냥에 관한 이야기는 늘 사냥꾼만을 찬미할 것이다.

아프리카 속담

이러한 성공에 대해 영예를 받아야 할 자 누구인가?
당연히, 어느 누구보다, 내담자다.

산도르 페렌치(Sandor Ferenczi)

사람들이 자신들의 대단한 행동에 대해 스스로 우쭐해 할지라도
위대한 결과에 가장 많은 영향을 미치는 것은 늘 우연이다.

라 로슈푸코(La Rochefoucauld)

03

심리치료의 무명 용사들

내담자와 우연한 사건의 효과

어떤 남자가 우울 문제로 상담을 받으러 왔다. 그는 약 2년 전 부인과 끔찍한 부부 싸움을 한 이후로 계속되어 온 결혼 관계에서의 문제 때문에 우울이 시작되었다고 믿었다. 그때 이후로 부부는 각방을 썼고 꼭 필요한 용건이 있을 때만 서로 이야기를 했다.

치료자가 이 남자와 몇 회기 동안 개인 상담을 했지만, 내담자는 계속 우울해했고 부부 관계는 변화가 없었다. 부인을 상담실에 데려오려고 계속 시도했지만 결과는 실패였다. 이 사례가 실패로 돌아갈 가능성이 점점 커지고 있었다. 이때 모든 것을 변화시킬 만한 놀라운 일이 일어났다. 어느 날 저녁, 친척 부부가 이 부부의 집을 방문했다. 두 부부는 한동안 서로 만나지 못했기 때문에 시간이 가는 줄도 모르고 이야기하며 웃고, 즐거운 시간을 보냈다. 그들이 정신을 차려 시계를 봤을 때는 친척 부부가 집으로 돌아가기도, 호텔방을 잡기도 어려울 만큼 이미 시간이 너무 늦어 버린 뒤였다. 부부는 친척 부부에게 자고 가라고 권했는데, 그들의 집에는 침실이 두 개밖에 없었기 때문에 남편과 아내는 같은 방에서 함께 잘 수밖에 없었다.

부부는 2년 전에 싸운 이후 처음으로 필요한 용건 이외의 일들에 대해 대화를 하게 되었고, 그날 밤 사랑을 나누었다. 그들은 다음 날에도 계속 이야기를 나누었고 다시 같은 방을 쓰기 시작했다. 그리고 다음 상담 회기에 두 사람이 함께 나타나 치료자를 깜짝 놀라게 했다. 그들은 치료자에게 자신들에게 일어난 일과 그 예기치 않은 일이 일어났던 저녁 이래로 그들의 관계가 계속 나아지고 있다고 이야기했다. 두 사람은 상담을 몇 회기 더 받으면서 매 회기마다 그들의 관계와 남편의 우울증이 나아지고 있다고 보고하더니, 곧 치료를 종결했다.

다른 사례로, 한 여자가 자신이 '너무 신경증적'이라고 호소하며 밀턴 에릭슨(Milton Erickson)을 찾아왔다(Rosen, 1982). 그녀는 친구들에게 에릭슨 박사에 대해 들었다면서 간절하게 자신의 치료자가 되어 달라고 부탁했다. 단, 문제는 그녀가 에릭슨 박사나 그 어느 누구에게도 자신의 문제에 대해 이야기하려 하지 않는다는 점이었다. 그녀는 에릭슨과 개인적으로 만나거나 전화로 이야기하는 것조차 동의하지 않았다. 그녀에 따르면, 자신이 단지 '용기'가 없다는 것이었다. 그녀는 에릭슨 박사에게 그래도 치료를 맡아 주겠느냐고 물었고, 그는 어찌되었든 할 수 있는 한 그녀를 돕고자 노력할 것이라고 대답했다. 이때 그녀가 한 가지 제안을 했다. 자신이 저녁 늦게 차를 몰고 에릭슨 박사의 집으로 가서 그의 집 차도에 주차를 하고,

그가 차 안에 앉아서 그녀의 문제에 대해 가장 좋은 해결책을 이야기해 주고 있다고 상상할 수 있도록 허락해 달라는 것이다. 에릭슨 박사는 동의했다. 정확하게 몇 번의 방문이 있었는지에 대해서는 알 수 없으나, 그녀는 이 자문의 대가로 두 번의 비용을 지불했다. 이후 그녀는 자신의 문제를 해결했음은 물론, 심지어는 최면 상태에서의 시간 왜곡에 대한 에릭슨의 이후 연구에 참여자가 되어 주기도 하였다.

실무자가 활용하기에는 이들 두 사례가 매우 이상하게 보일지도 모르지만 실제로 이들 사례는 성공적인 심리치료에 가장 필요한 요소가 무엇인지를 보여 주고 있다. 그것은 바로 치료 외 요인(extra-therapeutic factors)이다. 이는 치료의 맥락 밖에서 일어나지만 내담자의 변화에 여전히 유용한 사건이나 과정을 의미한다. 우울한 남자의 사례에서 보듯이, 치료 외 요인은 때로 우연한 사건, 즉 문제를 해결의 정점으로 치닫도록 만드는 일련의 사건을 촉발하는 '별난 사건'을 말한다. 자신을 신경증적이라고 말한 여성의 경우, 치료 외 요인은 내담자의 장점, 자원, 성장 능력, 타인으로부터 안정적인 지지와 도움을 받는 능력과 같은 내담자의 일부분일 수도 있다. 이러한 요소는 치료 이전에 이미 존재하는 것이며, 치료에 참여하는 것과는 별개임을 깨닫는 것이 중요하다. 에릭슨 박사의 사례에서 이러한 요인이 중요한 역할을 했음은 분명하다.

연구자들은 심리치료 성과 변인의 40%를 치료 외 요인에 의한 것으로 추정해 왔다(Lambert, 1992; Lambert et al., 1986). 치료 외 요인은 치료 관계(30%), 치료자의 이론 및 기법적 경향(15%), 플라시보 요인(15%)보다 상담 성과에 기여하는 바가 더 크다. 적어도 우울이나 불안처럼 사람들이 가장 흔히 치료를 받기 위해 가져오는 문제의 경우에는 자기 관리 치료가 치료자에게 직접 상담을 받는 것만큼 효과가 있다는 최근의 연구 결과 역시 이러한 치료 외 요인을 잘 설명하고 있다(Bohart & Tallman, 1996; Christensen & Jacobson, 1994; Gould & Clum, 1993).

하지만 이러한 모든 자료에서도 치료 외 요인을 어떻게 치료 과정 속으로 통합할 것인가에 대한 정보는 거의 찾아볼 수 없다. 많은 논문과 연구에서 치료 기법, 회기 내 치료자 행동, 치료 모델의 개발과 같이 상담 성과에 대한 기여도가 전반적으로 훨씬 낮은(15%) 요인을 다루어 왔고, 현재도 계속되고 있다. 그나마 문헌 고찰을 통해 치료 외 요인을 다룬 기사 하나를 찾을 수 있었지만, 그에 대한 검토가 매우 왜곡된 대화로 이루어져 있다(Hunsley & Glueckauf, 1988 참조). 치료 외 요인이 심리치료의 성과에 기여하는 가장 큰 단일 요인이 아니었다면, 아마 이러한 작은 관심조차 받지 못했을 것이다.

치료 기법과 회기 내 치료자의 행동에 대한 편견은 전략적 치료 학파에서 가장 명백하게 드러난다. 전략적 치료 학파의 선두 주자 중 하나인 제이 헤일리(Jay Haley, 1993, 1994)의 논문을 살펴보자. 헤일리는 논문에서 치료 과정을 선불교에 견주며, 특히 현대의 치료 전문가의 역할이 고대의 선(禪) 수도자의 역할과 비슷하다고 지적한다. 헤일리는 기이하고 역설적인 선불교 이야기를 다룬 공안* 연구

* 역주 공안(公案, koan): 선불교에서 수행자에게 주어지는 연구 과제

와 엄한 사찰 의식을 일례로 들면서 치료자가 내담자를 변화시키려면, 강력하고 심지어는 부정직한 방법을 사용해야만 한다고 주장한다. 헤일리와 전략적 학파에 따르면, 통찰, 조언, 교시, 반영 또는 단순히 기다리는 것은 변화를 일으키기에는 충분치 않다. 선 수도자와 치료자는 그들의 제자 혹은 내담자를 깨우치고 변화시키기 위해서 **무엇인가를 해야만 한다.** 그들, 즉 내담자는 스스로 변화할 수 없기 때문이다.

헤일리와 그 지지자들의 입장은 어떤 점에서는 상식에 부합하는 것처럼 보인다. 치료자가 내담자를 변화시키기 위해 무엇인가를 해야만 한다는 가정은 얼핏 보기에 논리적이다. 만약 내담자가 스스로 변화할 수 있다면, 치료자를 찾아올 필요가 없을 것이기 때문이다. 그러나 이러한 추론의 문제는 그 추론이 옳은가, 그른가가 아니라, 헤일리나 다른 심리치료 분야에서 그러한 추론을 어느 정도로 적용하느냐가 문제인 것으로 보인다.

특히, 그들이 선불교에 대해 참조한 것을 보면, 심리치료에서 변화를 일으키는 기법의 사용과 회기 내 치료자의 행동에 대해 그들이 가지고 있는 선입견이 드러난다. 예를 들어, 헤일리가 자신의 입장을 뒷받침하기 위해 인용한 강력하고 혹독한 수행과 공안 연구를 생각해 보자. 이러한 수행은 변화(불교 용어로는 깨달음)란 자연스럽게 일어날 수 없고, 따라서 깨달음의 장벽을 넘기 위해서는 추종자를 강하게 다루어야만 한다는 믿음을 전제로 한다(Kraft, 1988). 이는 간화선* 학파의 주된 수행법이지만, 사실 선불교 전체에서 보면 극히 일부분에 지나지 않는다는 것을 헤일리는 아마도 모르고 있었던 것 같다.

앨런 왓츠(Allan Watts)와 스즈키(Suzuki, D. T.)의 저술 덕분에 간화선 학파의 신념과 수행이 미국에 널리 알려지게 되었으나, 실제로 가장 세력이 크고 영향력 있는 선불교 종파인 묵조선**에서는 헤일리가 언급한 그 같은 행동에 몰두하지 않는다. 두 종파 간에 이러한 차이를 보이는 이유는 간단하다. 묵조선에서는 견습 수도승뿐 아니라, 어느 누구라도 그러한 문제에 관해서라면 이미 깨달음을 가지고 있다고 간주한다. 결론적으로 어떤 완력도 필요가 없다. 누구나 이미 거기에 도달해 있기 때문에 어떤 곳에도 갈 필요가 없는 것이다.

이러한 신념상의 차이는 수행에도 본질적인 차이를 초래한다. 간화선의 고승과는 달리 묵조선의 고승은 주로 수행자에게 이미 주어진 깨달음의 경지에 이르도록 '일깨우는' 환경을 제공할 뿐이다(Uchiyama, 1993). 대개의 경우, 이는 지지하고 격려하는 것을 의미한다. 묵조선의 고승은 변화란 끊임없이 계속되는 것이므로, 빠르든 늦든 간에 언젠가는 제자가 '깨달음을 얻을 것'이라는 사실을 알고

---

* 역주 간화선(看話禪, the Rinzai Zen): 화두(話頭)를 근거로 수행하는 참선법으로서 화(話)란 화두의 준말이며, 공안(公案)의 첫마디를 화두 하나로 해결하면 차례로 다음 화두를 들어 그것을 해결함으로써 큰 깨달음을 철저히 얻고자 하는 선풍을 일컫는다. 즉, 화두를 참구하여 항상 그것을 의심해 나감으로써 궁극에 가서는 의단(疑團, 의심덩어리)이 타파되어 깨달음에 이르게 하는 수행법을 말한다.

** 역주 묵조선(默照禪, the Soto Zen): 묵묵히 좌선(坐禪)하여 영묘(靈妙)한 마음의 작용을 일으킨다는 선풍으로 오로지 침묵만을 지언(至言)으로 삼는 것으로서 묵묵히 안으로 관찰하여 그 마음을 청정케 하고 그 법의 근원을 철견(徹見)하는 것을 일컫는다. 즉, 인간의 마음이란 묵조(默照)하면 스스로 드러나는 것이지 화두를 가지고 의심하고 참구할 필요가 없다는 것이다.

있다. 그동안은 방해가 되지 않도록 그저 인내심을 가지고 기다리기만 하면 된다.

선불교의 수행법과 효과적인 심리치료 간에 어떤 유사점을 찾는다면, 아마 간화선보다는 묵조선의 전통에서 더 많이 찾을 수 있을 것이다. **내담자는 이미 깨달음을 얻은 상태에 있으며, 변화는 끊임없이 계속된다.** 이는 치료 외 요인에 대한 자료에서 분명히 드러난다. 우연적인 치료 외 사건과 더불어 심리치료의 성과에 가장 큰 기여를 하는 요인은 내담자가 이미 갖고 있는 힘과 자원 그리고 능력이다. 치료자가 이러한 역할을 잘 수행하려면, 현재 수련받는 것과는 반대로 이론, 모델, 기법은 그들의 상담실 문 앞에 내려놓고, 내담자의 힘, 자원, 능력 요인을 인정하고 길러 주는 환경을 제공해야 한다. 즉, 불교용어로 말하면 이러한 요인에 **정진**해야 한다(Duncan & Moynihan, 1994; Patterson, 1984).

치료 외 요인에 주의 기울이기

여기에서는 치료 외 요인에 주의를 기울이는 방법을 설명하고, 이들 치료 외 요인을 전반적인 치료 과정에 통합하는 방법을 제안하고자 한다. 하지만 실제 심리치료에서 이러한 권고나 제안을 반드시 어떤 식으로든 수행해야만 한다는 식의 처방전으로 받아들이는 것은 곤란하다. 치료 과정을 읽다 보면, 모든 사례와 모든 내담자에게 적용하기 위해 누구나 복잡하고 역동적인 상호작용을 맺는 위험을 감수해야 한다고 이야기하는 것처럼 생각될 수 있다. 그러나 이러한 기법은 실제로는 존재하지 않는다. 다음에 제시하는 자료 가운데 이러한 부분이 있다면, 그것은 저자와 저자의 언어의 한계에서 기인한 것이라고 할 수 있다.

여기서 제시하는 치료 외 요인이 심리치료에서의 성공 요인을 전부 포함하거나 총망라하고 있다고 간주해서는 안 된다. 다만, 어떤 상담 모델을 적용하든지 간에 이들 요인이 긍정적인 상담 성과를 얻는 데 도움이 되므로, 모든 치료자가 이들 요인을 치료 과정에 통합해 왔다고 하는 편이 더 타당할 것이다. 따라서 지금 이 책을 읽는 치료자들은 잠시 시간을 갖고 그동안의 임상 작업에서 자신들이 이미 내담자의 자원을 개발하거나 변화를 일으키는 우연적인 사건들을 확인하고 촉진해 왔다는 사실을 떠올려 보는 것이 도움이 될 것이다. 여러분은 이러한 중요한 요인을 치료에서 활용하기 위해서 새로운 기법을 배운다거나 임상 실제에 대한 새로운 이론을 채택할 필요는 전혀 없다. 지금은 다양한 치료적 접근에서 경쟁적으로 사용되는 언어 다툼 때문에, 모든 성공적인 임상 작업에 이들 공통 요인이 크게 기여하고 있다는 중요한 사실이 간과되고 있을 뿐이다. 따라서 이들 요인이 심리치료에서 독특하게 사용되는 방식을 알아차릴 수만 있다면, 서로 다른 이론적 신념을 가진 치료자 간에도 전통적인 이론적 계보를 넘어서서 임상 실제에 대한 그들의 전문가적 소견을 공유할 수 있을 것이다.

변화에 초점 맞추기

가장 기본적인 사실로 보이는 자연의 궁극적인 메시지는……
그것이 임의적이거나 우연적이라는 것이다.

『깨어진 주사위(The Broken Dice)』
이바르 에클랑(Ivar Ekeland)

대부분의 치료자, 즉 양심적인 전문가는 내담자가 치료를 받고 그 결과 언젠가는 호전될 것이라고 기대한다. 그러나 치료에서 일어나는 사건이나 과정과는 무관한 요인에 의해 변화가 일어날 때(치료 외 요인이 항상 그렇듯이), 치료자는 그러한 변화를 폄하하거나 간과해 버릴 수 있다. 치료자가 자신의 임상 작업에서 좀 더 변화에 초점을 맞출 때, 이러한 실수를 피하고 치료 외 요인이 심리치료의 성과에 기여하는 바를 확인해 볼 수 있다. 좀 더 '변화에 초점을 맞춘다(change-focused)'는 것은 말 그대로 치료자가 **치료 과정 내내 내담자의 변화가 언제 일어나고, 처음에 어떤 이유에서 발생하는지에 주의를 기울이고 확인하기 위해 노력한다**는 의미다. 이는 치료자가 변화의 가능성을 믿고, 그 결과로 치료 과정에서 드러나는 새로운 전망, 행동 또는 감정을 치료의 맥락 내에서 환영하고 양성한다는 의미다.

임상 작업에서 일어나는 변화에 초점을 맞춘다는 것은 대다수의 유력한 심리치료 이론 및 실제와 뚜렷한 대조를 이룬다. 대부분의 치료적 접근은 임상 작업을 이해하고 서술할 때, '안정에 초점을 맞춘다(stability-focused)'(Miller, 1992). 대부분의 치료 모델은 체계적인 항상성이나 자아 방어의 역동을 유지하는 평형상태에 대한 이론을 만들든지, 우연성을 강화하는 것에 대한 이론을 만들든지 간에, 내담자가 한 주 한 주 어떻게 달라지고, 나아지고 또 향상되는지보다는 그들이 어떻게 같은지에 초점을 맞춘다. 안정된 사고 양식, 행동 양식, 상호작용 양식 또는 감정 양식을 확인하는 것이야말로 대부분의 치료적 개입에 있어서 필수적인 선행조건으로 간주된다(O'Hanlon, 1987; O'Hanlon & Wilk, 1987 참조). 앞에서 지적했듯이, 대부분의 치료적 개입에서 안정적인 문제 행동 양식을 지침으로 사용한다는 것이 문제다. 임상가가 오로지 문제 행동의 패턴에만 초점을 맞추게 되면, 그와 동시에 발생하는 다른 변화는 무심코 흘려 버릴 수 있다.

치료자가 치료 과정 중에 내담자의 변화에 초점을 맞출 수 있는 기회는 얼마든지 있지만, 대개의 경우에는 공식적인 치료가 시작되기도 전에 이미 치료자는 변화에 초점을 맞출 수 있다.

치료 전 변화

치료 전 변화(Pretreatment Change)는 공식적인 치료 시작 이전에 내담자의 호소 문제에서 일어나는 변화다. 내담자가 이미 갖고 있던 힘과 우연적인 사건은 둘 다 치료 외 요인을 가장 잘 설명하는 예다. 치료 전 변화를 최초로 설명하였던 하워드, 코프타, 크라우스 그리고 올린스키(Howard, Kopta, Krause & Orlinsky, 1986)는 약 15%의 내담자가 첫 회기 이전에 상당한 호전을 보이는 것으로 추정하였고, 후속 연구에서는 치료 전 변화의 발생률이 이보다 높은 것으로 나타났다. 예컨대, 와이너 데이비스, 드 세이저 그리고 깅거리치(Weiner-Davis, de Shazer & Gingerich, 1987)는 한 조사연구에서 30명의 내담자를 설문 조사한 결과, 만약 그들이 첫 방문 때 치료자에게서 질문을 받았다고 가정한다면, 그들 중 약 2/3(66%)가 자신의 문제에 긍정적인 변화가 있었음을 보고했을 것이라는 점을 발견하였다. 로슨(Lawson, 1994)은 후에 82명의 내담자를 대상으로 이 연구를 반복하여 실시했는데, 이들 중 60%가 증상과 관련하여 긍정적인 변화를 보고한 것으로 나타났다.

정확한 비율이 어떻든지 간에 현재까지 수행된 연구를 보면, 공식적인 치료 개시 전에 긍정적인 변화가 있을 수 있고 실제로도 빈번하게 발생한다는 것을 분명히 알 수 있다. 예컨대, 상담을 받기 위해 대기자 명단에 올라 있는 동안 약 40%의 내담자가 치료가 필요 없을 정도로 충분히 호전되는 경우, 그 원인은 우연한 사건이나 내담자 스스로의 힘에 의해 초래된 변화일 수 있다(Lambert, Shapiro, & Bergin, 1986).

또 다른 연구에 의하면, 치료 전 변화는 심지어 일단 치료가 진행된 이후에도 심리치료 성과에 영향을 미친다. 예를 들어, 상당수의 내담자가 단 한 차례의 상담만을 받는다고 생각해 보자. 전통적인 관점에서는 이들 내담자를 '저항적이다', '방어적이다', 심지어는 '실패한 치료'라고 보지만, 연구에 의하면 내담자의 약 80%가 자신이 필요로 하는 도움을 이미 받았다고 믿기 때문에 첫 번째 방문 이후 다시 찾아오지 않는다(Frank, 1990; Frank & Frank, 1991; Talmon, 1990). 이들 단회 상담에서 변화를 가져오는 핵심 요소가 치료 기법이 아닌 것은 확실하다. 오히려 상담자와의 약속 자체가 내담자의 행동이나 얽혀 있는 사건에 어떤 변화를 초래하여 궁극적으로 내담자의 문제에 영향을 미친다는 설명이 더 타당하다.

이러한 현상에 대한 또 다른 개연성 있는 설명은 통계학자가 '평균으로의 회귀' 라고 부르는 것인데(McCall, 1980), 간단하게 '회귀효과' 라고 부른다. 이는 일반적으로 예외적인 것이 보통의 것으로 되돌아가는 현상을 말한다(Efran & Green, 1994). 다시 말해, 임상 장면에서는 대개 개인적인 스트레스가 극심할 때 상담을 요청하기 때문에 내담자는 나아지려는 자연스러운 경향성이 있다. 즉, 연속선상에서 중앙, 평균, 즉 내담자의 일상적인 생활로 되돌아가려는 경향성이 있다는 것이다.

치료 전 변화가 심리치료의 성과와 얼마나 관련되는지를 조사한 몇몇 연구 프로젝트가 있다. 베예바흐, 모레혼, 파렌주엘라 그리고 로드리게즈 아리스(Beyebach, Morejon, Palenzuela & Rodriguez-Aris, 1996)가 수행한 연구는 치료 전 변화가 치료 성과와 유의한 상관이 있음을 발견하였다($r=.261$, $p<.05$). 특히, 이 연구에서 긍정적인 변화가 치료 전에 일어났다고 보고한 내담자가 성공적인 상담 성과를 보이며 치료를 종결할 가능성이 4배나 높은 것으로 나타났다. 또 다른 연구는 치료 전 변화가 치료 종결 시 내담자의 긍정적인 변화를 예측해 주는 변인임을 보여 준다. 예를 들어, 치료에 반응할 것으로 예상되는 내담자와 반응하지 않을 것으로 예상되는 내담자를 구별하기 위해 사용되는 표준화된 정신병리 검사들 대부분이 실패임을 보여 주는 자료를 보자. 이들 표준화된 검사는 광범위하게 사용되고 있음에도 불구하고, 많은 연구에서 종결 시 내담자의 전반적인 향상 수준을 보다 정확하게 예언해 주는 것은 치료자가 치료 전에 평가한

내담자의 역기능 수준이라기보다는 상담 초기 몇 회기에서의 내담자의 변화 및 향상에 대한 자기 보고임을 보여 주고 있다. 가필드(Garfield, 1994)는 심리치료의 내담자 변인에 대한 문헌 고찰 결과 "변화에 대한 내담자의 주관적인 느낌이야말로 본질적인 변수인 것 같다. 만약 상담 초기에 내담자가 스스로를 더 좋아졌다고 느끼거나 나아지고 있다고 본다면, 이는 아마 종결 시에도 긍정적인 성과가 나타날 것으로 보아도 무방할 것이다."(p. 219)라고 지적하였다.

치료 전문가는 여러 가지 방식으로 치료 전 변화를 기꺼이 받아들일 수 있다. 예를 들어, 첫 회기 초반에 치료자는 내담자에게 치료 약속을 하고 기다리는 동안이나 첫 번째 회기에서 변화가 있었다면, 어떤 변화가 있었는지 간단히 물어볼 수 있다.

치료 전 변화는 밤새워 계속된다

치료 전 변화에 대해 직접 질문한 사례로, 결혼 생활의 만성적인 문제로 상담실을 찾은 부부와의 첫 번째 면담 초반부에 일어난 다음의 대화를 살펴보자. 회기는 치료자가 부부에게 무엇 때문에 상담실에 오게 되었는지 묻는 것으로 시작된다. 부인이 먼저 상담을 의뢰하게 된 이유를 설명하고, 35년간의 결혼 생활에서 그녀가 변화하기를 기대하고 있는 것은 무엇인지 설명하였다. 몇 분 후, 대화는 자연스럽게 남편에게로 넘어갔다.

남　편: 우리는 대화하기가 진짜 어려워요. 의사소통 방식이 매우 잘못됐죠. 아시겠지만, 마치 일방통행 같답니다. 제게는 그게 가장…… 제게는 그게 다예요. 우리는 대화가 안 되고, 의견도 안 맞고, 결혼 생활은 항상 싸움의 연속이죠. 우리 관계에서 대개의 경우, 저는 제가 옳다고 믿고 집사람은 자기가 옳다고 믿지요. 한마디 말에 트집을 잡아 꼬리를 물고 늘어지고, 그러면 옛날 일까지 끄집어내서 결국 아무것도 할 수 없게 돼요. 우리는 서로에게 소리 지르고 또…….

치료자: (두 사람을 번갈아 보면서) 두 분은 뭔가 다른 걸 원하시는군요.

부　인: 맞아요.

남　편: 날마다 더 나빠지고 있어요. 매번 논쟁할 때마다 대화는 엉뚱하게 흘러가고 우리는 점점 더 멀어지게 돼요. 이렇게 살기에는 저도 나이를 너무 많이 먹었어요. 저는 평화를 원해요.

치료자: (두 사람에게) 제가 질문을 하나 할게요. 두 분이 여기 오기로 약속하고 이 문제를 풀어 보려고 했을 때, 좀 평화로운 시간이 있지 않았나요? 두 분은 적어도 상담을 받는 것에 대해 대화를 하셨겠죠?

부　인: (기뻐하며) 예, 맞아요! 밤새도록이요. 우리는 함께 이야기할 수 있었어요.

남　편: (부인의 말에 찬성하며 고개를 끄덕인다.)

치료자: (놀라며) 두 분이 함께 이야기할 수 있었다고요?

부　인: 남편이 먼저 말을 꺼내고 나서 내가 이야기할 수 있도록 해 줬어요. 남편 때문에 정말 당황스러웠던 일을 이야기했어요. 남편 때문에 정말 괴로운 일 말이에요. 마찬가지로 남편도 저 때문에 괴로운 일에 대해 말했어요. 상담실에 전화를 건 이후에도 우리는 대화를 했어요.

치료자: (의문스럽게 남편을 쳐다본다.)

남 편: (부인의 말에 동의한다는 듯이 고개를 끄덕인다.)

부 인: (남편을 쳐다보며) 어떻게 그런 일이 있을 수 있었죠?

남 편: (미소를 지으며) 제가 듣고 있더라고요. 진짜로 듣고 있었어요. 그리고 집사람의 어떤 말은 듣기 좋았어요. (부인을 보며) 어젯밤에는 정말 달랐지, 그렇지 않아?

부부의 치료 전 변화에 대한 상세한 설명을 듣기 위한 대화가 계속되었다. 특히, 질문을 통해 부부가 경험한 치료 전 변화 사건에 깊이를 더하고, 상세한 설명을 듣기 위한 질문이 이어졌다(Miller & Berg, 1995). 또한 치료자는 부부가 과연 무엇을 했기에 그러한 변화를 초래할 수 있었는지 혹은 무엇이 그러한 변화에 도움이 되었는지 탐색하는 데 많은 시간을 보냈다. 예를 들어, 치료자는 두 사람에게 그러한 변화가 어떻게 일어났는지, 이 중요한 변화에 그들 각자가 기여한 행동은 무엇이었는지, 그들의 통상적인 대화 방식과 다른 점은 무엇이었는지 그리고 만약 다른 것이 있다면 그들 각자가 이러한 성공적인 경우를 위해 어떤 '무대장치를 준비한' 것인지 물어보았다(Miller, 1995). 가능한 선행 사건의 목록은 처음에는 적었지만 회기가 계속될수록 꾸준히 증가하였고, 이후의 회기는 주로 첫 만남에서 밝혀낸 치료 전 변화를 바탕으로 진행되었다.

이렇게 직접적으로 질문하는 방법과 더불어 치료 전문가는 일단 주의 깊게 경청한 다음, 회기에서 치료 전 변화를 더 깊이 있게 탐색할 수도 있다. 사실상 치료 전 변화에 대한 내담자의 보고는 예외적인 것이라기보다는 통상적으로 일어나는 일이라고 할 수 있다. 그 증거로, 내담자의 60~66%가 치료 전의 긍정적인 변화를 보고한 것으로 나타난 앞의 연구를 상기해 보자. 또 60~66%의 수치가 첫 회기에 내담자에게 치료 전 변화에 관해 질문하여 얻어진 것이라는 점을 상기해 보자. 이들 연구에 따르면, 회기가 끝날 즈음에는 자신의 증상 혹은 치료 목적과 관련하여 치료 전의 긍정적인 변화를 보고하는 전체 내담자의 숫자가 훨씬 증가한 것으로 나타났다. 이러한 결과를 볼 때, 치료 외 요인을 성공적으로 활용하는 가장 중요한 핵심은 내담자의 치료 전 변화에 대해 주의 깊게 **경청하는** 것이다.

사례 그들이 제게 정신병자래요

치료 전 변화에 대한 보고를 주의 깊게 듣는 것의 한 예로서, 자신의 산부인과 담당의에 의해 심리치료에 의뢰된 여성의 사례에서 발췌한 다음의 대화를 보자. 내담자는 심각한 외음부의 염증과 감염을 동반한 오랜 성교통의 병력을 갖고 있었다. 수년간 의학적 검사를 받았음에도 불구하고, 내담자의 호소에 대한 어떠한 신체적인 원인도 밝혀지지 않았고 그동안 만났던 수많은 내과의 중 마지막으로 만났던 의사는 그녀의 문제가 심인성이 아닌가 의심했다. 내담자는 자신의 병력에 관해 말하는 것으로 회기를 시작했다.

내담자: 저는 지난 몇 년 동안 수많은 의사를 만나 왔어요. 이 문제가 시

작된 지 30년이 됐고요. 음, 근데 선생님도 알다시피 문제가 매우 심각한 것이, 제가 결혼을 두 번 했고 두 번 다 이 문제 때문에…….

치료자: 네.

내담자: 이건 좀 난처한데요. 어, 제가 빨갛게 부풀고 감염이 있었는데, 어, 의사들은 모두 제게 어떤 것에도 감염되지 않았다고 말하는 거예요. 하지만 제 외음부는 항상 부어 있고 염증이 있어서…….

치료자: 음…….

내담자: …… 그리고 저기, 아시다시피 성관계를 가질 때마다 아파서, 왜냐하면…….

치료자: (말을 이으며) 빨갛게 부풀어 오른 것과 염증 때문에요.

내담자: (안심하며) 예. 의사는 제가 신경증 환자라고…….

치료자: 신경증 환자라고요?

내담자: (확인하듯 고개를 끄덕이며) 신경증 환자…… 신체화장애 환자요.

내담자는 계속해서 몇 분 동안 자신의 이야기를 상세히 설명하면서 최근에 진료받은 내과 의사와 다시 약속을 잡았다고 말했다. 그 의사는 그녀에게서 어떤 신체적인 문제도 발견되지 않기 때문에 정신건강 전문가를 만나 볼 것을 권유했다. 치료자는 내담자가 이러한 것에 대해 상세하게 이야기하는 동안 그저 주의 깊게 듣고 있었다. 이 과정에서 자연스러운 침묵이 있었고, 이후 치료자는 회기를 시작할 때 내담자가 말했던 주제로 돌아갔다.

치료자: 당신에게 빨갛게 부풀어 오름과 염증이 있었다고 했는데요.

내담자: (고개를 끄덕이며) 예.

치료자: 그 말은 최근에는 좀 호전되었다는 뜻인가요?

내담자: (놀라며) 글쎄요? 네.

치료자: 어떤 점이 달라졌나요?

내담자: 제가 거의 모든 노력을 다 해 봤거든요. 저는 거의 모든 노력을 다 기울였는데, 음, 의사들도 크림, 스테로이드, 항생제 등 모든 약물을 시험해 봤지만 어떤 것도 효과가 없었어요. 적어도 효과가 오래가는 것이 없었지요.

치료자: 그런데 최근에는요?

내담자: 음, 산화마그네슘액과 베네드릴*의 혼합제재를 사용해 왔는데요, 어, 붉게 염증 난 부위에 국부적으로 몇 방울 정도로요.

치료자: 네.

내담자: 그걸 사용하는 몇 주 동안 훨씬 좋아졌어요.

치료자: 그게 정말이에요?

내담자: 지난 30년 동안 이 문제에 대해서는 거의 희망을 잃고 있었는데, 글쎄…… 변하고 있어요.

치료자: 네, 그렇군요. 그 혼합제재가 도움이 된다는 말이죠?

내담자: 네.

치료자와 내담자는 함께 내담자의 새로운 발견으로 인해 초래된

* 역주 항히스타민제의 일종(유명 알레르기 약)

변화를 탐색했다. 치료자는 내담자의 해결책이 실제적인 의학적 문제를 유발하지 않았음을 확인하고자 언제, 얼마만큼의 약을 사용해야 하는지를 어떻게 알게 되었고 더 이상 처치가 필요없는 때를 어떻게 알 수 있는지를 물어보았다. 그 이후로 대화 주제는 다시 치료 전 변화에 관한 것으로 돌아갔다.

치료자: 그 밖에 최근에 뭔가 달라진 점이나 도움이 되었던 게 있었나요?

내담자: (놀라며) 글쎄요? 네, 있어요. 음, 요즘 제가 어떤 남자와 함께 사는데요, 그 사람은 제가 오랫동안 알고 지냈던 사람이고, 또 꽤 멋진 사람이에요…….

치료자: (기뻐하며) 네.

내담자: …… 그리고 요즘 우리는, 음, 성관계를 갖고 있어요.

치료자: (호기심을 보이며) 그게 달라진 점인가요?

내담자: 어젯밤에는 처음으로 아프지 않았어요.

치료자: 그게 정말인가요?

내담자: (자랑스럽게) 네. 처음으로요.

치료자: 어떻게 그런 일이 있을 수 있었다고 생각해요?

내담자: 글쎄요. 지난 3주 동안…… 음, 많은 부분이 스티븐 덕분이에요. 우리는 음, 어떤 압박감이 없었어요. 아주 천천히 관계를 했고 고통은 없었어요.

치료자: 고통이 없었다고요?

내담자: 제 생각에는 아마도 스티븐을 사랑하고 있다는 게 도움이 된 것 같아요. 실제로 전남편을 사랑했다고 생각하지는 않거든요.

치료자: 그렇군요. 또 다른 차이점은 뭐가 있을까요?

내담자: 글쎄요. 저는 그전만큼 방어적이지 않아요. 그는 매우 신중하고 음, 제 생각을 해 주죠. 처음부터 우리는 성관계를 갖다가 혹시 어디가 조금이라도 아프면 그만하기로 합의를 봤어요. 그리고 우리는 음, 단지 서로 애무하고 함께 누워서 음, 많은 시간을 함께했어요.

회기의 나머지 시간 동안 치료자와 내담자는 내담자가 보고하는 변화를 계속 탐색했다. 이를 통해 내담자는 자신과 파트너의 행동에서 무엇이 달라졌기에 변화가 나타나게 되었는지 알아낼 수 있었다. 특히, 두 사람이 자신들의 성관계에 대해 서로 대화를 나누었다는 사실을 깨닫도록 하는 데 많은 시간을 보냈다. 이 회기가 끝날 무렵, 치료자와 내담자는 더 이상 상담을 받을 필요가 없다는 데 동의했다.

내담자가 먼저 자발적으로 치료 전 변화를 보고하든 치료자의 추가 질문에 의해 드러나든, 그것은 치료 결과에 그리 중요한 영향을 미치지 않는다. 초기에 가장 중요한 것은 그와 같은 보고를 그저 열심히 듣고 확인하는 것이다. 즉, 그와 같은 보고를 '최소화', '저항', '부인', '건강으로의 도피' 또는 '전이로부터의 도피' 등의 증거로 간주하여 거부하기보다 환영하라는 것이다.

회기 간 변화

치료 외 요인은 공식적인 치료 시작 전에 일어나는 변화뿐 아니라 치료가 진행되는 동안 일어나는 변화에도 영향을 미친다. 연구에 따르면, **치료 회기 사이에 일어나는 회기 간 변화(Between-Session Change)**

는 예외적인 것이라기보다는 통상적인 것이라고 할 수 있다. 예를 들어 류터로브, 로프그렌, 노드스트롬 그리고 턴스트롬(Reuterlov, Lofgren, Nordstrom, & Ternstrom, in press)은 175개 사례의 치료 과정을 조사했는데, 어떤 사례든 내담자의 70%가 회기의 초반에 증상의 호전을 보고했음을 발견했다. 그러나 더욱 고무적인 것은, 회기 초반에 회기 간 향상을 보고하지 않은 30%의 내담자 중 절반 역시 회기 종결 단계에서 증상과 관련된 특정한 변화를 보고했다는 점이다. 이와 비슷하게 상당수의 연구 결과에 따르면 대다수의 내담자는 전체 치료 과정의 후반기보다는 초반기에 변화를 보인다. 예컨대, 전통적인 형식대로 일주일에 한 번 상담을 받은 약 2,500명의 내담자에 대한 메타분석 연구에서 약 50%의 내담자가 8회기 이내에 향상을 보였고, 75%의 내담자가 6개월 이내에 향상을 보였다(Howard, Kopte, Krause, & Orlinsky, 1986).

이러한 고무적인 결과와는 반대로 많은 치료자가 채택한 치료 모델의 대부분은 인간의 변화가 아주 어렵고 오래 걸리는 과정이라고 이야기한다. 마호니(Mahoney, 1991)는 인간의 변화가 어렵다는 관점은 '현대 심리치료 학파들 간에 가장 합의가 잘 이루어진 사항'(p. 18)이라고 지적한 바 있다. 정신건강 전문가를 대상으로 설문 조사한 결과, 대다수의 전문가가 심리치료에서 영구적인 변화를 성취하려면 적어도 몇 년 정도의 오랜 시간이 걸린다고 믿는 것으로 나타났다(Kupst & Shulman, 1979). 대부분의 치료 모델은 공통적으로 변화에 대해 비관적이거나 부정적인 관점을 갖고 있는데, 이로 인해 치료 전문가는 분명 고의는 아니더라도 회기 간 변화의 가치를 폄하하거나 심지어 간과할 수 있다. 이는 상담 초반에 일어난 변화가 직접적으로 치료나 치료자에 기인하지 않은 경우에 특히 그럴 가능성이 크다고 할 수 있으며, 연구 결과에 따르면 많은 사례에서 변화는 초반에 일어나고 특히 치료 외 요인이 존재하는 사례의 경우 치료자는 회기 간 변화를 간과하게 된다고 한다.

반면 치료 전문가가 내담자의 신념이나 기대를 받아들이게 되면, 회기 간 변화에 더욱 주의를 기울이고 그것을 긍정적으로 사용할 수 있다. 한 연구에 따르면, 대부분의 치료에서 변화의 발생 및 치료 기간에 대한 내담자의 기대가 상담자의 기대보다 실제와 더 밀접하게 관련되어 있었다(Garfield, 1994). 예를 들어, 대다수의 내담자는 치료가 상대적으로 짧게 지속되기를(10회기 이내) 기대하며, 치료 과정의 후반기보다는 초기(5회기 이내)에 호전되기를 기대한다(Garfield & Wolpin, 1963). 또한 내담자는 평균적으로 몇 회기 정도만 치료를 받으며, 일반적으로 전체 회기의 중간쯤에 호전된다고 한다(Garfield, 1994; Howard, Kopte, Krause, & Orlinsky, 1986).

치료자가 회기 간 변화를 받아들일 수 있는 몇 가지 방법이 있다. 예를 들어, 치료자는 자신의 스타일과 내담자의 표현을 믿고 주의 깊게 경청한 다음, 내담자가 회기 간 변화와 관련된 것을 말할 때 그것을 더욱 확장시켜 주는 것이다. 또는 회기를 시작할 때, 내담자에게 지난번 상담 이후에 어떤 변화가 있었는지 직접 물어볼 수도 있다.

사례 우울한 기분은 아무것도 아니에요

극심한 우울을 호소하며 상담실을 방문한 라키샤는 두 아이를 둔 36세의 싱글맘이다. 그녀가 처음 상담실에 왔을 때 치료자는 내담자의 호전을 기대할 만한 것이 하나도 없다고 생각했다. 변화가 일어난다고 해도 그녀의 이력과 현재 상황으로 볼 때 회복하는 데 아주 오랜 시간이 걸릴 것으로 보였다. 내남자가 누 번째 회기에 와서 지난주에 자신이 겪었던 어려움과 갈등을 하나하나 열거하느라 초반 15분을 다 보냈을 때, 내담자에 대한 이러한 첫인상을 다시 확인할 수 있었다. 그녀의 말대로라면, 지난 상담 이후로 변하거나 나아진 것이 전혀 없어 보였다. 치료자는 적절한 기회를 기다렸다가 라키샤에게 지난 상담 이후로 나아진 것이 하나도 없느냐고 물어보았다. 그 결과 다음의 극적인 대화가 이루어졌다.

치료자: 음, 당신 이야기를 들으면서 지난 상담 이후로 하나도 나아진 게 없었는지 궁금하군요.

내담자: 글쎄요, 기본적으로는 이 모든 문제가 계속되고 있음에도 불구하고, 선생님이 보시다시피 전 괜찮은 것 같아요.

치료자: 정말인가요?

내담자: 네. 이 모든 일이 일어났지만, 저는 꽤 잘해 온 것 같아요.

치료자: 음.

내담자: 이번엔 울지 않잖아요. 알고 계셨나요?

치료자: (놀라서 고개를 끄덕이며) 예, 알고 있었어요.

내담자: 저는 하루 종일 집에만 있지 않고 밖으로 나가려고 노력하고 있어요.

치료자: 그게 도움이 되던가요?

내담자: 네, 기분이 훨씬 좋아요. 기분이 나아진다는 게 저한테는 아주 중요하거든요. 항상 기분이 가라앉아 있다는 건 정말 끔찍해요.

치료자: 그렇죠.

내담자: (계속해서 말하며) 선생님도 아시겠지만, 기분이 계속 가라앉을 때 거기서 벗어나는 방법을 전혀 모르는 사람들이 있는데, 그런 사람들을 보면 참 안됐어요.

치료자: 그 말은 당신은 거기서 벗어나는 방법을 어느 정도는 안다는 말인가요?

내담자: (고개를 끄덕이며) 네. 저는 밖으로 나가서 걷거나 혹은 '오늘은 빨래할 기분이 아니야. 빨래 안 할 거야.' 라는 식으로 느끼려고 해요. (주먹으로 손바닥을 탁탁 치며) 자신에게 그러한 의무감을 지우지 않는 것, 그런 것 아시죠?

치료자: (노트에 기록하며) 맞아요, 이것을 좀 적어 놓을게요. 기분이 가라앉지 않도록 뭔가를 하게 하라.

내담자: (기다림)

치료자: 그 밖에 또 다른 것은요?

내담자는 첫 회기 이후 임시직을 구한 것을 비롯하여 다른 중요한 변화가 있었음을 보고하기 시작했다. 라키샤의 우울 중 상당 부분이 현재의 재정 상황과 관련되어 있었기 때문에 이러한 변화는 특히 중요했다. 회기가 진행될수록 치료자는 계속해서 주의 깊게 들었고, 다른 변화에 대해 질문했으며, 질문을 통해 내담자에 대한 깊이 있고 상세한 정보를 얻었다(Miller & Berg, 1995). 치료자는 특히 현재 내담자가 경험하고 있는 변화를 알아보기 위해 그녀가 무엇을 했는지에 대해서 상세하게 물어보았다. 이후의 상담에서는 라키샤가 현재의 어려움을 어떻게 다룰 것인지에 대해 분명하고 구체적인 계획을 세워 나갔다.

이 사례는 회기 간 변화에 대해 직접적으로 물어보는 것이 중요한 잠재적 가치가 있음을 보여 준다. 그러나 이 사례를 통해 깨달아야 할 것은 **내담자의 이력이나 진술과 상관없이, 치료자가 회기 간 변화의 가능성에 대해 항상 열려 있어야 한다**는 점이다. 다시 상기해 볼 때, 치료 외 요인은 치료 과정의 어떤 순간에도 성과에 긍정적인 영향을 미칠 수 있다. 우리는 치료자가 내담자에게 변화의 가능성이 없어 보인다고 단념했다면, 이 사례가 어떻게 달라졌을 것인지에 대해 생각해 볼 수 있다. 특히, 앞의 사례처럼 내담자가 자발적으로 변화를 보고하지 않거나 호전의 기미가 전혀 보이지 않아서 사례에 대한 치료자의 부정적인 예측이 맞아떨어지는 것처럼 느껴질 때, 치료자는 더 이상 주의 깊게 듣고 싶지도 않고 변화에 대해 물어보고 싶지 않다는 유혹에 빠질 수 있다. 다음의 사례에서 보듯이, 내담자가 변화를 보고하지 않거나 변화를 강하게 부정할 때 이러한 유혹은 더 강해질 수 있다.

사례 아무것도 변한 게 없어! 아무것도, 아무것도 아니야!

레기는 지역 빈민 단체 지원 프로그램에 의해 치료에 의뢰된 34세의 노숙자로 만성적인 정신 병력을 갖고 있었다. 이 프로그램의 담당자는 지난 몇 달간 레기의 외양과 사회적 상호작용 수준이 점점 더 악화되었기 때문에 그에 대한 걱정이 점점 더 커졌다. 첫 방문 시에 레기는 비록 이따금씩 이야기가 곁길로 새기도 하고 이야기를 따라가기가 어렵기는 했지만, 치료를 받는 동안 필요로 하고 원하는 몇 가지 구체적인 변화에 관해 이야기했다. 치료자는 레기가 몇 가지 목표를 추진할 수 있도록 숙제를 내주었고, 일주일 후에 상담 약속을 잡았다.

레기가 일주일 후에 두 번째 상담을 받으러 왔다. 사교적인 이야기로 몇 분의 시간을 보낸 후에, 치료자는 레기에게 직접적으로 지난 상담 이후로 좋아진 점이나 어떤 변화가 있었는지 물었다. 레기가 머리를 천천히 흔들면서 대답했다.

내담자: 아무것도 변한 게 없어요.

치료자: (호기심을 보이며) 아무것도요?

내담자: 아무, 아무, 아무것도…… 어떤 것도 변한 게 없어요.

치료자: 음.

내담자: 지난주는 정말 끔찍했어요.

다음 10분 동안 레기는 지난주에 있었던 일을 상세하게 설명했다.

그의 말에서는 아주 조그만 진보의 흔적도 발견할 수 없었다. 예를 들면, 레기는 여전히 거리에서 살았고, 그가 받을 수 있는 경제적 지원을 계속해서 못 받고 있었다. 변화의 가능성을 열어 놓는다는 것 자체가 치료자에게는 중요한 도전이었다. 대화가 계속되었다.

치료자: 또 다른 힘든 한 주였다는 이야기처럼 들리네요.

내담자: 헤비타트*에 전화했어요.

치료자: (확인하듯) 그랬군요?

내담자: 네. 하지만 그들은 제게 집 주소가 필요하다고 했어요.

치료자: 그래서 당신은 여전히 그 일을 위해 노력하고 있군요.

내담자: 네. 그런데 바로 지난주 토요일에 옛 여자 친구들 중 한 명을 만났어요.

치료자: 그랬어요?

내담자: 네. 그건 남지에게 기끔 일이나는 멋진 일 중 하나죠.

치료자: 음.

내담자: (미소를 짓는다.)

치료자: 지난주에 우리는 이런 것에 대해 이야기했었죠. 밖으로 나가 좀 더 사교적이게끔 되는 것 말예요. 어떻게 그 일이 일어났는지 말해 주시겠어요?

내담자: 그녀는 상점에 들렀다가 집으로 가는 중이었고요, 저는 일하러 가는 도중에 교회 옆을 지나고 있었어요. 제 일터에서 마침내 제게

---

* 역주 사랑의 집 짓기 행사를 하는 곳

몇 시간 더 일하도록 해 주었거든요. 그리고……. (멈춤)

치료자: 몇 시간 더 일하도록 허락받았다고요?

내담자: (고개를 끄덕였지만, 바로 전에 이야기하던 것으로 돌아가서) 마침 저는 아주 깨끗하게 씻고 제일 좋아하는 셔츠를 입고 있었어요! (웃음)

치료자: (고개를 끄덕이며 웃는다.)

내담자: (웃으며) 그 옷을 좀 더 자주 입어야 할 것 같아요.

치료자: 음, 나도 그런 옷을 하나 얻어서 입어야겠는데요!

내담자: (웃음)

치료자: 당신이 이런저런 이야기를 많이 했는데, 음, 우리 잠시만 다시 되돌아가서 이야기해 볼까요?

나머지 시간 동안 치료자와 레기는 그가 보고한 변화에 대해 탐색했다. 이전 사례에서와 같이 치료자는 질문을 통해 레기가 자신의 보고를 좀 더 깊고 상세하게 설명하도록 도왔다. 더불어 레기가 보고한 변화를 지속하도록 강화하기 위해 이러한 변화를 가져오는 데 레기가 어떤 역할을 했는지 명료화했다. 다음 절에서는 치료 외 요인으로부터 초래된 변화를 활용하여 상담 성과를 거두기 위해 반드시 필요한 치료자의 질문들에 대해 살펴보기로 한다.

미래를 위해 변화 강화하기

변화가 치료 전에 일어나든 혹은 치료 중에 일어나든, 그러한 변화가 내담자 요인에 의한 것이든 혹은 우연한 사건에 의한 것이든 간에 치료 외 요인이 상담 성과에 미치는 영향을 극대화하기 위해 필요한 결정적인 두 번째 단계는 내담자로 하여금 변화를 가져오고 그것을 유지하는 것이 스스로 노력한 결과임을 깨닫도록 돕는 것이다. 자기효능감에 관한 연구에 따르면, 내담자가 변화를 우연한 사건에 의한 것이 아닌, 자신의 노력에 의한 것이라고 귀인할 때 훨씬 더 많이 자신의 변화를 인정하고 미래에 그러한 변화를 반복하려고 하는 경향을 보인다(Bandura, 1977, 1986). 또한 내담자가 변화를 자신의 노력에 의한 것으로 귀인하는 정도와 변화가 지속되는 정도 간에 강한 상관이 있음을 입증한 경험적 연구 결과도 있다(Lambert & Bergin, 1994). 예를 들어, 한 연구에서 연구자는 내담자 집단에 위약을 처방한 결과, 약물 때문에 호전되었다고 믿는 내담자보다 자기 노력의 결과로 호전되었다고 믿는 내담자에게서 치료의 성과가 더 잘 유지된다는 것을 발견했다(Frank, 1976; Liberman, 1978). 이와 유사하게, 슈어블과 피어스(Schuable & Pierce, 1974)는 객관적인 연구 방법을 사용하여 자신의 문제를 해결하는 데 책임감을 보인 내담자가 그렇지 않은 내담자에 비해 유의하게 더 좋은 성과를 얻었음을 보여 주었다.

분명한 것은, 여기서의 핵심이 그들 자신의 노력과 변화 사이의 관계에 대한 지각, 특히 **내담자의 지각**이라는 것이다. 실제로 또는 경험적으로도 변화를 일으키는 것이 무엇인지는 치료 과정에 있어서 하찮은 것일 수 있고, 궁극적으로는 명확하게 알 수 없을지도 모른다. 치료 과정에서 언제 변화가 일어나는가—치료 전, 치료 중 혹은 치료 후에 일어나는가—하는 것 또한 그리 중요하지 않다. 중요한 것은 내담자가 변화에 대해서 적어도 자신이 행한 행동의 부분적인 결과로 보고, 앞으로 이것을 반복할 수 있어야 한다는 것이다. 치료자는 내담자가 이러한 관점을 궁극적으로 수용하도록 상당한 영향을 미칠 수 있다.

사례 그게 그냥 일어났어요!

만성적인 음주와 마약 문제로 치료를 받으러 온 41세의 노숙자, 펠릭스의 사례를 보자. 첫 회기 중간쯤에 펠릭스는 오후 상담에 오기 전에 술과 마약을 전혀 하지 않았으며, 이는 자신의 통상적인 일상에서 예외적인 일이라고 말했다. 그러나 치료자가 어떻게 용케도 술과 마약을 하지 않을 수 있었는지에 대해 설명해 달라고 하자, 그는 그저 운이 좋았기 때문이라고 말했다. 치료자는 이런 시각을 가지고는 펠릭스가 그저 행운이 다시 찾아오기를 기다리는 것 외에 다른 일을 시도하도록 고무되지 못했다는 것을 알고 있었기 때문에 다음과 같은 질문을 계속했다.

치료자: (호기심을 보이며) 운이 좋았다고요?

내담자: 네, 내가 뭐라고 할 수 있겠어요? 그건 그냥 일어난 일일 뿐이에요.

치료자: (호기심을 보이며) 그냥 일어났다고요? 음.

내담자: 원래대로라면 저는 지금도 술을 마시고 있었을 거예요.

치료자: 그게 참…… 흥미로운 부분이네요. 왜 당신이죠? 내 말은, 왜 당

신에게 오늘 그런 행운이 찾아왔느냐는 말이죠?

내담자: (생각하며) 잘 모르겠어요.

치료자: (고개를 끄덕인다.)

내담자: 그래도 생각은 많이 해 봤어요.

치료자: 생각이요?

내담자: 내 인생에 대해 생각하고 되돌아보는 거요. 내 나이 마흔한 살인데, 내 꼴을 좀 보세요. 집도 없고, 옷은 모두 무료로 나누어 준 걸 걸친 것이고, 어디를 가든 걸어 다녀야 해요. 심지어는 버스를 탈 돈도 없어요.

치료자: 음…… 펠릭스, 자신의 인생에 대해 생각하고 되돌아보고 또 현재 당신의 처지를 돌아본다고 했는데, 당신이 오늘 여기에 술에 취하지 않고 올 수 있도록 하는 데 그게 도움이 되었나요?

내담자: 적어도 방해가 되지는 않았지요.

치료자: 그거 놀랍네요.

내담자: 뭐가요?

치료자: 방해가 되지 않았다는 것 말이에요. 내 말은 만약 누군가가 술과 마약을 하고자 마음만 먹었다면…….

내담자: (웃으며) 그러니까 그게 나라는 거죠. 네, 저도 알아요.

치료자: 그러니까 당신이 어떻게 오늘은 굴복하지 않고 술과 마약에 취하지 않을 수 있었느냐는 거지요.

질문이 계속되면서 펠릭스는 점차 자신의 성공(일정 기간 동안 술과 약을 끊은 것)에 대해 더 많은 책임감을 갖게 되었다. 회기가 끝날 무렵에는 그가 상담 약속 시간을 지키기 위해 깨어 있으려고 **의도적으로** 취했던 몇 가지 행동에 대해서도 말해 주었다. 예를 들어, 그는 함께 술을 마시고 약물을 하는 친구를 자주 만났던 무료 급식소에서 아침을 먹는 것을 건너뛰었다. 여기서 '의도적으로' 라는 단어를 강조한 것은 내담자가 성공을 자신의 의도적 행동으로 보게 된 것이 상담 회기 전체에 걸쳐 일어난 하나의 과정이지, 어떤 하나의 사건이나 기법에 의한 것이 아니라는 점을 설명하기 위해서다.

전통적인 알코올중독 치료의 관점에서는 이러한 작은 우연한 사건이 어떻게 다루어지는지 상상해 보자. 아마도 내담자가 술이 깬 멀쩡한 상태로 상담을 받으러 오는 것은 당연한 일로 여겨질 수 있다. 때문에 치료자는 그 일을 별로 중요하게 생각하지 않을 것이다. 또한 전통적인 알코올중독 치료 프로그램이 프로그램의 입장(예를 들면, 단주 동맹에 참석하는 것, 엄격한 금주)을 지극히 강조하는 점을 생각하면, 내담자가 일으킨 변화에 대해 인정하기보다는 오히려 내담자가 아직 성취하지 못한 점을 직면시키는 데 초점을 맞출 수 있다(Miller & Berg, 1995). 그러나 동기는 호의적이라 하더라도 그와 같은 전략은 내담자의 행동 변화와 관련한 자기효능감을 강화하기보다는 처벌적으로 느껴질 수 있다. 또한 내적 자원(예를 들면, 자아, 기술, 자원)보다는 외적 자원(예를 들면, 치료자, 프로그램, 물질)에 의존하게 만들 수도 있다.

치료자의 스타일과 내담자의 진술에 따라 치료자는 다양한 방법으로 치료 외 요인으로부터 초래된 변화가 더 효력을 발휘하도록 도와줄 수 있다. 예를 들어, 앞의 사례에서 보듯이 치료자는 단순히 치료 기간 동안 발생한 변화에 대해 내담자가 어떤 역할을 했는지 호기심을 보일 수도 있다. 특히, 치료자는 변화를 가져오는 데 내담자가 관여했다고 가정하는 질문을 던지거나 직접적으로 그것에 대해 말할 수 있다(Berg & Miller, 1992; Imber, Pilkonis, Harway, Klein, & Rubinsky, 1982; Walter & Peller, 1992). 부정적인 행동에 대해 비난하는 것이 보다 일반적이기는 하지만, 크랄과 코왈스키(Kral & Kowalski, 1989)는 이러한 과정을 유추적으로 사용하여 '긍정적 탓하기' 라고 부르면서 "이는 변화를 일으킨 것에 대한 책임을 내담자에게 지우기 위해 내담자를 '탓하는' 것을 의미한다. 즉, 내담자의 삶에 있어서 자신이 미치는 영향력을 자각하도록 강화하는 것이다."(Kral, 1986, p. 74)라고 설명했다.

다음 절에서는 내담자의 힘, 자원, 능력에 대해 주의를 기울이는 것을 바탕으로 심리치료에서의 변화를 인식하고 촉진하기 위한 부가적인 방법에 대해 탐색하기로 한다.

내담자의 변화를 가져오는 것에 주의 기울이기

치료자들은 무엇을 잘하는가?
그들은 사람들이 무엇을 잘못하고 있는지 말하기를 좋아한다.
그게 바로 치료자들이 잘하는 것이다.

TalkNet Radio Network, 1995년 9월 19일
라디오에 출연한 한 심리학자의 인터뷰 중에서
조이 브라운 박사(Dr. Joy Brown)

지그문트 프로이트(Sigmund Freud)는 "나는 인간에 대해 좋은 점

을 거의 발견하지 못했다. 내 경험상 대부분의 인간은 쓰레기다." 라고 저술한 바 있다. 이는 매우 충격적인 말이다. 특히 대부분의 심리치료자가 '현대 심리치료의 아버지'로 꼽는 저명한 심리학자가 쓴 글임을 고려할 때 더욱 그러하다. 현대의 정신건강 전문가 중 프로이트의 염세적인 평가에 드러내 놓고 찬성하는 사람은 거의 없지만, 사실상 그의 관점은 지금껏 강력한 힘을 발휘해 왔고(비록 덜해지기는 했지만) 현대 심리치료의 이론과 실제에 지속적으로 상당한 영향력을 행사하고 있는 것이 사실이다.

예를 들어, 지난 40년 동안 정신병에 대한 진단적 범주가 경이적으로 증가한 것을 생각해 보자. 1952년 『정신장애의 진단 및 통계 편람(Diagnostic and Statistical Manual of Mental Disorders: DSM)』이 처음 출판된 이래로 진단적 범주의 수는 300%라는 엄청난 증가를 보였다. 그러한 진단적 범주의 어마어마한 증가가 일반 대중들 내에서 그만큼 정신병 발병률이 높아졌다는 것을 입증한다는 증거는 어디에도 없지만, 여기서 암시하는 바는 분명하다. 사람들은 아프고, 앞으로 더 아플 것이라는 점이다(Garfield & Bergin, 1994).

미국 국민의 96% 이상이 역기능적이거나 역기능적인 가족 안에서 성장한 결과로 고통받고 있다고 말하는 유명한 정신건강 전문가의 주장이나 진단적 범주의 엄청난 증가를 생각해 보라. 현재 우리의 신념이나 치료가 프로이트의 평가에 비해 덜 냉소적이라고 할 것도 없어 보인다(Gravitz & Bowden, 1987; Kristol, 1990; Miller & Berg, 1995). 프로이트처럼 노골적이지는 않지만, 현대 심리치료 연구와 실제는 무엇이 옳은지, 다시 말해 힘과 자원, 경험과 능력, 사회적 지지와 그들의 세계관과 같은 것보다는 상담실을 방문하는 사람들이 무엇인가 잘못되어 있다는 가정–그것이 생화학적, 정신 내적, 대인관계적, 상호작용적, 체계적, 인지적, 행동적 등과 같은 현대 임상 용어를 사용하든 아니면 다른 용어를 사용하든 간에–에 기반하여 좌우되고 있다. 질버겔드(Zilbergeld, 1983)는 『주춤거리는 미국(The Shrinking of America)』에서 "현대의 치료적 관점에서는 사람들을 하찮거나 혹은 죄책감을 느낄 만한 행동을 한 사람처럼 여기지 않을지 몰라도 **확실히 사람들은 뭔가 잘못되어 있다.**"(p. 195)라고 했다.

이는 아마도 널리 퍼진 '원죄'에 관한 문화적 신념을 반영하는 것으로 심리치료의 이론과 실제는 내담자를 병리의 온상, 저항의 생산자, 역기능적 가족에 대한 메시지 전달자라고 보는 고정관념을 갖고 있다. 명백한 연구 결과에도 불구하고, 내담자가 심리치료에서 변화를 가져오는 당사자라는 점은 거의 인정받지 못하고 있다. 저명한 심리치료자인 루이스 울버그(Lewis Wolberg, 1954)는 이러한 경향성에 대해 40년 전에 그가 관찰한 바를 "우리는 정서적 · 정신적 문제가 일으키는 부정적 결과만을 너무 강조한 결과, 파괴적이고 병리적인 것에만 주로 관심을 기울이고 건설적이고 생산적인 면이 공존한다는 것을 잊어버리는 경향이 있다. 이는 매우 불행한 일이다."(p. 14)라고 하였다.

치료 전문가 사이에 회자되거나 혹은 출판된 성공적인 심리치료 사례에서 치료자는 대개 영웅이나 구원자의 역할을 맡는다. 저항을 다루거나 해석을 하거나 역기능적인 사고를 지적하거나 혹은 '기적 질문'을 하거나 성공적인 심리치료에 대한 이야기는 대부분 내담자보다 치료자의 공헌을 더 우선하여 강조한다. 사실이 뒷받침되지 않는 이러한 이야기는 상담에서 변화를 가져오는 데 치료자의 공헌이 중요하다는 신념을 강화시킨다. 더욱 우려되는 점은 치료자가 자신의 무용담에만 지속적으로 주의를 기울이게 하여, 결과적으로 내담자가 변화에 기여하는 많은 부분을 폄하하거나 심지어 무시해 버리는 우를 범하게 만들 수 있다는 것이다.

내담자의 능력

치료 전문가가 내담자에게 변화의 주인공 역할을 부여하기 위해서는 내담자의 능력에 호기심을 가지며 그들의 삶과 환경 속의 힘, 자원 또는 능력에 대해 주의를 기울임과 동시에 내담자의 어려움에 대해 주의 깊은 공감적 경청을 하여야 한다. 심리치료에서 변화를 가져오는 내담자의 공헌에 대해 경청하고 호기심을 갖는 것이 내담자의 어려움을 무시한다거나 '나쁜 것은 보지도 듣지도 말라.' 는 식의 치료 태도를 보이면서 명랑함을 가장해야 한다는 것은 아니다. 치료자는 전체적인 이야기(예를 들면, 혼란과 명료함, 괴로움과 인내, 고통과 극복, 절망과 욕망)를 들어야 한다.

사례 당신은 나를 도울 수 없어요

치료자[1]가 내담자의 이야기를 주의 깊게 들음으로써 치료적 변화를 가져오는 내담자의 능력을 강조하는 방법의 예로, 한 맹인 여성의 첫 번째 면접 사례에서 발췌한 다음의 대화록을 살펴보자. 이 여성은 루프스(진행성, 퇴행성의 신경학적 질병)로 진단을 받은 이후 상담을 받으러 왔는데, 병 때문에 팔다리, 손, 심지어 손가락의 감각까지 잃어 가고 있었기 때문에 매우 우울해했다. 그녀는 10년 전 시력을 잃은 후 가까스로 익숙해진 점자 읽기와 같은 대부분의 활동을 루프스 발병 후에는 더 지속하기가 어려워졌다. 상담은 먼저 내담자가 상담실에 익숙해지도록 하는 것에서부터 시작했으며 다음의 질문으로 이어졌다.

치료자: 어떻게 상담을 받으러 오시게 되었나요?

내담자: 너무 우울해서요. 손과 발이 모두 마비가 되어 쓸 수가 없어요. 몸 전체가 거의 마비된 것 같아요. 이제는 더 이상, 왼손은 아직 움직일 수 있지만 느낌이 없어요…….

치료자: (고개를 끄덕이며) 그렇군요.

내담자: 전화번호를 누를 수도 없고요. 전화를 걸려면 교환원을 통해야만 해요. 이 모든 것이, 모든 것을 스스로 해 왔기 때문에 이런 상황이 정말 끔찍해요.

치료자: 그래요, 그렇군요. 많은 일에 새롭게 적응해야 하는 상황이 힘들고 어렵군요.

내담자: (울먹이며) 정말이지 이렇게 살고 싶지 않아요. 자살하고 싶다는

---

1) 이 사례의 치료자는 론 윌거시(Ron Wilgosh)다. 이 대화는 홉우드와 터넬(Hopwood & Turnell, in press)의 문헌에 소개되어 있다.

건 아니지만, 진짜 이렇게 살고 싶지도 않아요.

치료자: 당신에게 많은 일이 있었고 많은 것이 낯설죠. 그런데 당신은 이 일에 어떻게 대처하고 계십니까?

내담자: (울먹이며) 저는…… 글도 쓸 수 없고, 손과 손가락에 감각이 없기 때문에 점자책을 읽을 수도 없고…… 혼자 식사를 챙길 수도 없어요.

치료자는 계속해서 주의 깊게 듣고 내담자가 경험하고 있는 어려움을 인정하고 내담자의 능력의 증거를 찾는다. 이 대화에서 분명히 알 수 있듯이, 내담자는 심신의 극심한 고통을 호소하고 있기 때문에 경청하고 인정하고 능력의 증거를 찾는 것 사이의 균형을 유지하는 것은 치료자에게 중요한 도전이었다. 사실 이 회기 중에 내담자는 "선생님은 제 손과 다리의 감각을 되살려 놓을 수 없기 때문에 저를 도울 수가 없어요."라고 말할 정도로 심신의 고통이 컸다. 따라서 이 내담자가 겪을 고통의 정도를 생각해 볼 때, 전통적인 치료모델에서처럼 내담자의 능력 찾기를 포기하고, 이 여성이 느끼는 고통에 동참하는 것이 더 쉽고 정당화될 수 있는 방법인 듯 보인다. 그러나 이 사례에서 치료자는 어떻게든 균형 맞추기를 계속함으로써 결국 다음과 같은 대화를 이끌어 내었다.

내담자: 저는 다른 사람들에게 의존하고 싶지는 않아요. 제가 시력을 잃었을 때 가장 힘들었던 일이 바로 사람들에게 도움을 청하는 것이었어요. 10년 전에 시력을 잃었는데, 그것은 제게 정말 정말 너무나 적

응하기 어려운 큰일이었어요.

치료자: 진짜 그랬을 것 같아요.

내담자: 제 말은, 그건 정말 정말 어려운 일이기 때문에 만약 그런 일이 제게 일어나지 않았더라면, 실제로 그렇게 적응할 수 있으리라고 믿을 수 없었을 거라는 얘기예요.

치료자: 그렇군요. 만약 시력을 잃지 않았더라면, 그런 일에 적응할 수 있다는 것조차 믿을 수 없었겠군요.

내담자: 맞아요.

치료자: 그런데 어떻게 적응했나요? 어떻게 그렇게 할 수 있었죠?

내담자: 일 년 내내 아무것도 하지 않았어요. 거의 먹지도 않고 내내 잠만 잤지요. 일어나 있는 시간에 하는 일이라고는 겨우 목욕을 하는 것 정도였지요.

치료자: 네.

내담자: 의사와 약속이 있을 때만 일어나서 병원에 갔고, 집으로 돌아와서는 늘 그렇듯 하루 종일 침대에만 누워 있었어요.

치료자: 그렇게 첫해를 보내고 나서 적응해 나가기 위해 처음 무엇을 하셨나요?

내담자: 저는 어, 전문대학의 시각장애인을 위한 프로그램을 들으면서 혼자 밖에 나가 다니는 법, 걷는 방법, 상점에 가서 쇼핑하는 법 등을 배웠어요.

치료자: (호기심을 보이며) 그 모든 것을 새로 배워야만 했군요? 어떻게 그렇게…….

내담자: 네, 매 순간 뭔가를 어떻게든 해내야만 했거든요. 그런 제 자신이

정말 기뻤지요…….

치료자: 정말 그랬겠어요.

내담자: 그것을 자력으로 할 수 있다는 걸 알게 될 때까지 계속했어요.

치료자: 네.

내담자: 한 번 할 수 있게 되면 그걸 계속 시도할 필요는 없으니까, 그다음에는 또 뭔가 다른 걸 해 나갔고요.

치료자: 한 가지 일에 자신감이 붙을 때까지 계속해서 연습한 셈이군요. 그다음에 다른 활동으로 넘어갔고요.

치료자와 내담자는 몇 분 더 10년 전 시력을 잃은 후에 적응하는 데 내담자에게 도움이 되었던 요인에 대해 확인하고, 그것을 구체화하는 작업을 함께했다. 이 짧은 대화를 통해 내담자는 현재의 문제에 직면하고 궁극적으로 적응할 수 있도록 이끌어 준 자신의 능력을 발견하게 되었다.

두 번째 회기에서 내담자는 다음과 같은 일, 즉 침대 밖으로 나오기로 결심하기, 미용실에 가기 위해 예약하기, 약속 장소에 가기 위해 전화해서 택시 부르기, 루프스를 앓는 사람을 위한 지지 집단에 참가하기로 결심하기 등의 새로운 일을 했다고 보고하였다. 이 모든 활동은 내담자가 생각해 낸 것으로 10년 전에 내담자가 이런 일을 하는 데 꼬박 일 년이 걸렸음을 독자는 상기할 수 있을 것이다. 이 회기의 말미에 치료자와 내담자는 더 이상 상담이 필요 없다는 데 동의했다.

사례 로버트의 재발

앞의 사례에서 잘 드러나듯이, 가장 절망적인 상황에서도 내담자가 가진 능력에 대한 희망은 발견할 수 있다. 심지어 내담자가 진전을 보이지 않거나 한 걸음 퇴보할 때도 내담자의 능력을 알아차릴 수 있다. 한 40대 남성 내담자와의 네 번째 회기에서 발췌한 다음의 대화를 보자. 그는 자신에게 문제가 되고 있는 술을 끊으려고 노력하던 중 다시 퇴보를 보이고 있다.

치료자: 자, 어떻게 지내고 계세요?

내담자: 잘 지내고 있어요. 계속 연습 중입니다. 일어나서 걷고, 스트레칭하고, 그런 것 말이에요.

치료자: (고개를 끄덕이며) 네, 좋네요.

내담자: 종이에 뭔가를 끄적거리면서 생각을 글로 쓰기도 하고요.

치료자: (고개를 끄덕이며) 그래요.

내담자는 몇 분 동안 지난 상담 이후로 자기가 잘해 왔던 일에 대해 계속 설명했다. 치료자는 주의 깊게 듣고, 이따금씩 내담자의 노력과 능력을 강조해 주었다. 그러고 나서 다음의 대화로 넘어갔다.

내담자: (한참을 가만히 있다가, 눈길을 아래로 떨어뜨리며) 나빠진 것이 있는데, 제가 술을 다시 마신다는 거예요.

치료자: (호기심을 보이며) 술을 마셨어요?

내담자: 왜 그랬는지 모르겠어요. 모든 게 잘되고 있고 특별한 일도 없었는데, 그냥 다시 술을 마시기 시작했어요.

내담자는 음주 사건에 대해 자세하게 말했다. 그의 보고에 따르면, 어느 날 저녁 퇴근 후에 담배를 사러 편의점에 들렀다가 동네 선술집에서 함께 술을 마시던 옛 친구 몇 명을 만났다. 마침 외롭던 차에 내담자는 친구들을 따라 술집에 갔고, 술을 몇 잔 마시다가 자기도 모르게 저녁 내내 술을 마셔 버렸다. 치료자는 자연스럽게 내담자의 능력으로 초점을 바꾸면서 회기를 계속 이어 갔다.

치료자: 자, 다시 한 번 물어볼게요. 결국 어떻게 해서 그만 마시게 되었지요?

내담자: (웃으며) 그냥 술집이 문을 닫아서 집에 간 거죠.

치료자: (웃으며) 아, 그래요.

내담자: 저는 그냥, 컨디션이 정말 안 좋았는데, 일어나서 일하러…….

치료자: (말을 끊으며) 일하러 가려고 일어났군요?

내담자: (고개를 끄덕이며) 네, 그랬죠. 아팠지만 일하러 가야 했죠.

치료자: 그 전에는 안 그랬잖아요.

내담자: (놀라서 고개를 끄덕이며) 네.

치료자: 어떻게 해서 '빌어먹을!' 이라고 말하면서 침대에 그대로 머물러 있지 않았죠?

여기서부터 대화는 내담자의 퇴보에서 내담자의 능력에 대한 것으로 방향을 선회했다. 특히 치료자는 질문을 통해 내담자가 어떻게 일시적 퇴보를 중단하고 정상 궤도로 돌아가기 위해 노력했는지 설명하도록 했다. 회기가 끝날 무렵, 내담자는 정상 궤도로 돌아가기 위해 자신이 했던 많은 일들을 말할 수 있었고, 심지어는 일시적 퇴보를 실패가 아닌 하나의 가치 있는 학습 경험으로 보기 시작했다.

내담자의 능력에 주의를 집중한다는 것이 치료자가 치료 목적을 달성하기 위해 내담자 내부의(또는 이전 사례의 경우처럼 내담자의 이력 내에서) 어떤 현실적이거나 실제적인 힘이나 능력을 항상 찾아내야 한다는 의미는 아니다. 실제로는 그와 같은 적극적인 접근이 실패할 수도 있고, 그 과정에서 오히려 내담자의(그리고 치료자의) 무기력감과 무능력감을 강화할 수도 있기 때문이다. 그보다 핵심은 치료 전문가가 임상 작업을 수행할 때 내담자의 능력에 대해 가지는 태도다. 이러한 태도란 내담자를 능력이 있고 자신의 문제를 해결하는 데 필요한 자원이나 힘을 가진 사람으로 대하는 것을 말한다(Watzlawick, 1986). 이 태도는 아마도 알프레드 아들러(Alfred Adler)가 '내가 무슨 말을 하든 분명한 것은…… 자신이 겪고 있는 고통을 누구보다 더 잘 이해하고 있는 것은 바로 내담자 자신이므로 내게서는 어떤 것도 배울 것이 없다는 마음으로 모든 내담자를 대한다.'(Ansbacher & Ansbacher, 1956, p. 336)고 말한 것에 가장 잘 요약되어 있다. 이러한 방식으로 내담자를 바라보는 것은 내담자의 사기 저하를 막고 희망을 고취하는 것을 도울 뿐만 아니라, 아들러가 지적한 바와 같이 '치료의 책임은…… 내담자의 몫'이라는 점을 분명히 심어 줄 수 있다.

사례 결혼을 해야 할까요, 아니면 그냥 싱글로 즐겁게 지낼까요

내담자의 능력에 대한 치료자의 태도가 상담 사례에 미치는 영향을 보여 주는 예로, 남자 친구와의 관계에서의 어려움 때문에 상담실에 찾아온 한 여성과의 첫 번째 상담에서 발췌한 다음의 대화를 보자. 이 내담자는 3년간 사귄 남자 친구와의 관계가 제자리걸음을 할 뿐, 결혼으로 발전하지 않는 것을 고민하였다. 이전 사례와는 반대로, 이 사례에서 치료자는 내담자의 능력에 대해 개방적이고 우호적인 태도–달리 말하면, 인정해 주는–를 보이지 않았다. 이러한 치료자의 의도적인 태도가 내담자에게 어떠한 영향을 미치는지 주목해서 보라.

내담자: 저는 지금의 상황이 마음에 들지 않아요. 하지만 그동안 우리는 아무 갈등 없이 잘 지내 왔기 때문에 그 사람과 싸우고 싶지는 않아요. 우리는 항상 잘 지내거든요. 하지만 저는, 뭐냐 하면, 결혼을 하거나 아니면, 어, (웃으며) 그냥 즐겁게 지내고 싶어요.

치료자: 만약 사람들이 자기주장을 하고, 다른 사람에게 자기가 원하는 것을 말하면 갈등이 생긴다고 생각하십니까?

내담자: (고쳐 앉으며) 아니, 그렇지는 않아요. 하지만 그렇게 하기는 어렵죠.

치료자: 그렇군요, 아마도.

내담자: 이 문제에 대해 마이클과 이야기해 보려고 노력도 하고 또 말도 꺼내 봤지만, 아시다시피 좀…….

치료자: 때로 사람들은 공격적인 것을 자기주장적인 것으로 혼돈하는 실

수를 범합니다. 상대방의 기를 꺾는 식으로 대화를 하는 거죠. 당신은 그 같은 일이 일어나지 않기를 바라는 건가요?

내담자: 물론이죠. 하지만 그 사람에게 내가 원하는 걸 말하려고 노력해 왔어요. 지난주만 해도 함께 파티에 갔다가 집으로 돌아오는 길에 내 느낌이 어떤지, 앞으로 우리의 관계를 어떻게 해 나가면 좋을지에 대한 생각을 말했어요.

치료자: 당신 말을 듣던가요?

내담자: 네. 음, 적어도 초반에는요. 하지만 점점 예전과 똑같이 화제가 바뀌어 버렸죠…….

치료자: 그래서 당신은 그다음에 어떻게 했나요?

내담자: 그냥 혼자서 웃었죠.

치료자: 복합 메시지에 대해 들어 본 적 있나요?

내담자: 네?

치료자: 복합 메시지란 지금 당신이 하는 것처럼 정말 화가 났는데, 웃는 것과 같은 걸 말하죠.

내담자: (치료자의 말에 동의하듯 고개를 끄덕이며 울기 시작한다.)

이 대화에서 볼 수 있듯이, 치료자는 내담자가 상담실에 가져온 문제를 해결하기 위해 내담자 자신이 필요한 힘이나 자원을 갖고 있다는 태도를 보여 주지 않는다. 사실 이 치료자의 반응에서 뚜렷하게 나타나는 것–그것이 기법적으로 옳든 그르든–은 내담자에게는 자신의 문제해결을 위해 이끌어 낼 만한 어떤 중요한 자원(예를 들면, 자각, 의사소통 기술, 정보)이 부족하다는 태도다. 분명 치료자의 반응은 내담자에게 책임이 있음을 확실히 암시하고 있지만, 그것은 문제에 대한 책임이지 해결에 대한 책임은 아니다. 이 대화를 통해 전달되는 태도는 서로 간의 상호작용에서 풍부한 자원을 가진 능력 있는 참여자는 내담자가 아닌 치료자이며, 문제해결에 대한 책임도 치료자의 몫이라는 점이다.

치료 과정에서 이루어지는 이러한 상호작용의 영향은 즉각적이고 분명하다. 내담자는 몇 번 사소한 이의를 제기한 후에 말하기를 중단하고 울기 시작한다. 그 회기의 남은 시간에 치료자가 몇 가지 의사소통 유형(예를 들면, 나-메시지, 주장적 의사소통과 공격적 의사소통의 차이)을 알려 주는 동안 내담자는 조용히 앉아 있었다. 두 번째 상담 약속을 잡았으나 내담자는 약속 시간에 나타나지 않았다.

내담자의 세계관 안에서 작업하기

드러나지 않은 심리치료 연구 자료 중에는 자주 인용되지는 않지만, 심리치료에서 사용하는 언어의 본질에 대한 독창적인 연구들이 있다. 패튼과 미에라(Patton & Meara, 1982)는 상담에 대한 내담자의 만족도와 치료자와 내담자가 사용하는 언어 양식 및 구조의 동일성 그리고 차이점 간의 관계에 대해 조사했다. 특히 한 재미있는 연구에서 연구자는 세 명의 저명한 치료자가 사용하는 언어의 구조를 관찰했다. 프리츠 펄스(Fritz Perls), 칼 로저스(Carl Rogers) 그리고 앨버트 엘리스(Albert Ellis), 이 세 치료자가 각자 '글로리아(Gloria)' 라는 한 내담자를 만났는데, 이 면담이 지금은 『심리치료에 대한 세 가지 접근(Three Approaches to Psychotherapy)』이라는 유명한 교육 자료가 되었다(Shostrom, 1966). 연구자는 서로 다른 네 가지의 구어 양식(예를 들면, 문장의 수, 문장의 평균 길이, 평균 행의 길이, 평균 절의 길이)을 측정함으로써 대부분의 치료자가 직관적으로 알게 되는 것은 무엇이고, 힘든 경험을 통해 배우게 되는 것은 무엇인지 보여 주었다. 이때 내담자 만족도가 높으면 치료자와 내담자의 언어 양식의 동질성이 유의한 상관관계를 보였다. 글로리아(독자도 기억나겠지만)는 펄스와 함께한 치료 작업에서 전반적인 만족도가 가장 컸다고 보고했는데, 펄스와 글로리아가 사용한 언어 양식은 전체 면담 중에서 가장 비슷한 것으로 나타났다.

이와 유사한 다른 연구 결과도 변화에 대한 내담자의 공헌에 주의를 기울이는 임상 작업이 성공적이고 효과적이라는 것을 보여 주는 단서를 제공한다. 예를 들어, 치료자와 내담자의 단어 사용, 복잡성, 깊이, 의미, 그 밖의 언어 양식이 서로 유사할 때 치료 작업이 촉진될 수 있음을 보여 준다. 대부분의 치료 전문가는 상담 장면에서 특정 심리치료 학파의 언어를 쉽게 사용할 줄은 알지만, 정작 처음에 치료하고자 했던 자신의 문제를 해결하려는 노력은 별로 하지 않는 내담자를 만난 기억이 있을 것이다. 앞서 언급한 패튼과 미에라(1982)의 연구는 펄스와 글로리아가 사용한 언어의 동질성을 결정하기 위해 고안된 것은 아니었지만, 의도적이든 우연의 결과든 치료자가 적극적으로 내담자의 언어를 사용하려고 노력하면 치료 과정에 대한 내담자의 만족도를 높일 수 있다는 것을 보여 주었다.

내담자가 변화에 기여하는 부분에 치료자가 주의를 기울이는 또 다른 방법은 내담자의 언어로 말하고, 내담자의 언어로 작업하는 것이다. 그렇게 함으로써 내담자의 경험과 세계관에 대한 존중을 표할 수 있다. 이는 내담자가 상담실 밖 일상생활에서 경험함으로써 알고 있는 것을 기초로 형성된다. 내담자의 언어로 말함으로써 최소한 내담자를 치료자의 특수한 언어 속에 가두지 않을 수 있다. 하지만 이보다 더 중요한 것은, 내담자의 언어나 세계관 안에서 치료를 수행함으로써 상담 장면에서 일어난 변화가 상담 언어를 사용하지 않는 상담실 밖의 삶에도 일반화될 가능성을 더욱 증가시킬 수 있다는 점이다.

정신치료자인 밀턴 에릭슨(Milton H. Erickson)이 내담자의 언어와 세계관 안에서 작업하는 신비한 능력에 대한 예를 들어 보자. 심리치료에 관한 문헌을 통틀어 정신분열증 남성을 상담한 에릭슨의 상담 장면보다 내담자의 언어를 배우고 말하기 위해 더 노력한 사례는 없을 것이다. 처음에 이 내담자는 정신분열증 증상으로 아무런 의미 없는 단어를 나열하는 것밖에 하지 못했다(Gordon & Meyers-Anderson, 1981; Haley, 1985, 1986; O'Hanlon & Hexum, 1990; Rossi, 1980). 상담 보고서에 따르면, 에릭슨은 먼저 되는 대로 흘러나오는 것처럼 보이는 단어 속에서 어떤 패턴이나 의미를 발견할 수 있을 것이라는 희망을 가지고 내담자의 말을 기록하기 위해 속기사를 고용했다고 한다. 그러나 이러한 전략이 실패로 돌아가자, 에릭슨은 자신도 '단어 범벅(word salad)'으로 말하는 법을 배우기 위해 내담자의 축어록을 연구하기로 결정했다. '천 개가 넘는' 내담자의 신조어를 성공적으로 통달했다고 느끼자, 그는 마침내 내담자에게 다가가 함께 대화를 나눌 수 있게 되었다(Haley, 1985, p. 224). 세 시간 동안 에릭슨과 내담자는 완벽하게 엉터리 대화를 나누었다. 점심시간이 가까워 오자, 내담자는 9년 만에 처음으로 에릭슨에게 의미 있는 말을 했다.

내담자: 이거 싫증이 나네요.

치료자: 나도 그래요. 하지만 난 별로 상관없어요.

내담자: 뭘 알고 싶은데요?

치료자: 당신이 살아온 이야기를 듣고 싶어요.

에릭슨의 상담에 관한 대부분의 이야기처럼 이 사례의 결말도 극적인 성공으로 막을 내린다. 그날 에릭슨은 수십 명의 임상가들의 노력을 교묘히 피해 왔던 내담자의 내력을 어느 정도 알게 되었다. 시간이 지남에 따라 그와 내담자는 급속히 가까워졌고, 마침내 내담자는 병원에서 퇴원하여 취직할 수 있을 정도가 되었다.

다행히도 대개의 경우에 내담자의 언어나 세계관을 성공적으로 활용하기 위해 에릭슨과 같은 열정과 탁월한 재주가 항상 필요한 것은 아니다. 다음 사례에서 보듯이, 임상가는 단순히 열심히 듣고 내담자가 자신의 삶, 문제, 치료의 목적을 이야기하기 위해 사용하는 언어로 말하려고 노력하면 된다.

사례 저는 문제가 없어요

루스는 54세의 내담자로, 음주 운전 때문에 법원에서 치료 명령을 받게 되었다. 비슷한 일로 체포된 전력이 있음에도 불구하고 그는 자신에게는 음주 문제가 전혀 없다고 계속 주장했다. 첫 상담의 초입에서 치료자는 루스가 왜 자신이 치료를 받게 되었는지 설명하는 말을 듣고, 그 언어 안에서 작업하기 시작했다.

치료자: 루스, 오늘 어떻게 해서 여기에 오게 되었는지 간단히 말해 주세요.

내담자: 전, 어, 음주 운전으로 걸렸어요.

치료자: (고개를 끄덕인다.)

내담자: 사실 전 한두 잔밖에 안 마셨고요. 그렇게 많이 마신 것도 아닌데, 아마 약을 먹은 것 때문에 그렇게 된 것 같아요.

치료자: (동정적으로) 네, 그래서 단속에 걸리신 건가요?

내담자: 네. 면허가 정지되어 여기 상담받으러 왔어요. 검사 결과 제게 큰 문제가 있는 걸로 나왔는데, 이건 매우 불공평하다고 생각해요.

치료자: 큰 문제라고요?

내담자: 네, 검사 결과에 의하면요. 제 생각에 그 결과는 크게 믿을 게 못 되는 것 같고요. 어, 그 사람들이 말하기를 별 방법이 없다더군요. 제가 뭐라도 해 보려고 이미 시도해 봤지만 법원에서 말하기를 면허를 돌려받으려면 꼭 이곳에 와야 한다더군요.

치료자: 면허를 다시 받고 싶다면…….

내담자: 네.

치료자: 그게 당신이 바라는 거죠?

내담자: (고개를 끄덕이며) 네, 네.

여기까지 내담자가 상담 명령을 받게 된 이유를 들으면서 치료자는 말하고 싶은 유혹을 수없이 느꼈을 것이다. 그것도 특정 심리치료 학파의 언어로 말하고 싶은 유혹 말이다. 예를 들어, 내담자의 음주 문제의 이력을 알게 되었다면, 치료자는 전통적인 약물과 음주 치료에서 쓰이는 언어로 말하려 할 것이다. 그리고는 루스가 자신의 음주 문제를 **부인** 또는 **최소화**한다고 **직면**시킬 것이다. 또 다른 언어를 사용할 수도 있는데, 예를 들어 가족과 관련된 알코올 남용 패턴을 알게 되었다면, 치료자는 루스를 어린 시절의 경험이나 가족의 역사에 대한 대화로 이끌어 갈지도 모른다. 현대의 심리치료 장면에서는 수많은 치료 모델이 사용되고 있으므로 치료자가 내담자의 언어와 다른 언어를 사용할 가능성은 그만큼 크다.

이 사례의 경우, **내담자의 언어로 말하라는 것**이 내담자의 견해에 치료자가 무조건 동의하라는 의미는 아니다. 오히려 내담자의 언어와 관점을 통해 치료자는 내담자에게 가장 중요한 것이 무엇인지 배우고, 무엇이 내담자를 동기화시키는지 알 수 있다. 이 발췌문에서 치료자는 상당 부분 내담자가 하는 말과 비슷한 어조와 속도, 같은 단어와 문장 구조를 사용하여 단순히 반복하고 있다. 이것이 내담자에게 미치는 효과는 즉각적으로 나타난다. 루스는 곧 강제로 치료를 받으러 온 것에 대한 불평에서 벗어나 자신이 치료에서 원하는 것이 무엇인지에 대해 이야기하기 시작한다. 치료자는 내담자의 언어에 담겨 있는 참조 체제를 받아들인다. 즉, 그것은 '저는 단지 면허를 다시 받기를 원해요.' 라는 것이다. 그리고 나서 토의를 명료화하고 상세하게 덧붙이기 위해 내담자의 언어 안에서 작업한다.

치료자: 그들이 당신에게 여기 와서 상담을 받으라고 말했다고요?

내담자: 네. 전 알코올중독자가 아닌데 말이에요.

치료자: 네. 어쨌든…… 당신은 단지 상담을 받으러 온 거군요, 그게 다인가요? 그뿐인가요?

내담자: 네. 여기 왔다는 것을 증명해 줄 서류가 있어야 하거든요.

치료자: (호기심을 보이며) 그래서 여기 나타나기만 하면 되는 거였군요?

내담자: 네. 여기에 오고 당신이 법원에 증명서를 써 주면 돼요.

치료자: 그래요, 좋아요. 그럼 그들이 이 증명서에서 무엇을 보면 당신이 이제 더 이상 여기에 올 필요가 없다고 할 것 같으세요?

내담자: 글쎄요. 대개는 제가 여기에 있었다는 것, 출석했다는 거겠죠.

치료자: 당신이 출석했다는 것이요?

내담자: 그거죠, 출석했다는 것. (잠시 침묵) 음, 그리고 선생님이 저한테 준 자료를 제가 읽고 법규에 대해 다 알게 되어, 이제는 제가 안전한 운전자라는 것을 알면요.

치료자: (쓰면서) 좋아요, 좋아요.

내담자: 저는 이게 다 돈 버는 장사라고 생각해요. 제 보험료는 점점 올라갈 것이고, 사람들에게 차를 태워 달라고 부탁해야 되고, 저는 필요도 없는 상담을 받느라 비용을 지불하고, 이건 진짜 짜증 나는 일이에요.

치료자: 화나는 일이죠.

내담자: 네.

치료자: 다시 증명서로 돌아가서, 아무튼 그들이 이 증명서를 보고 당신이 여기에 왔었고, 자료를 읽었고, 법규를 알게 되었다는 것을 알 수 있어야 하고, 뿐만 아니라 그들이 이걸 보고 당신이 안전한 운전자가

될 거라고 생각해야 한다는 것이죠?

내담자: 네. 음, 제 생각에 그들은 상담을 받으면 안전한 운전자가 될 거라고 생각하는 것 같아요.

치료자: 이 증명서가 그들에게 당신이 안전한 운전자임을 확신시킬 수 있도록 하기 위해서 우리가 더 써넣을 게 있을까요?

내담자: 글쎄요. 많은 사람들이 단주 동맹(A.A)에 참석하잖아요? 그런 곳에 가서 출석했다는 사인을 받아야 하는 것은 굴욕적인 일이지만, 그들(법원)은 내가 간다면 잘했다고 할 거예요.

내담자와 치료자는 계속해서 공통의 언어를 사용하여 내담자가 법원으로부터 면허를 돌려받기 위해 그 밖에 어떤 일을 더 해야 하는지 함께 찾아보았다. 첫 면접이 끝나 갈 무렵, 내담자가 매주 세 번 단주 동맹에 참석하고, 매 회기 출석했다는 서명받기, 단주 동맹에서 자신의 음주 경험과 문제에 대해 이야기하고 참여하기, 집단상담과 교육집단에 참석하고 이 집단에 적극적으로 참여하기, 일주일에 한 번 치료자를 만나서 집단에서의 진전 상황을 점검하고 다른 개인적인 문제를 이야기하는 것에 치료자와 내담자는 합의하였다. 이 약속은 이 사례의 향후 치료 계획에 기초가 되었다.

상담실 밖 내담자의 세계를 타진하기

내담자의 언어와 세계관 안에서 작업하는 것과 함께 정신건강 전문가가 내담자가 변화에 기여하는 점에 주의를 기울일 수 있는 또 다른 방법은 상담실 밖에 있는 내담자의 세계로부터 끌어 온 자원을 치료 과정에 통합하는 것이다. 예를 들면, 상담실을 찾는 내담자의 절반가량이 상담과 동시에 도움을 얻기 위한 다른 자원을 찾는다는 연구 결과를 생각해 보자(Bergin, 1971; Veroff, Kulka, & Douvan, 1981). 실제로 한 연구에서는 상담을 받으러 온 내담자가 상담을 받지 않은 통제집단의 구성원보다 더 자주 외부의 상담이나 조언을 구하는 것으로 나타났다(Cross, Sheehan, & Kahn, 1980). 램버트와 버긴(1994) 같은 연구자들은 '스트레스를 받는 사람은 쥐처럼 우리에 가만히 앉아 실험이 끝나기만을 기다리지 않는다. 그들은 스트레스를 경감시키기 위해 무엇인가를 한다…….'(p. 175)고 지적하였다.

그들은 믿을 만한 친구나 가족을 찾거나 동네 서점에서 책이나 테이프를 구매하거나 심야 TV 프로그램에서 정보를 얻거나 교회에 가거나 상호 조력집단에 참여하는 등 공식적인 상담 관계 밖의 어디에서든 자신에게 지지가 될 만한 것을 찾는다. 사실 이러한 요소–내담자의 힘과 끈기, 타인으로부터 도움을 구하는 경향, 그들이 가진 사회적 지지 체계가 어떤 것이든 간에 참여하고 동원하는 능력–는 너무나 중요하기 때문에 심리치료 연구자는 어떤 특정 연구 결과가 그들이 연구하려는 치료법 때문인지 내담자가 스스로를 돕기 위해 한 일 때문인지 결정하기 어려운 문제에 봉착하게 된다.

상담실 밖의 내담자의 세계에 주의를 기울이는 방식은 다양하다. 예를 들어, 치료자는 그저 열심히 듣고 상담실 밖에서 일어난 내담자의 삶에 도움이 되는 일에 대해 호기심을 가지면 된다. 하루하루의 일상생활에서 내담자에게 도움이 되는 사람은 누구인가? 그 사람에게 도움을 얻기 위해 내담자가 한 일은 무엇이며, 어떻게 했는가? 상담 회기 사이에 내담자는 아주 소소한 안정이나 도움이라도 얻기 위해서 어떤 사람, 장소 또는 일을 찾았는가? 내담자는 어떻게 해서 특정한 사람을 만나고, 특정 장소나 활동을 찾으려는 결정을 내릴 수 있었는가? 과거에 내담자가 찾았던 어떤 사람, 장소 또는 일이 도움이 되었는가? 내담자가 그와 같은 자원을 사용함으로써 무엇이 달라졌는가?

치료자는 또한 이 과정에서 보다 직접적으로 그와 같은 동일한 요소에 대한 표적 질문을 할 수도 있다. 이 밖에 치료자는 내담자의 현 사회적 지지 체계 가운데 도움이 되는 측면, 일시적이나마 안정을 주는 활동 그리고 내담자가 가장 유능하고 성공적이며 편하게 느낄 수 있는 상담실 밖 상황과 맥락에 대해 질문을 할 수도 있다. 어떤 경우에는 내담자의 현 사회적 지지 체계로부터 누군가(예를 들면, 부모, 배우자, 상사, 친구)를 초대하여 상담에 함께 참여시키거나 내담자를 특정 공동체(예를 들면, 자조집단, 동호회)에 참여시킴으로써 보다 직접적으로 개입할 수도 있다.

치료자가 어떤 입장을 취하든 간에 이 과정의 목적은 내담자가 필요로 하는 것이 무엇인지 확인하는 것이 아니라, 내담자가 이미 갖고 있던 자원을 치료 목적을 달성하는 데 활용하는 것이다. 대개의 경우 내담자는 위기나 절망적인 상황에서 상담실을 찾기 때문에 그들이 자신의 문제를 해결하기 위해 필요로 하는 어떤 자원도(개인적으로나 상담실 밖의 세상에서나) 없다고 가정하고 치료를 시작하기 쉽다.

사례 레기의 사례로 돌아가서

만성적인 정신병을 앓고 있던 34세의 노숙자, 레기의 사례를 상기해 보자. 처음에 레기는 전혀 호전된 것이 없다고 부정했으나, 이후 그는 옛날 여자 친구를 만났다고 말했고 이것이 첫 상담 이후에 발생했던 변화와 관련되어 그 변화를 재음미하고 강화시키는 효과를 가져왔다. 두 번째 상담이 거의 끝나 갈 무렵, 레기는 새로운 주제를 꺼내 놓았다. 문제는 레기가 자격 조건이 되는데도, 정부의 지원을 받지 못하고 있다는 것이었다. 대화는 다음과 같이 진행되었다.

> 내담자: 그런데요, 저는 정부의 원조 문제를 해결했으면 좋겠어요.
>
> 치료자: 좀 더 말해 보세요.
>
> 내담자: 글쎄요. 아시다시피 정부에서 정기적으로 보조금과 급식권을 주면 더 이상 걱정하거나 지긋지긋하게 기다리지 않아도 되잖아요.

여기서 잘못하면 치료자는 레기가 정부 원조를 받는 데 치료자의 도움을 필요로 한다고 가정하게 될지도 모른다. 이러한 목적이라면 치료자는 사회 지원 체계에 관한 레기의 지식을 평가하는 질문을 할 수도 있고, 적절한 기관에 레기를 의뢰할 수도 있으며, 필요한 서류를 작성하도록 레기에게 개인적인 도움을 줄 수도 있다. 그리고 필요한 약속을 잡아 줄 수도 있고, 그의 사례를 다룰 사회복지사를 만날 수도 있다. 하지만 이 사례에서 치료자는 스스로 문제를 해결하는 레기의 능력에 초점을 맞추었다. 그 결과, 다음 대화에서 살펴볼 수 있듯이 레기 스스로 문제를 다루는 능력이 강화되었다. 더불어 레기는 상담실 밖에 이미 존재하고 있던 그의 자원을 활용할 수 있었다.

치료자: 어떻게 하면 될까요?

내담자: 글쎄요. 대개는 사회복지 담당자와 이야기를 했었지요.

치료자: 사회복지 담당자라고요?

내담자: 네. 어, 제게 보조금을 지급해 주는 사람이요.

치료자: 그리고요?

내담자: 한 달마다 보고서를 작성해서 사회복지사에게 제출해야 해요.

치료자: (고개를 끄덕이며) 당신을 담당하는 사회복지사, 즉 보조금 지급을 담당하는 사람이 도움을 주는군요?

내담자: 아, 네. 때로는 보고서가 늦어서 일이 늦춰지기도 하지만요.

치료자: 알겠어요. 다음으로 뭘 하죠?

내담자: 그를 좀 더 자주 만나야만 해요. 그리고 또 사회복지사는 제가 더 이상 A 쉼터에 없으니까 제 주소를 알고 싶어 할 거예요. 저는 지금 B 쉼터에 있거든요.

치료자: 그러니까 당신이 지금 B 쉼터에 있다는 것을 사회복지사에게 알려야만 하는군요.

내담자: 네.

치료자: 당신의 사회복지사는 어떤 점이 도움이 되나요?

이후 몇 분 동안은 상담실 밖 레기의 세계에서 도움을 받을 수 있는 자원을 확인하고, 레기가 자신을 위해 이러한 자원을 동원하는 능력을 강화하도록 하는 데 시간을 보냈다. 세 번째 상담에서 레기는 자신의 사회복지 담당자와 연락했고 정기적인 보고서를 조만간에 받게 될 것이라고 이야기했다.

요약과 결론

치료 외 요인은 심리치료에서 변화를 가져오는 가장 중요한 요소다. 이 요인은 내담자와의 치료 관계에 도움이 되는 내담자의 재능(자질이나 품성)은 물론, 유익하고 우연적인 사건을 포함한다. 이 장에서는 상담 성과를 얻기 위해 치료 외 요인의 활용을 촉진하는 방법에 대해 몇 가지 제안을 했다. 먼저 핵심적인 제안은 임상가가 임상작업에서 **변화에 초점을 맞추어야** 한다는 것이다. 치료 과정에서 언제, 어떠한 이유로 내담자의 변화가 일어나든 간에 그것을 주의 깊게 듣고 이를 확인하라는 것이다. 또 다른 제안은 **내담자가 변화에 기여하는 점을 강조**하라는 것이다. 이는 내담자의 능력을 인식하고, 내담자의 세계관 안에서 작업하며, 내담자의 힘을 활용해야 한다는 것이다.

이 장에서 제시한 권고와 제안이 전부는 아니다. 실제로 치료 외 요인을 활용할 수 있도록 치료를 구조화하고 수행하는 방법은 무수히 많을 수 있다. 그러나 특정한 방법을 사용하는 것보다 훨씬 더 중요한 것은 내담자의 변화를 초래하는 사건과 공식적인 치료 범위 밖에서 일어나는 과정에 대해 임상가가 충분히 주의를 기울여야 한다는 점이다.

Escape from Babel

04

칼 로저스의 어깨 위에서

치료 관계의 효과

어떤 환자들은 비록 그들의 상태가 위험하다는 것을 의식하고 있다 해도 그저 의사가 성심성의껏 돌봐 준 데 대한 만족을 통해 건강을 회복한다.

히포크라테스(Hippocrates)

긍정적인 치료 관계는 성공적인 심리치료를 위한 필수조건이다. 그리고 이는 모든 심리치료에 적용되는 말이다.

솔 가필드(Sol Garfield), 1989, p. 25

04

칼로서스의 어깨 위에서

치료 관계의 효과

한 내담자가 오랜 우울증으로 치료를 받으러 왔다. 그녀는 우울증의 내력을 이야기하면서 자신이 그토록 오랫동안 고통받아 온 이유를 설명하느라 50분 동안 쉼 없이 이야기를 했다. 그렇게 한 시간쯤 지나자, 내담자는 시계를 들여다보더니 시간이 이렇게 빨리 지나간 것에 놀랐다고 말하고는 치료실을 나가면서 짧게 "다음 주에 뵐게요, 같은 시간에."라고 한마디했다.

그다음 주에 내담자가 다시 왔다. 치료자가 그녀를 반기기도 전에 그녀는 말문을 열자마자 또 쉼 없이, 지난주에 치료실을 떠나기 전에 했던 이야기부터 다시 시작했다. 그 회기 동안 치료자는 그녀의 이야기 중 몇 가지 부분에 대해 확실히 이해하려고 여러 번 질문을 시도했다. 그러나 그때마다 내담자는 치료자의 질문을 가벼이 일축해 버리고 자기 말만 계속해서 이어 나갔다. 치료자는 계속된 시도가 실패하자 포기하고 내담자가 말하는 동안 단지 듣기만 했다. 지난주에 그랬던 것처럼 내담자는 시계를 보고 시간이 다 되었다며 일어나서 치료실을 나가면서 "다음 주에 뵐게요, 같은 시간에."라고 말하고는 떠나갔다.

이후 몇 주 동안 비슷한 일이 계속되었다. 매 회기에 치료자는 질문을 하거나 그녀의 이야기에 대해 한두 마디 의견을 말하거나 도움이 될 만한 제안을 하려고 시도했다. 그러나 이러한 노력에도 불구하고, 치료자가 끼어들 틈은 없었다. 치료자는 이 같은 상황에 점점 짜증이 날 뿐 아니라 내담자에게 유용한 상담을 제공하지 못하고 있다는 생각에 염려가 되면서 다음 회기에는 내담자의 이야기에 끼어들기 위해 더 애쓰기로 결심했다.

그래서 방법을 바꾸어서 안내원이 내담자를 치료실로 안내하게 하는 대신, 치료자가 대기실에서 내담자를 만났다. 그러나 치료자와 함께 있을 시간적 여유가 더 많다고 생각한 내담자는 지난 회기에 그녀가 상담실을 나갈 때 했던 이야기부터 얼른 다시 시작했다. 상담 시간이 거의 끝나 갈 무렵, 이전 회기와 마찬가지로 그녀가 시계를 보았다. 그러나 이번에 그녀는 마칠 시간이라고 말하며 재빨리 상담실을 떠나지 않았다. 대신, 잠시 하던 말을 멈추고 오늘이 마지막 회기가 될 것이라고 말했다. 치료자가 미처 놀란 표정을 짓기도 전에 그녀는 "당신 같은 치료자는 처음이에요. 제 이야기를 들어 주셔서 감사합니다. 제게 엄청난 도움을 주셨어요. 저는 이제 정말 괜찮아졌어요."라고 말했다. 그녀는 일어나서 치료자와 악수를 나누고 앞으로 그녀가 또다시 우울해진다면 그에게 연락을 취하겠다고 말했다.

그 자신이 임상가인 또 다른 내담자는 만성적인 불안감을 극복하는 데 도움이 될 만한 치료와 치료자를 찾느라 몇 년을 보냈다. 그는 정신분석적 심리치료, 가족치료 그리고 심지어 다양한 항불안제, 항우울제, 정신분열증 치료제를 포함한 약물치료를 통해 고통을 없애려 했다. 그러나 이 모든 시도가 실패했고, 실패감은 그의 불안을 더욱 증폭시켰다. 그가 수년 동안 치료해 왔던 환자들을 기억하면서 치료자이자 내담자인 자신이 꼼짝없이 갇히게 되어 종국에는 성격 분열에 이르지 않을까 생각했다. 또한 자신이 치료했던 사람들처럼 병원에 장기 입원하는 것으로 끝나게 되지 않을까 두려워 하게 되었다.

그는 수많은 치료 경험이 실망스러웠음에도 불구하고 계속해서 도움을 구했다. 그러던 어느 날 친구가 소개해 준 임상가와 약속을 잡았다. 이번 임상가는 이전의 치료자들과 달리 정신과 의사도 아니고, 명성 있는 상담소에서 일하고 있는 것도 아니며, 심리치료 분야에서 널리 알려진 전문가에게서 훈련을 받은 사람도 아니었기 때문에 그는 말할 필요도 없이 더욱 회의적이었다. 사실 이번 임상가의 경력은 자신의 경력과는 비교도 할 수 없을 만큼 실망스러운 것이었다. 그러나 그는 필사적으로 고통에서 벗어나기를 열망했으므로 예약한 시간에 그 치료자를 방문했고, 17회기의 상담을 마칠 무렵 그의 극심했던 불안은 사라졌다.

몇 년이 지난 후, 이전에 경험했던 여러 번의 실패에도 불구하고 이 치료가 성공할 수 있었던 이유에 대하여 물어보자, 그는 그 임상가의 보살핌이 특별했다고 지적했다. 그는 "장담하건데 확실히 그녀의 기법 때문은 아니었습니다. 그녀의 태도, 치료실에서 그녀가 나와 함께하는 존재 방식이 특별한 점이었지요. 그녀가 의사소통하는 모든 것이 보살핌이었습니다. 그녀는 '당신은 혼자가 아니고, 당신은 극복할 것이고, 어떤 일이 있어도 당신 옆에 내가 있어 줄 것이다.' 라고 말하는 것 같았어요."라고 말하였다.

드라마같이 들리지만 이 이야기에 전혀 새로운 사실은 없다. 사실 앞의 예들은 경험이 많은 치료자라면 이미 다 알고 있으며, 오랫동안 믿어 왔던 것들이다. 바로 치료 관계의 중요성과 힘이다. 첫 번째 우울한 여성의 사례에서 치료자는 치료에서 그의 역할이라고 믿었던 것을 내담자로부터 번번히 거절당했다. 다시 말하면, 치료에서 무엇인가 시도하려는 것을 내담자로부터 거절당한 것이다. 예를 들어, 질문하고, 해석하고, 제안하는 것–일반적으로 치료를 구성하는 것들 말이다. 즉, 단지 거기에 함께 있는 것, 경청하는 것, 내담자가 치료적 모험을 할 수 있도록 허용해 주는 것–이 결과적으로 내담자의 변화를 가져온 것이다. 두 번째 만성적인 불안을 가진 내담자의 사례에서 내담자는 깊은 불안의 고통 속에서 평등한 관계를 제안해 주는 상담자를 만났다. 그가 그동안 알아 왔고 과거에 함께 일했던 임상가들도 자신을 돌보고 보살피기는 했지만 같은 방식은 아니었다. 즉, 그들은 상황이 결코 개선되거나 달라지지 않을지도 모른다는 절망과 내담자가 맞서 싸우도록 돕지는 못했던 것이다.

이 이야기는 많은 치료자가 처음 심리치료 분야에 끌리게 된 이유를 돌아보고 생각해 보도록 만든다. 하지만 동시에 치료에서 정말 중요한 것이 무엇인가에 대해 바보같이 순진한 관점을 제시하거나 어쩌면 기이하고도 원시적인 퇴보처럼 들릴지도 모른다. 최근에 치료 모델과 기법을 강조하게 되면서(1장과 2장에 자세히 나와 있는 것처럼), 치료에 있어서 성공의 원인을 '치료적 관계' 처럼 모호하고 파악하기 어려운 것에 돌리는 것은 도움이 되지 않을 뿐 아니라 어리석은 생각으로 여겨질 수 있다.

그럼에도 불구하고 연구 결과에 의하면, 심리치료 성과의 30%는 관계 요인에 의한 것이다(Lambert, 1992; Lambert et al., 1986). 치료 성과에 관한 연구자인 패터슨(Patterson, 1984)은 9개의 연구 결과를 분석하여 다음과 같은 결론을 내렸다.

> 치료자의 따뜻한 공감, 존중, 온정 그리고 치료적 진실성은 비록 심리치료의 충분조건은 아니지만 필요조건으로 인정받고 있다(p. 437).

이러한 결과는 치료적 관계의 중요성과 의미를 경시하는 경향을 보이는 모든 치료적 접근—비록 최근에 더욱 발달된 것이더라도—에 적용된다. 예를 들면, 최근의 해결중심 단기치료(Solution-Focused Brief Therapy: SFBT) 접근에 관한 질적 연구를 보자. 해결중심 단기치료는 처음 등장한 이래로 관계 요인을 비롯한 다른 요인은 배제하고 모델과 기법의 효과를 강조해 왔다(Coyne, 1994; Kiser, Piercy, & Lipchik, 1994; Lipchik, 1994; Miller, 1994a; Nylund & Corsiglia, 1994). 이 모델의 창시자 중 한 사람인 립칙(Lipchik, 1994)은 "해결중심 단기치료에서 쓰이는 기법은 매우 직접적이고 분명한 것이어서 마치 치료 과정에 내담자의 적극적인 참여가 필요하지 않은 것처럼 보인다."(p. 37)라고 하였다. 그럼에도 불구하고, 멧캘프, 토머스, 던컨, 밀러 그리고 허블(Metcalf, Thomas, Duncan, Miller, & Hubble, 1996)은 해결중심 접근이 창안된 바로 그 해결중심 단기치료 센터에서 내담자와 치료자를 인터뷰한 결과, 치료자는 치료의 성공 원인을 해결중심 기법(예를 들면, 특별한 인터뷰 기법, 기적 질문)에 돌리는 경향이 있는 반면에, 내담자는 치료 성과의 결정적 요인으로 강력한 치료적 관계(예를 들면, 치료자의 수용, 비소유적 온정, 긍정적 존중, 인정, 자기 노출)를 보고하는 것을 발견했다.

이처럼 치료적 관계의 중요성에 대한 연구는 다양한 치료적 전통을 배경으로 하는 임상가들의 믿음과 맥락을 같이한다. 즉, 치료적 관계가 기술적 측면이 강조되는 치료 산업 시장에서 적지 않은 공적을 쌓았음은 확실히 인정되는 사실이다. 그럼에도 불구하고 이번에는 '사고 에너지 동기화 치료(Thought Energy Synchronization Therapy)'라는 '성공률이 80~97%로 믿기지 않을 정도로 높고...... 다른 전통적 치료에 비해 탁월하게 우수한' 것으로 알려진 새로운 접근에 대한 광고가 활개를 치고 있다. 다른 심리치료 동향과 마찬가지로 이 심리치료 역시 치료자의 전문적이고 기법적인 개입 방법이 중요한 요소다. 이 개입 방법(예를 들면, 내담자의 얼굴을 손가락으로 빠르게 톡톡 치는 것)은 '에너지의 배열 혹은 올바른 조합을 활성화시키면서 내담자가 특수한 사고 영역으로 전환되도록 도와준다.' 고 소개되고 있다. 그러나 미국 전역에 퍼져 있는 수천 명의 정신건강 전문가들에게 발송된 이 치료 기법에 대한 판매 자료에서 치료 관계에 대한 언급이 빠져 있는 점은 이목을 끈다. 물론 이는 판매자들이 말한 대로 그들의 개입 방법이 '내담자의 문제가 호전되는 데 며칠, 몇 주 혹은 몇 달이 아닌, 단 몇 분'이 걸리기 때문일 것이다.[1)]

그러나 치료의 성과에 있어서 관계 요인은 치료 외 요인 다음으로 중요하다. 심리치료에 대한 감독과 책임을 강력히 요구하는 이 시대에는 다소 모호하고 불확실한 것으로 여겨질 수도 있겠지만, 최근의 연구는 심리치료의 성과에 미치는 관계 요인의 영향을 확실히 보여 주고 있다.

강한 치료 관계의 형성

칼 로저스(Carl Rogers, 1951)의 치료 관계에 대한 선구적인 관점은 임상의 본질을 완전히 바꾸어 놓았고, 지난 40여 년간 심리치료 연구의 기초를 형성했다. 중견 심리치료 연구자이자 임상가인 한스 스트럽(Hans Strupp, 1971)은 "로저스의 내담자 중심 치료에 의한 연구는 로저스의 이론적 공헌 혹은 그의 심리치료 효과만큼이나 중요한 것이다."(p. 44)라고 했다. 대부분의 치료자는 훈련 초기에 내담자의 변화에 영향을 주는 필요충분조건 혹은 핵심적인 조건, 즉 공감, 존중 그리고 진실성을 배우고 숙달하기 위해 노력한다

1) 판매 촉진 자료에서 빼놓지 않은 것은 변화하는 정신건강 분야에서 임상가의 생존과 이 새 접근법을 관련지은 부분이었다. 이 접근의 개발자는 편지를 통해 이렇게 경고하고 있다. '오래되고 전통적인 방법은…… 이제 더 이상 수용되지 않을 것이다…… 이제 우리 내담자들을 돕기 위해 새롭고 빠르며 효과적인 방식을 개발할 때가 되었다.'

(Meador & Rogers, 1979, p. 151).

지난 40년 동안 연구자와 이론가들은 로저스가 선구자적으로 생각해 낸 이 필요충분조건을 '치료 동맹' 이라는 보다 포괄적인 개념으로 점차 확장시켜 왔다. 기본적으로 **치료 동맹**이란, 내담자가 치료에 기여하는 부분과 치료자가 제공하는 조건에 대한 로저스의 독창적인 생각을 결합시켜, 치료의 목표를 성취하는 데 치료자와 내담자의 파트너십 혹은 협력에 초점을 두는 것을 말한다(Marmar et al., 1986). 다시 말하면, 연구자들은 오직 치료자가 변화를 촉진하기 위해서 무슨 일을 하는가(예를 들면, 로저스의 '핵심' 조건을 제공하는 것)만을 보는 관점에서 치료자와 내담자가 함께 작업할 때 어떤 일이 일어나는가를 보는 관점으로 전환하고 있다는 것이다.

치료 동맹에 관한 연구는 현재 1,000개 이상의 결과물이 있으며(Orlinsky et al., 1994), 관계 요인이 치료 성과에 미치는 영향을 확대하기 위한 방법으로 몇 가지 세부적인 가이드라인을 제공하고 있다. 그중 첫 번째는 다음과 같다.

내담자의 동기 수준 혹은 변화를 위한
준비 상태에 치료를 맞추어 나가야 한다.

지난 수십 년 동안 치료에 대한 내담자의 동기는 동기화되어 있느냐 혹은 동기화되지 않았느냐와 같이 이분법적으로 나누어져 있었다. 비동기화된 내담자는 사례의 양만 늘리는 격이 되어 부담이 되고, 소위 중도탈락자 혹은 중독자 성격장애로 분류되었다. 역사적으로 **동기화되지 않은**과 **저항적**이라는 단어는 호환적으로 사용되어 왔으며, 사례 발표회 같은 곳에서 참가자의 이해를 돕기 위해 사용되어 왔다.

그러나 변화를 위한 동기는 이보다 복잡한 것임이 밝혀졌다. 첫째, 비동기화된 내담자에 대한 이야기는 진실이 아니다. 왜냐하면 모든 사람들, 모든 내담자는 동기를 가지고 있기 때문이다. 죽은 사람만이 그럴듯한 동기가 없을 뿐이다. '비동기화된' 것으로 보이는 내담자는 아마도 치료자의 목표나 기대와 일치하지 않는 동기를 가진 내담자라고 말하는 것이 보다 정확할 것이다(Duncan, Hubble, & Miller, 1997). 예를 들어, 내담자의 의도는 그의 삶을 그저 전과 똑같이 유지하려는 것일지도 모른다. 이것이 그 내담자의 동기다.

둘째, 변화를 위한 동기란 내담자의 어떤 특징이나 성격을 설명하기 위해 우리 마음대로 붙일 수 있는 꼬리표가 아니다. 동기는 다른 사람과 상호작용하는 역동적 과정에서 내담자가 어떻게 하는가를 말하는 것이다. 다시 말하면, 동기란 성격에 의해 혹은 그보다 더 많게는 상황에 의해 결정된다. 따라서 내담자는 동기가 없는 존재가 아니며, 내담자가 동기화될 수 있도록 상황을 조성하는 것이 중요하다.

동기 준비도 및 변화의 단계

변화를 위한 동기가 사람들의 상호작용의 산물임을 인식하는 것과 함께 동기 준비도를 범주화하고 내담자의 참여를 증진시키기 위하여 임상가들은 그들의 내담자와 함께 조화를 이루며 작업할 수 있는 방법을 체계화하려 노력한다. 몇 가지 체계가 제안되고 논의되었는데(Berg & Miller, 1992; Miller & Berg, 1991; Fisch, Weakland, & Segal, 1982; de Shazer, 1988), 프로채스카(Prochaska)와 디클레멘테(DiClemente) 등의 분류와 비교할 만한 것은 지금까지 없었다. 15년 넘게 이들은 '사람들이 그들의 행동을 어떻게 의도적으로 변화시키는가 하는 퍼즐'의 조각을 맞추려고 애써 왔다(Prochaska, DiClemente, & Norcross, 1992, p. 1102). 그들은 알코올, 담배, 음식 등 중독 교정 치료에 참여했던 수천명의 연구 대상자들을 연구하였다.

그 결과, '변화의 근본적인 구조는 기법 중심도 아니고, 구체적인 문제 중심도 아닌 것'으로 나타났다(Prochaska et al., 1992, p. 1110). 즉, 문제가 어떤 것이든 혹은 치료 기법이 어떤 것이든, 변화의 실제 구조는 똑같다는 것이다. 이 구조의 중심적인 구성요소가 바로 변화의 단계다.

이들은 변화의 여섯 가지 독특한 단계를 뚜렷이 구분했다(Prochaska, 1995). 즉, 내담자의 동기는 시간이 지남에 따라 단계적으로 변화하며, 이는 내담자의 '태도, 의도 그리고 행동에 있어서 언제 구체적인 변화가 일어나는가'라는 질문에 대한 해답을 제공한다(Prochaska et al., 1992, p. 1107). 이러한 단계를 통한 변화는 일반적으로 두 가지 방향으로 전개된다. 즉 첫째, 변화는 선형적으로, 점진적으로, 처음부터 끝까지 각 단계를 거쳐 차례대로 전개되거나 둘째, 더 일반적인 형태의 변화는 재발과 그에 이은 각 단계를 통한 재순환으로 특징지어진다. 이는 **치료 과정에서 변화는 3단계 앞으로 나가고 다시 2**

단계 후퇴하는 것이라는 유명한 정설이 암시하는 것과 유사한 내용이다. 물론 행동에 있어서 갑작스러운 변화도 가능하다. 찰스 디킨스(Charles Dickens)의 『크리스마스 캐럴(Christmas Carol)』에 등장하는 스쿠루지 영감에게서처럼 하룻밤 새 일어날 수 있는 사고의 전환과 같은 것 말이다(Miller, 1986). 그러나 변화를 추구하는 대다수의 사람은 사실 최후의 변화에 이르기까지 많은 시간이 걸리며 지속적인 노력이 필요하다는 것에 동의한다. 이것은 예외 없는 규칙이다.

내담자의 변화를 예측하기 위한 연구들은 임상가가 내담자의 동기 수준이나 내담자의 변화에 대한 준비도에 치료를 맞추어 나가야 한다는 것을 보여 준다. 즉, 나이, 사회경제적 계층, 문제의 수준과 지속성, 목표와 기대, 자기 효능감 그리고 사회적 지지와 같은 변인들보다 변화의 단계가 치료 성과를 더 잘 예측하는 요인임이 밝혀진 것이다(Prochaska et al., 1992, p. 1106). 한 예로서, 불안과 공황장애를 위한 약물치료에 있어서 변화 단계의 매개 효과에 대한 프로체스카(Prochaska, 1995)의 연구 결과를 보자. 치료에 이어 변화 단계 측정은 적극적인 약물치료 또는 플라시보 처방보다 내담자의 호전을 더 잘 예측했다. 다시 말하면, 내담자가 어떤 변화 단계에 있는가가 항불안제 약물보다 치료 성과와 더 강력한 상관이 있다는 것이다.

심사숙고 이전 단계

변화는 심사숙고 이전(precontemplation)이라고 불리는 단계부터 시작된다. 이 단계의 내담자는 전형적으로 **문제가 있다고 생각조차 해 본 적이 없는** 상태다. 다른 사람들은 문제가 있다고 인식하고 있을 수 있으나 정작 내담자 본인은 문제와 그 문제의 형성이나 지속이 자신과 상관없다고 생각한다. 또한 이러한 내담자는 자신이 문제가 있다고 생각하지 않기 때문에 대개 상담 전문가와 치료 동맹을 형성하거나 치료에 참여하겠다는 태도를 취하지 않는다(Prochaska, 1995). 그들 대부분은 다른 사람의 명령에 의해 치료받으러 온 사람들이다. 그렇기 때문에 심사숙고 이전 단계에 있는 내담자는 자신이 자주 강요당한다고 느낀다. 그들은 자신이 곤경에 처한 것을 종종 '운이 없어서' 라는 이유로 설명하곤 한다. 예를 들어, 그들은 다음과 같이 말한다.

> 그 경찰이 자기가 해야 할 일을 제대로 하고 동네의 진짜 사기꾼을 잡았다면, 레스토랑에서 나오는 나를 음주, 약물 운전 혐의 따위로 잡기 위해서 기다리며 시간을 낭비하지는 않았을 겁니다. 엉뚱한 시간, 엉뚱한 장소에 내가 있었던 거죠. 진짜 나는 아무 문제가 없어요. 그들이 문제였던 거죠.

치료자가 만약 경찰의 편을 든다면, 자기 잘못이 없다고 여기는 내담자의 저항을 더 심하게 만들 뿐이다. 또한 돈독한 치료적 관계 없이 내담자와 대결하는 것은 내담자를 소외시킬 위험을 증가시키며 조기 종결 혹은 일시적이고 적대적인 복종만을 초래할 수 있다.

좀 더 효과적인 접근 방법은 내담자의 동기 수준에 우선적으로 치료 과정을 맞추고 그 후에 다음 단계로 한걸음 나아가도록 돕는 것이다. 프로채스카와 동료들(Prochaska et al., 1992)은 치료의 첫 한 달 동안 한 단계에서 다음 단계로 발전한 내담자는 이후 6개월 이내에 그들의 문제에 있어서 변화를 위한 행동을 실천할 가능성이 두 배로 높은 것을 발견했다. 예를 들어, 금연 프로그램의 성과를 조사한 연구에서 한 달 후 추수 조사를 했을 때, 심사숙고 이전 단계에서 시작하여 여전히 같은 단계에 머물러 있던 내담자의 단 3%만이 그들의 문제를 해결하고자 행동을 취했다. 그와는 반대로 한 달 안에 다음 단계로 발전한 내담자의 7%가 6개월 안에 실제로 금연을 시도했다(p. 1106). 이러한 차이는 눈에 번쩍 뜨일 만한 차이는 아니지만, 발전적인 걸음을 내딛을 가능성이 100% 증가한, 괄목할 만한 성취라고 할 수 있다.

심사숙고 이전 단계에 있는 내담자가 한 발을 내딛어 앞으로 나아가도록 돕기 위해서는 '가볍게 시작하기'를 권한다. 가볍게 시작하기란 치료자가 먼저 내담자에게 예의 바르게 접근하며 내담자의 관점에 대해 기꺼이 들으려는 태도를 의미한다. 이때의 목표는 내담자로 하여금 무엇인가를 하도록 만드는 것이 아니다. 심사숙고 이전 단계에 있는 내담자를 잘 다루기 위해 치료자가 해야 할 일은 내담자가 고려할 수 있고, 탐색할 수 있으며, 변화에 따른 긍정적인 면을 받아들일 수 있도록 환경을 조성하는 것이다. 이는 내담자로 하여금 원인 혹은 긍정적이거나 부정적인 결과를 자각하도록 하고, 그들의 문제점과 걱정거리를 치유하도록 돕는 것을 포함한다(Prochaska & DiClemente, 1992, p. 304).

약물과 알코올 문제를 가진 내담자의 치료에서 변화의 단계를 연구했던 윌리엄 밀러(William Miller, 1986)는 심사숙고 이전 단계에 있는 내담자를 위한 모델 프로그램을 만들었다. 그는 먼저 지역 뉴스에 자신이 알코올중독은 아닌지 궁금해하는 사람들을 위해 2회의 검사를 실시해 주겠다는 광고를 냈다. 처음 두 시간의 면담 동안 알코올 문제에 관한 검사가 시행되었고, 만성 알코올 남용에 의한 이차적인 뇌 기능 장애를 측정하는 검사를 포함한 신경심리학적 검사와 알코올 남용 검사가 실시되었다. 알코올이 건강에 미치는 영향을 알아보기 위해 화학 시약 검사인 패널판도 주어졌다. 일주일 후, 음주자들은 검사 결과를 받았다. 어떠한 비난이나 경고 혹은 강요 없이 내담자에게 단순히 결과만 제공되었으며, 그 결과를 가지고 어떻게 할 것인지 그들이 결정하게 했다. 프로그램의 목적은 변화에 있어서 심사숙고 이전 단계에 있는 내담자의 권리를 존중함으로써 그들이 충분히 생각하고 느낄 수 있는 기회는 제공하지만 변화하도록 직접적인 압력을 가하는 것은 신중하게 피하는 데 있었다.

은유적으로 말하면, 내담자가 심사숙고 이전 단계에 있을 때 치료자는 내담자의 집으로 아직 초대받지 못한 것과 같다. 치료자는 어쩌면 내담자 집안의 가구 혹은 장식 배치에 대해 유용한 아이디어가 많이 있을 수 있지만, 그러한 생각은 사실 집안에 들어오는 것이 허락된 이후에 시도할 수 있는 이차적인 것이다. 내담자가 심사숙고 이전 단계에 있을 때 가장 자주 문제가 되는 것은 단단한 자물쇠가 채워진 철통같은 문이다. 그러나 이 문은 부숴질 수도 있고 자물쇠가 열릴 수도 있다. 따라서 일단 들어가기만 하면 치료자는 내담자와 내부 장식에 대해 신경을 쓰지 않을 수도 있고 그것을 어떻게 할 것인가에 대해 재미있는 아이디어를 내면서 논쟁을 벌여야 할지도 모른다. 대부분의 내담자는 자기 집의 침입자처럼 느껴지는 치료자를 어떻게 밖으로 내쫓을까 고민할 것이다. 침입자가 내담자의 의지에 반해서 제멋대로 물건을 움직이기를 강요한다면, 그들은 침입자의 압력이 없어지면 자기가 선호하는 방식으로 집안을 제자리로 돌려놓을 것이다.

따라서 이 단계에 있는 내담자로부터는 초대를 받는 것이 가장 좋다. 처음에는 대부분의 내담자가 문을 조금 열고 한번 무슨 이야기인가 들어 보려고 할 것이다. 그러면 치료자는 문 앞에서 우호적이고, 소통이 가능하고, 관여하지만 압도적이지 않고, 걱정하면서도 민감하고, 동정적으로 보이려고 할 것이다. 문이 열려 있는 한 아마도 성공적인 만남이라고 여길 수 있을 것이다. 시간이 조금 지나서 현관이나 복도에 잠시 들어오는 것이 허락될 수도 있다. 여기서 치료자는 훌륭한 손님의 모든 면모를 갖추고 행동한다. 즉, 그는 문 옆에서 인내심을 가지고 서 있다가 주인의 안내를 따르며 실내 장식 혹은 장식물에 대해 칭찬을 하고 초대해 준 것에 대해 감사를 표한다. 심사숙고 이전 단계에서는 내담자와 함께 현관 복도에 서 있는 것만으로도 중요한 성공으로 여겨질 것이다. 시간이 지나서 충분한 신뢰가 쌓이면 내담자는 '보면 볼수록 이 가구는 살짝 옆으로 옮기는 게 나을 것 같아요. 당신은 어떻게 해야 하는지 잘 알고 있는 것 같네요. 그럼, 이걸 옮기는 걸 좀 도와주겠어요?' 라고 말할 수도 있을 것이다.

심사숙고 이전 단계에 있는 내담자에게 치료를 맞추어 나가는 한 예로서, 보호관찰관에 의해 치료를 받도록 명령받은 내담자와의 첫 상담 회기의 대화 내용을 살펴보자.

치료자: 오늘 여기에 어떻게 오셨습니까?

내담자: 제 보호관찰관이 상담 예약을 해야 한다고 해서요.

치료자: 어째서죠?

내담자: 그 사람 말로는 제가 음주 문제가 있다고 하네요.

치료자: 그 사람 말에 동의하나요?

내담자: 아니요, 제가 그 사람에게 뭐라고 했는지 이야기할게요. 전 음주에 관한 어떤 문제도 없어요. 끝!

치료자: 저런, 당신은 아무런 문제가 없다고 확신하는데, 이곳에 와야 한다는 말을 들었군요. 무척 불공평하게 느껴졌겠네요.

내담자: 어째 별것 아닌 것처럼 말씀하시는 것 같네요. (내담자는 치료자를 강렬하게 쳐다본다.)

치료자: 글쎄, 그가 당신에게서 원하는 게 무엇이든 지금 당신은 여기에 와 있으니 뭔가 이야기하고 싶은 게 있을 것 같은데요.

내담자: 없어요.

치료자: 좋아요. (가볍지만 진실하게 말한다.) 음, 그런 상황에서도 당신이 여기에 와 준 것에 대해 고맙게 생각해요. 당신은 여기 오고 싶지 않았지만, 그래도 결국 약속을 잡아서 왔네요. 그렇게 안 해도 괜찮은데. 당신에게 가해진 압박과 보호관찰관 혹은 다른 사람들이 당신에게 거는 기대에도 불구하고 당신이 아무것도 하지 않았다면, 아마도 사정은 더 나빠질 수도 있었을 것 같네요. (내담자는 좀 놀라면서 뭔가 기대하는 것처럼 보인다.) 한 가지 제안을 할게요. 이 상황에 대

해 더 이야기하도록 당신과 다음 상담 시간을 잡을게요. 그러나 당신이 다시 오고 안 오고는 순전히 당신에게 달려 있습니다.

내담자: 생각을 좀 해 보죠.

치료자: 좋아요, 당신이 어떻게 하고 싶은지 제게 알려만 주시면 됩니다.

단계라는 단어에 내포되어 있듯이 동기 준비도에 맞추는 것은 내담자의 '단계'에 치료자가 함께 머무를 것을 요구한다. 초기 단계에서 치료자가 내담자에게 만일의 경우 행동이 필요할 수도 있다고 희미하게 암시할 수 있다면, 그 자체만으로도 한 단계 앞으로 나아가기 위한 결정적인 한 발을 내딛은 것이라고 볼 수 있다. 그리고 다시, 한 달 안에 한 단계 앞으로 나아간다면 이후 6개월 동안 내담자가 변화를 위한 행동을 실천에 옮길 확률은 두 배 증가되는 것이다.

심사숙고 단계

변화의 두 번째 단계는 심사숙고(contemplation) 단계다. 변화의 심사숙고 단계에 있는 내담자에게서는 '예, 하지만…….' 이라는 두 단어의 사용이 가장 두드러진다. 이 단계의 내담자는 변화가 필요하다는 것을 잘 알고 있다. 그들은 목표를 가지고 있으며, 그 목표에 도달하기 위해 그들이 무엇을 해야 하는지도 알고 있다. 그러나 동시에 그 목표가 시간, 노력 그리고 에너지를 들여 변화해야 할 만큼 가치가 있는 것인지에 대해서는 아직 확신이 없다. 또한 그들이 이루려고 하는 어떤 변화에 필연적으로 따라오는 상실에 대해 확신을 가지지 못하거나 대부분 양가감정을 가지고 있다. 밀러(Miller, 1986)

는 심사숙고 단계의 내담자가 '한쪽은 변화에 대한 동기, 다른 한쪽은 그냥 그대로 사는 것 사이에서 오르락내리락하는 마음속의 시소를 타고 있는 것처럼 보인다.'(p. 70)고 묘사하고 있다.

심사숙고 단계에서 흔들리고 동요하며 결정을 내리지 못하는 내담자의 경향성을 고려할 때, 이들에게 맞추어 나가는 것은 상당한 인내를 요구한다. 변화를 급히 시도하는 것 혹은 내담자와 논리적인 논쟁을 하거나 죄책감을 들게 하거나 내담자를 비난하면서 영향을 미치는 것 등은 일반적으로 자주 일어나지만 대개 비효과적이고, 따라서 가장 피해야 할 방법이다(Prochaska & DiClemente, 1992). 보다 효과적인 접근은 내담자가 압박감을 느끼지 않고 당장 행동에 옮길 필요 없이 변화를 세심하게 고려해 볼 수 있도록 지지적인 환경을 조성해 주는 것이다(Duncan, 1989). 다음의 사례에서 치료자는 내담자가 당장 행동으로 옮기는 것을 적극적으로 말리고 오히려 좀 더 생각해 보거나 관찰하도록 격려한다.

내담자: (짜증이 머리끝까지 나서) 잘 모르겠어요, 모르겠어요, 모르겠어요…… 모두 다 저한테 그 사람을 어서 차 버리라고 말해요. 그 사람은 절대 좋은 사람이 아니라고요. 다른 사람을 만나라고요. 전 어떻게 해야 할지 모르겠어요. (내담자가 운다.) 우리 정말 오래 사귀었거든요. 5년, 아니 거의 6년…… 파혼하는 것이 너무 두렵고…… 그런데 최근에 그 사람은 저에게 너무 나쁘게 굴었어요. 그래도 어쩌면 그 사람이 달라질 수도 있는데, 우리 가족, 내 친구들은 그 사람이 아주 나쁜 사람이라고 말해요. 어째서 저는 그게 안 보이죠? 이런 상황

이 너무 싫어요.

치료자: 어떻게 안 보일 수가 있죠? 상황은 벌써 짐작이 가는데요. (내담자가 고개를 끄덕인다.) 하지만 당신이 말한 것처럼, 당신은 이 상황에 대해 지금 당장 결정을 내릴 수는 없을 것 같군요. 그냥 결정 자체를 할 수가 없나 봐요. 당신이 결정을 내릴 수 없기 때문에 지금은 결론을 내리기에 적절한 시기가 아닙니다. 다른 사람들이 당신에게 뭐라고 말을 하든지 말이죠.

내담자: 맞아요, 저는 그냥 못하겠어요. 전 못해요.

치료자: 예, 그래요.

내담자: 그러면 이제 저는 어떻게 해야 하죠?

치료자: 아이디어가 하나 있는데, 들어 보시겠어요?

내담자: 예.

치료자: 당신에게 맞는 것이라고 느끼면 제가 제안한 것을 활용하면 되고 그렇지 않고 오히려 상황을 더 악화시킬 뿐이라고 느껴지면 안 하면 돼요.

내담자: 좋아요.

치료자: 당신은 더 많은 정보를 모을 필요가 있는 것 같아요. 당신이 결정을 내리는 데 필요한 모든 정보를 갖고 있지 않기 때문에 결정을 내리기가 어려운 것 같아요.

내담자: (한숨) 후, 제가 안갯속에 갇혀 있기 때문에 이렇게 모든 것이 엉망인 것처럼 보인다는 거죠?

치료자: 예. 그리고 당신이 지금 안갯속에 있기 때문에 모든 일들이 당분간 모호할 것이라는 거죠. 당신은 한줄기 빛, 즉 당신이 더 나은 상황

으로 길을 찾아 나갈 수 있도록 빛을 비추어 줄 무엇인가를 찾고 있는 것처럼 보여요.

내담자: 제 말이 바로 그 말이에요.

치료자: 그래서 당분간 좀 지켜보자고 제가 제안하고 싶은 거예요. 마음을 편히 먹고 시간을 가지고 당신에게 좀 더 밝은 빛을 비추어 줄 수 있는 사실이나 정보를 모으는 거죠. 주의를 기울이고, 알아차리고, 가능성을 향해 문을 열어 두는 거예요. 관계 안에서 어떤 일이 일어나고 있는지 꾸준히 지켜보면서 당신이 어떤 감정을 느끼는지도 계속 주시해야 해요. 그런데 당신이 무엇을 하든 결정하기 어렵다고 여겨질 때, 억지로 결정하도록 자신을 몰아세우지는 마세요. 어때요? 저의 제안이 괜찮다고 생각하세요?

내담자: 예, 예. 정말로 저는 스스로에게 무엇인가를 해야만 한다고 몰아세웠거든요. 특히 부모님을 기쁘게 해 드려야 한다고요. 부모님은 저한테 정말 화가 많이 나 있었어요. 정말 그렇게 생각할 필요가 있네요. (침묵) 내 인생이고 무슨 일이 일어나건 내 인생은 내가 살아가는 것이니까요.

치료자: 다음 주에 다시 오시겠어요?

내담자: 예, 그렇게 할게요. 얼마나 오래 걸릴지는 모르겠지만, 제 자신을 위한 시간이 좀 필요하다는 생각이 드네요. 저는 그 사람을 사랑하지만, 무엇이 가장 최선인지 알고 싶어요. 제가 전화 드려도 되나요?

치료자: 물론이죠.

변화를 심사숙고하는 내담자에게 맞추어 나가기 위한 전형적인 예는 단기 전략적 치료의 전통으로부터 나온 '천천히 가라!' 는 지침에서도 발견할 수 있다(Duncan, 1989; Fisch et al., 1982)

치료자: 무슨 의미인지 이제 알겠네요. 조심하고 경계해야 할 이유가 충분히 있군요. 더 나아지기 위한 변화라고 해도 그 변화에조차 적응하는 것이 필요하죠.

내담자: 아시다시피 그렇게 생각해 본 적은 한 번도 없어요.

치료자: 예, 그렇기 때문에 허둥지둥 몰아세우거나 경솔하고 무모하게 변화하는 것은 예상치 못한 결과를 초래할 수도 있지요. 제 생각에는 지금이 천천히 갈 때이고, 좀 더 경계하고 조심해야 할 것 같아요.

내담자: 흠…….

치료자: 얼마나 변화하는 것이 가장 적절한가에 대해 생각해 볼 필요가 있을 것 같네요. 어쩌면 지금은 100% 변화하는 것을 생각하기에는 적절한 시기가 아닐지도 모르죠.

내담자: 예.

치료자: 어쩌면 80%, 60%, 40% 혹은 그 이하 수준을 생각해 보아야 할 것 같네요.

내담자: (치료자의 말에 동의하며 고개를 끄덕인다.)

치료자: 어쩌면 지금 필요한 것은 아무런 변화도 도모하지 않는 것일 수도 있고, 브레이크를 완전히 당겨서 멈추는 것일 수도 있어요.

내담자: 전 어쨌든 뭐라도 해야 할 것 같은 기분이에요.

치료자: 예, 그러나 시간을 가지세요. 제 말은 직면해 보자는 말이에요. 이 문제는 하룻밤 사이에 생긴 일이 아니잖아요.

여기서 '천천히 가라!' 는 조언은 '계획된 속임수거나 역설적인 화법이 아니다.'[2] 심사숙고의 단계에서 내담자가 느끼는 양가감정에 동맹하는 것은 아마도 치료자가 할 수 있는 가장 공감적인 자세일 것이다. 그럼에도 불구하고, 대부분의 내담자는 치료 시간에 무엇인가를 해야 한다는 압박감–타인으로부터가 아니라, 그들 자신의 양심에서 우러난–을 느낀다. 이러한 내담자에게 변화에는 시간과 숙고가 필요하며 때로는 갑작스러운 변화도 필요하다고 말해 준다면, 내담자들이 느끼는 압박감은 줄어들고 변화에 헌신할 수 있는 여지와 지지를 얻게 된다.

'향상' 또는 '변화의 위험' 에 다가가기 위해 '천천히 가라!' 라는 제안은 전략적 치료 접근의 전통으로부터 채택된 것이다(Fisch et al., 1982). 이 접근은 좀 더 오랜 기간 동안 심사숙고 단계에 있는 내담자–오랜 기간 동안 아무 행동도 하지 않고 여러 번 가짜로 시작하고 혹은 치료의 실패로 '어려운', '만성적인' 이라는 꼬리표가 붙게 된–에게 맞추어 치료를 조절해 나가는 데 종종 도움이 된다.

내담자: 오늘 안 오려고 했어요.

치료자: 어째서요?

내담자: 제가 또 그랬어요. 제 말은, 계획을 끝까지 실행하지 못했다고요.

---

2) 전략적 치료 접근의 창시자 중의 한 사람인 존 위크랜드(John Weakland)는 죽기 전까지 자신의 접근이 내담자를 속여서 변화 속으로 끌어들이기 위한 방법으로 여겨진 것에 대해 안타까워했다. 그가 발표한 마지막 논문 중의 하나에서 자신의 전략적 접근에 대한 오해를 지적했는데, 그가 워크숍에 참석하면 사람들이 '이 사례에 대한 역설(Paradox)은 무엇입니까?' 라고 물어 올 때 자신의 접근에 대한 오해가 있음을 느낀다고 하였다.

어, 제가 하겠다고 말했던 거요. 사실 지난 회기 이후로 저는 아무것도 안 했어요. 모든 게 똑같아요. 말은 그럴싸하게 했지만 실천하는 데는 겁쟁이에요. (내담자는 기분이 안 좋은 것처럼 보인다.)

치료자: 좋아요. 비록 제가 당신이 자기 비난을 그만두게 할 수는 없지만, 지금이 자기 자신을 비난할 때는 아니라고 생각해요. 또 이 일로 어느 누구도 당신을 비난할 수는 없어요.

내담자: (치료자의 말에 주의를 기울인다.)

치료자: 그래서, 그 이야기를 좀 더 해 봐요. 지난번 상담 이후 당신의 의도는 최선을 다하는 것이었지만, 실제로는 태만하게 행동했다는 거죠?

내담자: 예, 그런 경력이 너무 많아요. 학위를 받을 정도예요. (웃음)

치료자: 흠. (웃음) 글쎄, 어쩌면 그런 방식에 대해 다른 식으로 볼 수도 있지 않나요? 아시다시피 어떤 사람들이 계획한 대로 하지 않는 것은 사실은 자기 자신을 돕기 위한 것인 경우도 있지요.

내담자: 어떻게요?

치료자: 어떤 무의식적인 방식으로 당신이 자각하지 못하는 숨겨진 위험으로부터 자신을 보호하기 위한 것이죠.

내담자: 그런 이야기는 들은 적이 있어요.

치료자: 예, 당신 안의 무의식적인 부분이 사실 당신에게 말하려고 하는 것인지도 모르죠. 실패하는 것보다는 '멈춰, 변화는 어쩌면 무엇인가를 초래할 수도 있어. 귀찮고 성가신, 위험한 혹은 불쾌한 어떤 것 말이야.' 라고 말하고 있는지도 몰라요.

내담자: 흠…… '한 발자국도 더 나가지 마.' 라고 말하는 것과 비슷한 것 말이죠?

치료자: 맞아요, 그래서 계획한 대로 실행에 충실히 옮기지 않는다고 자신을 비난하기보다 당신 앞에 놓인 위험이 무엇인지에 대해 곰곰이 생각해 볼 시간을 가져야 할 거예요.

내담자: 제 말은, 저는 정말 변화를 원해요. 이렇게 계속 가는 것은 원치 않아요.

치료자: 물론, 얼마나 오래 이렇게 되어 가느냐에 따라…….

내담자: (말을 멈추지 않고 계속하며) 만약 내가 변했는데 이후에 어떤 나쁜 일이 일어날 수도 있으니까 무슨 일이 일어날 것인가에 대해서 좀 더 생각해 볼 필요가 있을 것 같아요.

치료자: 제게 몇 가지 아이디어와 가능성이 있어요. 그런데 제 생각으로 당신의 생각을 한쪽으로 몰아가고 싶지는 않아요. 제 말은 당신이 먼저 그것에 대해 생각할 필요가 있다는 거예요.

내담자: 어떤 위험이 얼마나 있을 수 있는지에 대해 힌트를 좀 주실 수 있나요?

치료자: 예, 제 내담자 중 몇 사람이 변화에 대한 두려움에 대해 말한 적이 있어요. 변화는 자신이 잘 모르는 세계로 한 걸음씩 들어가는 것을 의미해요. 무슨 일이 일어날지 당신은 전혀 알 수 없죠. 그래서 때때로 아무리 고통스럽다 해도 적어도 예측이 가능하다면, 불행하게 사는 것이 더 쉬울 수도 있거든요. 짐작만 가지고는 아무것도 안 되죠. 변화에 대해 알아야 하고, 어떻게 움직이는지, 얼마나 지지부진한지에 대해 배워야 해요. 변화하는 동안 비록 더 나아지는 것같이 보이더라도 모든 것은 예측 불가능하죠. 어떤 일도 일어날 가능성이 있어요. 뭔가 더 나은 것 혹은 어쩌면 더 나쁜 상황이 일어날 수도 있

지만, 당신은 그저 모를 뿐이죠.

내담자: 글쎄, 그게 두렵지는 않은 것 같아요.

치료자: 당신의 가족에 대해 이야기한 것을 회상해 보면, 무엇인가가 가족 내에서 계속 변화되고 있는 것처럼 보여요. 최근에 그들은 당신이 앞으로 뭘 할 것인지 비켜 앉아 지켜보면서 그저 조용히 기다리고 있는 것 같아요. 당신이 일단 변화하기 시작한다면, 그들이 그동안 꾹 참아 왔던 모든 비난과 비평을 쏟아 놓을 것 같아요. 잘은 모르지만 어느 정도는 말이에요. 당신도 아마 이것을 어느 정도 눈치챘는지 모르지만 그들이 언젠가 당신에게 큰 시련의 시간을 주지 않을까 싶습니다.

내담자: (끄덕이며) 흠.

특정한 치료적 전통에 상관없이 이러한 접근은 심사숙고 단계에 있는 내담자에게 적용될 수 있는데, 이는 변화를 이끌어 내는 가장 핵심적인 부분으로부터 한 걸음 물러나서 생각해 보도록 하는 데 도움이 될 것이다. 프로채스카(1993)가 지적한 것처럼 심사숙고하는 내담자를 위한 지침은 '확신이 없을 때 변화하지 말라.'(p. 249)다. 내담자가 변화를 위한 행동을 취하도록 치료자가 유도한다면, 그들은 아마도 앞으로 나아가기보다 저만치 뒤로 물러서서 그들이 바로 그 자리에 머물러야만 하는 이유를 제시할 것이다. 따라서 심사숙고하는 내담자가 변화로부터 얻는 것과 잃는 것에 대해 멈춰 서서 탐색해 보도록 하는 것과 치료자가 내담자로부터 초대받았을 때 우호적으로 대하고 그의 이야기를 들어 주면서 동의하는 것이 보다 현명한 방법이다.

준비 단계

세 번째 단계는 준비(preparation)다. 내담자가 이 단계에 도달했을 즈음이면 그들은 이미 변화의 루비콘 강을 건너온 것이다.

이 단계에서는 이제 변화가 일어날 것이라는 사실에 의심의 여지가 없지만, 변화에 성공하기 위한 준거와 전략을 확인하는 것 역시 중요하다. 준비는 내담자가 바람직한 변화―눈짐작으로 가늠해 보고 어떤 느낌인지 알아차리고 그러고 나서 효과를 경험하는 것―를 실험하는 것을 특징으로 한다. 예를 들어, 약물이나 알코올 문제를 가진 내담자의 경우, 그들이 늘 머물러 온 조건하에서 행동을 조금 수정하거나 일시적으로 약물이나 알코올 섭취를 미루는 것과 같은 실험을 하게 된다(Prochaska & DiClemente, 1992). 치료자들은 초기의 문제해결 노력의 중요성을 얕잡아 보거나 간과해서는(전통적인 약물과 알코올중독 치료의 특징이었던 것처럼) 안 되며, 내담자를 격려할 때 내담자의 변화 단계에 맞추어 나가야 한다.

이전의 두 단계―내담자들의 변화에의 의지가 미약하고 엷은―와 비교해서 준비 단계에서 진행이 순조로우려면, 치료자는 내담자와 치료 동맹을 형성해야 한다. 사실 대부분의 치료적 접근에서 준비 단계에 있는 내담자를 이상적으로 여겨 왔는데, 그들의 변화에의 의지가 확고하고 빠른 시간 안에 자신의 문제를 해결하기 위한 행동을 실천하기 때문이다(Prochaska et al., 1992).

임상가는 내담자가 목표에 도달할 수 있는 길을 탐색하고, 치료 목표를 선정하도록 도움으로써 준비 단계에 있는 내담자에게 치료를 맞출 수 있다. 치료자는 내담자에게 가능성을 제시하고 치료에서 선택할 수 있는 것을 제안하거나 전략을 수정하고 내담자의 문제해결 능력에 건설적인 도전을 제기하는 것과 같은 보다 적극적인 역할을 취할 수도 있다. 그러나 모든 단계에서처럼 내담자의 자발적인 선택이 무엇보다 중요하다. 준비 단계에서 내담자는 변화를 위한 그들 자신의 전략을 선택하고 설계하는 것에 보다 적극적일 필요가 있다. 왜냐하면 선택이 인간의 본성이기 때문이다. 밀러(1986)가 관찰한 것처럼, 사람들은 '무엇인가를 자기가 선택했다고 지각할 때 그 행동을 지속'(p. 71)한다. 내담자는 그들의 목표를 성취하기 위해 선택할 수 있는 다양한 대안 혹은 방법을 치료자가 제시해 줄 때 도움이 된다고 느낄 것이다. 반대로 단지 한 가지 길밖에 없다는 것을 암시하는 것은 저항을 일으키고 조기 종결의 위험을 증가시킨다. 심지어 변화를 향해 강하게 동기화되어 있는 사람들도 무엇인가를 하라고 명령받는 것은 좋아하지 않는다(Fisch et al., 1982).

실행 단계

준비 다음으로 실행(action) 단계가 시작된다. 실행 단계에서 내담자는 확고한 헌신과 미래에 대한 계획을 보여 준다. 심리치료에서 변화를 실행 단계에 융합하려는 경향 때문에 수많은 전통적인 치료 모델에서는 이 단계를 치료가 실제로 일어나는 단계로 잘못 알고 있다(Miller, 1986; Prochaska et al., 1992). 준비 혹은 실행 단계에 있는 내담자에게 초점을 맞추어 발전되어 온 프로그램은 이전 단계에서 일어나는 작업을 간과하거나 덜 중요하게 여기기 때문에, 심사숙고 혹은 심사숙고 이전 단계에 있는 내담자를 위해서는 궁극적으로 별 효용이 없다.

치료 프로그램이 내담자의 변화를 위한 준비도 혹은 동기 수준에 맞추어지지 않으면, 설계 자체에서 이미 실패의 씨를 뿌린 것과 같다. 예를 들어, 약물과 알코올 치료의 치료 성과가 낮다는 사실을 생각해 보자. 지난 40년 동안 '중독자들의 절대 다수는 실행 단계에 머물러 있지 않다.' (Prochaska et al., 1992, p. 1105)는 명백한 증거에도 불구하고, 실행 중심 치료적 접근이 이 분야에서 지배적이었다. 흡연가의 30~40%는 심사숙고 단계에 그리고 50~60%는 심사숙고 이전 단계에 있으며, 단지 10~15%만이 실행에 옮기기 위해 준비하고 있다는 점을 상상해 보라. 비록 의도가 훌륭하더라도 내담자가 속한 변화의 단계를 모르면 극소수에게는 과잉 서비스를, 몇몇에게는 과소 서비스를, 그리고 전문적인 도움을 받을 수 있는 대다수의 개인은 배제시키는 것이 된다.

유지 단계

유지(maintenance) 단계에서도 변화는 지속된다. 그러나 이제 변화한 부분을 유지하거나 변화를 확고히 하기 위해 해야 하는 것에 대해서 내담자는 스트레스를 받게 된다. 유지 단계에 있는 내담자에게 가장 중요한 것은 미국 정신과 학회 의장인 칼 메닝거(Karl Menninger)가 말한 "예측은 최선의 방어다."라고 할 수 있다. 즉, 치료자는 퇴행 혹은 재발을 불러일으킬 수 있는 위험을 미리 예측하도록 도와줌으로써 유지 단계에 있는 내담자에게 맞추어 나갈 수 있다. 위험이 확인되면 예방을 위한 계획이 세워진다. 예를 들어, 회복해 가는 알코올중독자가 과거에 그가 지나 다니던 길로 운전을 하고 가다가 단골이었던 술집 앞을 지나갈 위험이 있다면, 예방 계획에서는 술을 마실 수 있는 어떤 단서도 제공하지 않는 길을 선택할 때까지 새로운 동선을 찾도록 구체화할 수 있다.

치료자는 또한 변화 뒤에 수반되는 불가피한 재발을 방지하기 위해 내담자가 유지 계획을 설계하도록 함으로써 내담자를 도울 수 있다. 내담자가 재발로 빠져드는 자기 자신을 발견할 때, 유지 계획은 내담자가 붙잡을 수 있는 손잡이 역할을 함으로써 그들이 바닥까지 미끄러지지 않게 도와준다. 예를 들어, 내담자가 그 길로 운전하고 가다가 술집에 들어가서 한두 잔 마시게 된다 하더라도 취하도록 마시지 않고 중간에 멈출 수 있도록 특정 행동 지침을 정하는 유지 계획이 도움이 될 것이다. 알코올중독자를 위해서 전화해 줄 사람을 정하거나 혹은 다른 구체적인 계획을 미리 세워 둘 수 있다. 치료자는 내담자에게 도움이 될 만한 몇 가지 대안을 제시할 수도 있고 내담자 스스로 어떤 접근을 끌어내도록 도울 수도 있다.

종결 단계

프로채스카(1993)에 의하면, 마지막 단계인 종결(termination)에서는 '문제 행동과 연루될 수 있는 일말의 유혹도 없으며, 어떠한 상황에 있더라도 이전의 행동과 같은 일을 하지 않을 것이라는 100% 확신(자기효능감)' (p. 253)이 있다고 했다. 이러한 종결 단계는 어쩌면 현실적이고 성취 가능한 변화라기보다 사실 매우 이상적인 것일지도 모른다. 대부분의 사람은 유지 단계에서 멈추어 있다. 즉, 내담자는 그들이 원하는 변화에 영향을 미치는 위협을 지속적으로 염두에 두어야 하고, 변화가 지속되기 위해서 무엇이 필요한가를 계속 확인해야 한다.

변화-단계 모델은 치료자가 치료 관계 내에서 내담자의 참여를 증진시키기 위해 치료의 실행과 설계를 생각해 보도록 방법을 제시한다. 변화-단계 모델과 관련된 광범위한 작업과 연구가 설명해 주는 것처럼, 치료자가 '내담자의 변화 준비도 단계를 평가하고 그에 따라 치료적 개입을 행할 때' (Prochaskca et al., 1992, p. 1110) 내담자가 변화에 동참할 가능성은 높아질 것이다. 가장 비싸고 신중하며 광범위한 치료 프로그램도 내담자의 변화 준비도에 맞추어 조절되지 못하면 실패로 끝날 수 있다.

치료는 내담자의 치료 목표에 맞추어져야 한다.

치료에 대한 내담자의 목표에 치료를 잘 맞추어 나가는 과정은 내담자의 동기와 준비도에 의해 조절될 수 있다. 내담자의 목표에 따라 치료적 개입을 조절한다는 것은, 문자 그대로 치료에서 어떻게 내담자의 문제를 다룰 것인지에 대한 그들의 아이디어와 더불어 문제의 본질에 대한 내담자의 생각, 감정 그리고 태도를 탐색할 시간을 갖는 것을 의미한다. 치료 동맹에 관한 연구들은 정신과적 진단, 이론 중심의 문제에 관한 원인론 혹은 치료자가 제공한 치료 계획에 근거한 기초적인 치료적 개입 대신에 내담자의 목표가 곧이곧대로 수용될 때 그리고 그러한 내담자의 목표가 치료적 개입 과정의 구조와 초점을 결정할 때 치료가 더 효과적임을 분명히 보여 준다. 사실 내담자로 하여금 목표를 설정하고 치료적 개입 속으로 이끌고자 신중하게 시도할수록 이론적 모델과 기법의 중요성은 줄어든다.

내담자의 목표에 치료적 개입을 맞추어 나가는 것이 중요하다는 증거는 약물과 알코올 문제를 가진 내담자의 치료에 관한 연구에서 발견할 수 있다. 최근까지 대부분의 약물과 알코올 치료의 전형적인 관례에 따르면 내담자는 그들의 고유한 목표 혹은 개인적인 특성과는 상관없이 표준화된 프로그램에 따른 치료를 받아 왔다(Miller & Hester, 1989). 이 장의 처음에 언급했던 것처럼, 이렇듯 일률적인 프로그램에 의한 치료는 성과가 낮다. 최근에 내담자의 목표에 따라 치료를 조절하는 것의 효과를 조사한 연구에서 약물 혹은 알코올 문제의 경과에 있어서 초기에 내담자의 목표에 따라 치료를 시작한 경우에는 어떤 제안이나 권유가 제공되든지 간에 내담자가 치료 과정을 따라가는 경향이 더 높다는 것을 발견했다(Miller, 1987; Miller & Hester, 1989; Sanchez-Craig, 1980).

이러한 연구에 따르면 가장 적절한 치료적 개입이란, 치료 효과를 내기 위해 내담자가 무엇을 하도록 만드는 것(예를 들면, 이 지시를 따르시오, 이 약을 먹으시오, 최면으로 들어가시오.)이 아니라 내담자와 치료자가 함께 무엇을 하는 것—협동적인 과정—을 의미한다. 즉, 치료자와 내담자는 치료적 개입을 함께 구성해 나가고 함께 작업함으로써 내담자의 경험과 문제에 대한 내담자의 해석에 맞추어 나간다. 이러한 치료적 개입이 치료 동맹을 형성하는 방법이다. 그렇게 됨으로써 치료적 개입과 치료 동맹은 불가분의 관계가 되며 따라서 동맹이 없는 치료 그 자체는 어떤 의미나 힘도 없다. 버틀러와 스트럽(Butler & Strupp, 1986)이 지적하는 것처럼, 치료적 개입은 '의미를 획득하는 것이고, 치료에 참여하는 개인들의 상호작용으로부터 그 효과를 얻는 것'(p. 33)이다.

치료자는 내담자의 목표에 따라 여러 방법으로 치료적 개입을 조절해 나갈 수 있다. 치료자는 내담자의 이야기와 경험, 문제를 어떻게 다루어 나갈 것인지에 대한 생각, 감정, 아이디어뿐만 아니라 문제에 대한 해석까지도 충실히 경청함으로써 치료 목표를 확충해 나간다. 치료자는 치료와 개입에 대한 아이디어를 얻기 위해 내담자의 목표를 직접적으로 탐색할 수도 있다.

내담자의 치료 목표를 직접적으로 탐색하는 한 가지 유용한 방법은 결과에 대해 질문을 하는 것이다. 즉, 치료를 받고 나면 내담자의 삶이 어떻게 변화할 것 같은가를 묘사하도록 돕는 질문이라면 그 어떤 질문도 결과 질문으로 간주될 수 있다(Johnson & Miller, 1994; Miller, 1994a). 다음과 같은 질문들이 그 예다.

- 당신은 치료자가 어떤 도움을 주기를 희망합니까?
- 당신의 치료 목표는 무엇입니까?
- 치료 결과로 당신에게 어떤 점이 달라지기를 희망(소원/생각)합

니까?

- 당신의 삶(문제)에서 무엇이 변화되기를 원합니까?
- 우리가 함께한 치료가 성공적이라고 여겨지기 위해서는 당신의 삶에서 적어도 어떤 점이 변화되어야 합니까?

여러 분야의 연구에 의하면, 치료 목표는 내담자가 바람직하고 성취 가능하다고 지각하는 작고 구체적이고 세세하고 행동적인 용어로 특징지어질 때 그들의 행동 변화에 보다 바람직한 영향을 미친다(Bandura & Schunk, 1981; Berg & Miller, 1992; Locke, Shaw, Saari, & Latham, 1981; Miller, 1987). 베예바흐, 모레혼, 파렌주엘라 그리고 로드리게즈-아리아스(Beyebach, Morejon, Palenzuela, & Rodriguez-Arias, 1996) 역시 치료 목표가 구체적일 때 치료 결과가 성공적일 가능성이 높다고 하였다. 그러므로 치료자는 내담자가 치료 목표를 최대한 작고 구체적이고 특수하고 그리고 가능한 한 행동적인 용어로 설정하도록 도와야 한다.

구체적이고 특수하고 그리고 의미 있는 치료 목표를 설정하는 것은 베예바흐와 동료들(1996)이 밝혀냈듯이 매우 도전적인 과제일 수 있는데, 어떤 내담자는 자신의 목표를 정확한 용어로 표현하는 것에 상당한 어려움을 겪기 때문이다. 치료자는 이러한 내담자가 치료 목표를 천천히 정해 나가도록 도움을 주고, 내담자가 원하는 성과에 대한 포괄적이면서 풍부하고 전체적인 시각을 형성하는 데 많은 시간을 들여야 한다. 따라서 내담자와 치료자는 폭넓고 일반적인 목표부터 세세하고 구체적인 목표까지 천천히 작업해 나갈 수 있다.

포괄적인 것부터 구체적인 것에 이르기까지 역으로 치료 목표를 정하는 한 가지 예로, '실존적인 위기' 문제로 치료를 받으러 온 내담자와의 첫 회기에서 발췌한 대화를 살펴보자.

내담자: 모든 게, 모든 게…… 단지 모든 게 저한테는 더 이상 아무런 의미가 없어요.

치료자: 당신의 예술 작품, 당신의 연기…….

내담자: 예, 제 말은, 한때 저는 정말 일만 하기 위해 스스로를 몰아치던 때가 있었어요.

치료자: 네.

내담자: 이제 아무 상관없어요. 일을 하건, 그림을 그리건, 후…….

치료자: 지금 당신은 아무것에도 전혀 신경을 안 쓰는군요.

내담자: (고개를 끄덕인다.)

치료자: (계속하며) 그러나 당신은 신경을 쓰고 있는지도 모르죠…… 어떤 것에 대해서.

내담자: 예, 정상적인 저는 진짜 열정적인 사람이거든요. 모든 것에 대해 감정을 느껴요. (웃음) 아시다시피, 삶을 경험하기 위해 뛰어들고, 이 말이 진부하게 들릴 수도 있지만 순간의 존재, 움직임…….

치료자: 당신은 열정적인 사람이라는 거지요.

내담자: 예.

치료자: 삶을 경험하고자 뛰어드는 사람이고, 매 순간 움직임마다 존재하는 사람이고……?

내담자: (계속해서 강하게 고개를 끄덕이며) 하나에서 다른 것으로 움직

이는, 살아있는 존재!

치료자: 맞아요.

내담자: (고개를 흔들며) 그런데 요새는 마치 잠긴 수도꼭지 같아요.

치료자: 흠, 인상적인 표현이군요.

내담자: (침묵)

치료자: (조심스럽게) 그래서 우물이 말라 가는 것은 아니지만, 제 말은 파이프 안에 물은 있는데 단지 수도꼭지가 꽉 잠겨 있는 거군요.

내담자: 예, 그런 식이죠.(웃음) 항상 거기에 있었던, 그, 제 일부분에 더 이상 닿을 수가 없을 것 같아요.

치료자: 맞아요. 당신이 지금 그린 아주 멋진 그림, 그것에 대해 제가 질문을 해도 될까요? 지금 솟구쳐 올라오는 건 아니지만 물방울이 뚝뚝 떨어질 때까지 수도꼭지를 조금만 틀어 놓으려면 우리가 이 치료시간에 어떤 이야기를 해야 할까요?

이후의 대화에서 내담자는 치료에서 자신이 원하는 결과를 구체적이고 특수한 용어로 묘사할 수 있었다.

치료 계획이나 과제 부여에 있어서 내담자의 아이디어를 이끌어 내기 위해서는 매 회기가 끝날 무렵에 내담자에게 면담 도중 일어난 것과 다음 회기 전에 한 단계 나아가기 위해 필요한 것이 무엇인지 되돌아보고 생각해 보는 시간을 가지게 하는 것이 바람직하다.

사례 이론의 검증

스티브는 세 명의 자녀를 둔 실직 가장으로서 우울증과 자살 충동 문제로 치료를 받으러 왔다. 치료자가 많은 노력을 했음에도 불구하고, 첫 번째 면담에서는 별 진전이 없어 보였다. 스티브는 치료를 통해서 무엇을 얻고 싶은지에 대해 구체적으로 설명하는 것을 상당히 어려워했다. 안타깝게도 목표에 관한 이야기를 하는 것만으로도 그의 무기력감과 미래에 대한 비관주의가 더욱 증폭되는 듯했다.

면담이 끝날 무렵, 치료자는 스티브에게 상담 도중에 떠오른 것–특히 그가 좀 더 생각해 봤었더라면 하고 여겼던 것 혹은 다음 회기 전까지 해 보려고 했던 것–에 대해 집중해서 생각해 보도록 하고, 이렇게 하는 것이 그의 문제를 해결하는 데 도움이 될 수 있을 것이라고 이야기해 주었다. 스티브에게 몇 분간 생각할 시간을 준 후, 다음의 대화가 오갔다.

치료자: 그래요, 그럼 제 생각을 이야기하기 전에, 오늘 상담에 대한 당신의 생각 혹은 좀 더 생각해 볼 필요가 있겠다고 여겼던 것 혹은 다음 회기에 해 봐야지 하고 생각했던 것이 있나요?

내담자: 글쎄요, 선생님이 상담 중에 제게 물어본, 치료에서 제가 뭘 원하는지 그리고 제가 나아지고 있다는 작은 증거에 대해 생각하는 것이 (강조하며) 참 힘들었어요.

치료자: (끄덕이며) 네.

내담자: 제 자신에게 정말 갈수록 화가 나는 것 같아요.

치료자: 네.

내담자: 그리고 걱정이 되는 게…… 만약 제가 몇 가지 사소한 일들을 한다면요? 그게 정말 저를 달라지게 만들까요?

치료자: 그럼요.

내담자: 그러면 제가 알람을 맞추거나 아침에 일찍 일어나거나 샤워를 한다고 해서 그런 것들이 정말 저를 도울 수 있을까요? 제 말은, 그것들이 제 실직 문제를 좀 더 쉽게 해결해 줄 수 있느냐는 말이죠.

치료자: 그렇죠.

내담자: 어쩌면 저 자신의 일부분은 그것을 포기해 버렸다는 생각이 들어요.

치료자: 그러면 다른 부분은?

내담자: 뭔가를 해야 한다는 건 알고 있어요. 더 이상은 이렇게 앉아만 있을 수 없다는 것도 알아요. 뭔가 해야 해요.

치료자: 그 뭔가는 무엇인가요?

내담자: 글쎄요, 싫지만 그래도 작은 변화가 차이를 만들어 낼 수 있다는 이론을 검증해 봐야겠다는 생각을 했어요.

치료자: 좋아요.

치료자는 스티브에게 피드백을 주었는데, 그것은 그가 변화를 위해 작은 발걸음을 내딛도록 본질적으로 강화해 주는 것이었다. 다음 회기에 스티브는 매일매일의 우울한 일상 속에서 그가 이룬 몇 가지 작은 변화를 보고했다. 상담이 끝날 무렵, 성찰을 위한 몇 분의 시간을 갖는 과정이 똑같이 이루어졌고 다음 회기를 위한 계획을 세웠으며 이후에 현재 문제가 해결될 때까지 이 과정이 반복되었다.

다음의 가이드라인은 관계 형성의 본질에 대한 것이다.

치료는 치료 관계에 대한
내담자의 관점에 초점을 맞추어야 한다.

지난 몇 년 동안 조력적 치료 관계와 관련된 치료자의 행동이 표준화될 수 있다고 여겨져 왔으며, 이 내용은 치료자 수련 과정의 일부분이었다(Hammond, Hepworth, & Smith, 1977; Jensen, 1977; Truax & Carkhuff, 1967). 첫 부분에서 언급했던 것처럼, 수천 명의 치료자가 긍정적인 치료 관계를 형성하는 데 효과가 입증된 표준화된 행동을 배우기 위해 대학원에서 수련을 받는다. 그러나 연구에 의하면, 효과적인 심리치료의 '핵심적인 필요충분조건'은 표준화된 치료 기술 훈련 패키지보다 훨씬 더 복잡하다(Frank, 1964; Garduk & Haggard, 1972; Speisman, 1959). 예를 들어, 어떤 내담자에게서는 긍정적인 반응을 불러일으키는 치료자의 행동이 다른 내담자에게서는 부정적인 반응을 불러일으킨다는 것이 밝혀졌다(Murray & Jacobsen, 1971).

이러한 표준화된 치료 기술에 대한 문제점은 이후의 연구에서 대부분이 설명되었다. 기본적으로 '핵심적인' 혹은 '필요충분한' 조건에 대한 치료자의 수련과 준비가 결코 충분하지 않다는 것이다. 왜냐하면 내담자마다 치료적 관계를 형성하는 상황이 매우 다양하기 때문이다. 예를 들어, 버첼러(Bachelor, 1988)의 치료자가 제공하는 공감에 대한 연구에서 내담자의 44%는 치료자의 공감이 인지적일 때, 30%는 정서적일 때, 18%는 치료자가 함께 공유하는 태도를 보일 때 그리고 7%는 양육적인 돌봄을 제공할 때 공감을 경험하는 것으로 나타났다. 치료자가 제공하는 온정, 공감, 존중, 진실함과 같은 변인을 내담자 자신의 고유한 경험에 연결시켜 나가는 것이 성공적인 치료 관계를 위해 필수적이며, 이는 치료자가 제공하는 변인의 정의를 확장하는 것이다. 사실 치료자가 평가하는 것보다 내담자가 이러한 조건에 대해 평가하는 것이 치료 결과를 더 잘 예측한다(Bachelor, 1991).

치료 동맹에 관한 문헌에 따르면, 치료 관계에 대한 내담자의 생각에 치료자가 맞추어 갈 때 치료 성과는 극대화된다고 한다. 이러한 어려운 과제를 성취하기 위한 몇 가지 제안은 다음과 같다.

공 감

만약 오로지
당신 마음속에 있는
나의 궤적을 따라가기 위해
충동을 던져 버릴 수만 있었다면
당신을 진심으로 볼 수 있었을 텐데.

「선, 조력의 예술(Zen in the Art of Helping)」
데이비드 브랜든(David Brandon)

공감은 내담자와 치료자가 만나게 된 상황에 대한 통찰력과 신중한 평가 판단에서부터 시작된다. 따라서 치료적 공감은 불변의, 고정적인, 반성적인 혹은 특정한 치료자의 행동(즉, 감정의 반영)이 아니다. 또한 공감이 어떠해야 한다는 특정 이론의 정의도 아니다. 공감은 훈련보다는 내담자를 최우선시하는 태도로 이해되어야 한다.

공감적이 된다는 것은 내담자가 말하는 것에 완전한 주의를 기울이고, 내담자의 경험을 이해하려고 노력하며, 이해한 것을 내담자와 공유하는 것으로부터 시작된다. 물론 치료자가 내담자가 말한 모든 것을 이해해야 한다는 것을 의미하는 것은 아니다. 내담자는 종종 그들이 느끼거나 경험한 것을 치료자가 완전히 이해하지 못한다는 것을 알고 있을 때조차 공감적 관계를 경험한다고 보고한다. 가장 중요한 문제는 내담자가 중요하고 의미 있다고 생각하는 것을 치료자가 이해하려고 고군분투하고 있음을 내담자가 지각하는 것이다.

불행하게도, 공감이라고 여겨지고 공감에 대해 말하는 것의 대부분은 내담자의 부정적인 감정과 개인적인 경험(예를 들면, 내담자의 고통 혹은 괴로움, 그들의 절망 혹은 무기력감, 그들의 현재의 어려움 그리고 불평의 역사)을 치료자가 확인하고 서로 연결 짓는 것에 대해서만 주로 초점을 두어 왔다. 그러나 내담자의 강점과 자원이 심리치료 성과에 많은 부분 공헌하기 때문에 공감에 대한 좀 더 포괄적인 관점, 즉 고통뿐만이 아닌 가능성, 절망뿐만이 아닌 희망, 어둠뿐만이 아닌 빛까지 포괄하는 관점을 가진다면 더 훌륭한 치료 성과를 낼 수 있을 것이다.

사례 만약 오지 않았더라면 더 나았을 텐데!

공감에 대한 이러한 광범위한 개념을 적용한 예로서, 우울증으로 치료를 받으러 온 내담자와의 첫 상담에서 발췌한 다음의 대화를 살펴보자. 내담자는 상담이 시작되는 순간, 거의 저항할 수 없을 정도의 무기력감과 최근의 자살 생각에 대해 말하기 시작했다. 인용 부분에서 나타나듯이, 치료자는 내담자의 현재의 어려움을 인정하면서 나아질 것이라는 그녀의 희망과 관련지어 주의 깊게 들어 주었다.

내담자: 그냥 아무것도 변화하지 않을 것 같은 기분이 들어요.

치료자: 음.

내담자: 왜 그런지 이야기할게요. 너무 안 좋아요, 글쎄, 오늘 여기 안 올 뻔했어요. 아무도 저를 돕지 못할 거라는 생각이 들었어요.

치료자: 상담이 도움이 될 수 있을지 비록 확실하지 않지만, 그래도 결국 오기로 결정했네요? 당신 자신을 위해 뭔가를 하기로 말이죠.

내담자: (고개를 끄덕이며) 아시다시피 너무나 절망적이었거든요. 글쎄, 심지어 어떨 때는 만약 제가 상담을 받으러 오지 않았다면 더 낫지 않았을까 생각해요.

치료자: 당신은 변화하기를 갈망하고, 정말 더 나아지기를 원하면서도 오히려 상담받으러 오지 않는 게 낫지 않았을까 생각하는군요.

내담자: 예, 당신이 저를 도와줄 수 있을 거라는 확신이 없어요.

치료자: 네, 확실하지 않군요.

내담자: 그리고 저는 진짜 열심히 사는 사람이거든요. 최근에 문제가 될

것처럼 보이지는 않았거든요.

치료자: 그렇게 모든 일에 열심히 했기에 당신은 뭔가 더 잘 대접받을 만하다고 느끼는군요.

내담자: 예.

치료자: 궁금한 게 있는데요, 상담이 당신을 도울 수 있을 거라는 확신이 없음에도 불구하고 당신은 왜 여기에 왔나요?

내담자: (고개를 끄덕이며) 뭔가를 해야만 했고, 상담이 바로 제가 할 수 있는 일이라고 생각했어요.

치료자: 그 말을 들으니 정말 놀랍군요, 당신의 절망적인 기분 상태를 생각하면, 오늘 상담을 취소하고 자포자기 상태로 있는 것이 오히려 더 쉬운 선택이었을 텐데요.

내담자: 저는 그런 사람은 아니에요.

이후의 대화는 내담자의 강점과 미래의 변화에 대한 희망에 더 많은 중점을 두게 되었다. 상담이 진행될수록 내담자와 치료자는 희망을 현실로 바꾸기 위해 취할 수 있는 작은 발걸음을 함께 확인하는 작업을 시작했다.

존 중

> 당신이 사람들을 있는 그대로 존중한다면, 당신은 그들이 잘되도록 더욱 효과적으로 도울 수 있을 것이다.
>
> 『쉬운 승리는 없다(No Easy Victories)』
> 존 가드너(John W. Gardner)

존중의 가장 핵심적인 조건은 모든 내담자는 자기 자신을 위해 더 만족스러운 삶을 만들어 나갈 수 있다는 전제다. 존중은 내담자를 어떤 이론적인 관점, 치료 기법 그리고 진단 항목보다 가치 있는 한 인간으로서 소중히 여기는 태도와 행동을 반영하는 것이다. 또한 내담자를 민감하게 수용해 주는 치료자의 태도에 의해 존중은 명백히 드러난다.

공감과 마찬가지로 존중의 핵심 역시 내담자의 지각이다. 내담자가 치료자의 접근이 도움이 된다고 느끼지 않는다면, 치료자는 자신의 접근 방식을 변화시킴으로써 내담자에 대한 존중을 표현해야 한다. 이러한 점에서 내담자를 경시(예를 들면, 비판, 거부, 내담자를 내려다보고 말하는 것 혹은 전문용어나 내담자가 이해하지 못하는 언어를 사용하는 것)할 수 있는 어떠한 행동도 하지 않을 때 존중이 촉진되고 유지된다. 특히 치료가 잘 진행되지 않을 때 내담자를 비난해서는 안 된다. 또한 논쟁이나 불필요하게 내담자를 인식시키거나(이것은 내담자의 능력을 미묘하게 과소평가하는 것이기도 함) 압박함으로써 내담자가 치료자의 의견을 수용하고 따르도록 해서는 안 된다. 오히려 내담자의 생각과 태도에 주의를 기울여 듣고 다른 가치관과 기호를 말할 수 있는 기회를 내담자에게 제공하는 데 시간을 들여야 한다(Wolberg, 1977).

존중은 은유적으로 훌륭한 외교관 정신에 비유할 수 있다. 내담자는 다른 나라 또는 문화를 대표하는 사람처럼 존중되어야 한다. 치료자는 훌륭한 외교관처럼 전례와 요령에 근거하여 가능한 한 다양한 규범과 문화를 따르고 배우며 외교적인 견해와 제안을 피력한다.

외교관 정신의 목적은 자신의 국가에 이익이 되는 영향력을 행사하기 위해 공통의 관심사와 이익을 정의하고, 협력을 확고하게 확립하고 동맹을 굳히는 것이다. 외교관이 국제 관계를 관리하기 위해 하는 것처럼 치료에 있어서도 마찬가지로 외교관 정신을 발휘할 수 있다(Hubble & Solovey, 1994).

진실성

다른 사람이 당신을 어떤 사람이라고 봐 주기를 바란다면
바로 그런 사람이 되라.

『금언집(Gnomologia)』, 1732
토머스 풀러(Thomas Fuller, M.D.)

아는 것을 보지 말고, 당신이 보는 것을 알라.

『사적인 대화(Personal Communication)』, 1984
애디 푸리먼(Addie Fuhriman)

치료자의 진실성에 대한 내담자의 경험은 기대하지 않은 방식으로, 기대하지 않은 곳에서 일어난다. 데이비드 비스코트(David Viscott, 1972)의 유명하고 흥미로운 작품 『정신과 의사 만들기(The Making of a Psychiatrist)』에서 이것에 대해 묘사하고 있다. 어니라는 이름의 한 내담자가 있었는데, 어느 날 정신건강 서비스를 제공하는 외래 진료소에서 상담 시간을 기다리고 있다가 바로 옆의 화장실 안에서 소변을 보고 있던 그의 담당 의사 버트의 소리를 엿들었다. 어니는 정신과 의사가 화장실에서 용변을 볼 때 누군가가 소리를 들을까 걱정하지 않고 자기 자신을 충분히 편안하게 무장 해제할 만큼 안정감을

가지고 있다면 그는 믿을 만한 사람이며 분명 자신을 도와줄 수 있을 것이라고 믿게 되었다. 비스코트는 다음과 같이 말하였다.

> 나는 정신병을 치료하는 과정을 관찰하기 위해 화장실에서 심리치료자의 목소리를 녹음할 생각을 한 것은 아니지만, 버트의 삶을 인간답게 보도록 한 그러한 작은 사건이 어니에게 있어서 버트를 보다 현실적인 존재로 만들어 주었다…….(p. 128)[3]

이 이야기가 암시하듯이, 내담자는 자신들이 돈을 지불하고 상담을 받으러 오는 만큼 그들의 치료자가 제멋대로 굴지 않고, '틀에 박힌 치료자의 모습'을 연기하지 않으며, '틀림없는, 진짜 본인'으로서 진실하기를 원한다. 다시 말해, 그들은 자신의 치료자가 존경받을 만하고 훌륭하고 인정 있고 우아하고 인격적으로 통합되어 있기를 원한다.

치료자가 '잠정적'으로 사례를 개념화하고 개입하고 접근할 때 치료자는 내담자에게 이와 같이 받아들여질 수 있다. 잠정적 접근이란 치료자가 틀릴 수도 있으며, 따라서 변화에 대해 개방적이라는 점을 시사한다. 치료자는 바라는 바가 달성될 때까지 여러 실험적인 시도를 통해 치료를 조절해 간다. 또한 치료자는 잠정적이 됨으로써 내담자의 문제에 대해 특정 치료적 개입을 고집하는 것을 피한다.

---

3) 독특한 이 예는 처음이 아니다. 1932년에 정신분석학의 창시자이자 프로이트를 위시한 그룹의 회원이었던 산도르 페렌치(Sandor Ferenczi)는 내담자의 집에서 분석가가 화장실을 사용하는 소리를 들은 후에 내담자가 어떻게 호전되었는가를 기록했다(Ferenczi, 1985).

즉, 치료자는 전문가로서 군림하는 대신에 훈련과 경험의 힘으로 생산적인 개입, 제안 그리고 안내를 제공할 수 있는 파트너 혹은 협력자로서 존재한다.

따라서 진실되기 위해서는 어느 정도의 겸손—심리치료의 한계와 인간 존재의 타고난 다양성과 복잡성 모두에 관해서—이 요구된다. 확신을 가진다는 것은 치료자가 치료와 인간 행동에 대해 알고 있는 것과 모르고 있는 것이 무엇인지 정확하게 드러내는 것을 말한다. 그러나 겸손은 내담자로부터 비판을 수용하고 실수를 인정하고 "미안하다"고 말할 수 있는 치료자의 능력 안에서 발견된다.

인 정

관계의 효과는 치료자의 인정을 통해 강화된다. 인정은 몇 가지 중요한 목표를 가진다. 첫째, 내담자의 근심과 걱정을 정당화한다. 내담자들은 수도 없이 '기운 내.' '별일 아닌 걸 과장하지 마, 별일 아니야.' '기운 내, 똑바로 봐.' '넌 아무 문제없어.' '괴로움이 있는 반면 즐거움도 있잖아.' '그런 생각은 어디서 나왔니?' '오, 그건 말도 안 돼.' 등과 같이 내담자가 가지고 있는 문제를 별것 아닌 것으로 치부해 버리는 무수한 형태의 무책임한 조언을 들어 왔다. 그러나 내담자는 치료자가 자신의 편에 서서 이야기를 들어 주기를 바라며 치료자로부터 승인받기를 바란다. 그래서 상담과정을 통해 그동안 내담자가 들어 왔던 과소평가와 경멸에 맞서 싸우며, 마치 치료자가 '나는 당신의 이야기를 경청하며 당신을 이해합니다. 당신은 바보도 아니고 당신의 생각이 잘못된 것도 아닙니다.' 라고 말해 주기를 원한다.

둘째, 치료자는 내담자가 가지고 있는 문제를 인정할 뿐만 아니라 그 심각성과 중요성을 수용한다. 내담자의 문제가 치료자에게 가져올 만큼 중요한 것이라면, 그 중요성은 수용되고 인정되어야만 한다. 치료자는 내담자의 문제를 괴로운 것으로 혹은 내담자에게 고통을 초래한 방식으로 이해하고 인정해야 한다. 그리고 문제를 해결하기 위한 내담자의 고군분투와 시도를 인정해 주어야 한다. 상담에서 내담자가 그들의 상황을 설명할 때, 인정은 '예' '알겠어요' '오 저런!' '음'과 같은 단순한 형태로도 표현될 수 있다. 혹은 치료자는 '이 문제가 당신의 삶을 참을 수 없게 만들었군요. 다른 사람들은 당신의 고통을 이해하지 못하는 것처럼 보였죠? 이로 인해 당신은 엄청나게 고군분투해 왔고 최근까지 당신은 최선을 다해 노력해 왔군요. 틀림없이 비참하고 패배감을 느꼈겠네요.'라고 말할 수도 있다.

마지막으로, 치료자는 인정을 통해서 내담자에 대한 믿음과 그의 내적인 힘과 결국에는 내담자가 문제를 극복할 것임을 표현해 준다.

> 이 모든 문제가 당신에게 일어났음에도 불구하고, 당신은 또다시 여기 와서 그 문제와 맞서 싸우고 버텨 낼 준비가 되어 있군요. 당신이 이러한 이야기를 들을 준비가 되어 있는지 아닌지 잘 모르겠지만, 저는 당신이 용기 있고 내적인 힘과 회복력이 있으며 문제를 극복하기로 결단을 내렸다고 확신합니다. 누구도 당신만큼 인내심이 있거나 더 나은 삶을 위해 결단을 내릴 수 있었을 것 같지는 않습니다.

인정은 그동안 가장 많이 연구된 치료적 유대감의 한 측면으로, 소위 치료자의 승인을 말한다. 승인은 수용, 비소유적 온정 혹은 긍정적 존중으로 정의된다. 올린스키와 동료들(Orlinsky et al., 1994)은 치료자의 인정에 대한 내담자의 지각이 치료 성과를 가져오는 중요한 요인임을 제안하는 약 90개의 연구 결과를 고찰했다. 내담자는 치료자가 그들을 좋아해 주기를 원하며 자신의 문제에 대해 비난받기를 원치 않는다.

인정은 접수면접부터 개입에 이르기까지 치료 과정의 모든 측면과 관련되어 있다. 치료적 개입은 내담자의 세계(즉, 내담자의 고민에 대한 정당성, 내담자 문제의 중요성, 내담자의 문제해결 능력에 대한 치료자의 믿음 등)에 대한 치료자의 인정으로 가장 잘 표현된다.

사례 수다를 떨다

프레드는 광장공포증으로 20년 동안 치료를 받아 왔다. 그는 심리치료에 대해 매우 회의적이며, 치료에서 새로운 시도가 성공할 수 있을지에 대해 매우 비관적인 것처럼 보였다. 그의 미래는 상당히 불투명해 보였다. 치료자는 프레드가 그동안 그토록 변화를 위해 노력했음에도 불구하고 실패했다는 점에서 그가 냉소적일 수밖에 없음을 인정해 주었다. 그리고 다시 노력해 보려는 그의 불굴의 용기와 집요함을 칭찬했다. 치료자는 프레드의 오랜 병력에도 불구하고, 그가 문제를 극복할 수 있을 것이라고 믿었다. 그리고 프레드가 과거에 광장공포증으로 얼마나 힘들어 했는가를 생각하면 그에게 있어 광장공포증을 다루는 것은 매우 중요한 일이라고 여겼다. 우연히 프레드는 NCAA* 농구 결승 게임 진행 중에 치료를 시작하게 되었다. 그는 농구의 열성 팬이었고 여러 팀과 코치 그리고 선수에 대해 이야기하기를 즐겼다. 시간이 지남에 따라 상담 중에 농구에 대한 이야기를 점점 더 많이 하게 되었고, 농구 시즌이 끝나자 화제는 자전거 타기로 넘어갔다. 프레드는 이러한 이야기를 하는 동안 매우 활기찼고 치료자는 그와 함께하는 것이 즐거웠다.

어느 날 상담 중에, 치료자는 우연히 프레드와 함께 앞으로 수행할 과업과 행동 중에 가장 어려운 것부터 가장 쉬운 것까지 목록을 만들었다. 그리고 프레드는 다음 상담 때까지 그 목록에서 가장 어려운 항목 세 가지를 완수했다. 이후 프레드와 치료자는 친근한 대화를 계속했고, 내담자는 상담을 받기 위해서만 집을 나서던 것에서 그림 그리는 일을 시작하고 정기적으로 자전거를 탈 만큼 크게 변화했다. 그는 종결 때쯤 치료자가 자기를 정말로 이해해 주었음을 느꼈다고 말하면서 체계적 둔감법이 아닌, '수다 떨기' 상담에 대해 신뢰하게 되었다고 말했다. 그는 이전 치료에서는 자신의 문제에 대해 말하는 것 외에 허물없는 가벼운 대화가 허용되지 않았다고 말했다. 하지만 문제에 대해서만 이야기하는 것은 프레드가 바라보는 치료에 대한 관점과는 부합되지 않는 것이었다. 프레드에게 있어서 치료자의 공감과 존중은 격식을 차리지 않는 대화를 더 존중하고 광장

---

* 역주 National Collegiate Athletic Association: 미국 대학체육협회

공포증 외의 일상적인 삶에도 보다 주의를 두는 것이었다. 그는 대화할 수 있는 사람, 전문가 역할로부터 한걸음 내려와서 한 인간으로서 동등하게 관계 맺을 수 있는 사람을 원했다.

이 사례의 다른 측면도 부각될 수 있는데, 그것은 바로 내담자의 초기 비관주의와 이후에 그의 변화를 증진하는 데 있어서 그의 관계 맺는 방식 혹은 치료에서 행동하는 방식을 치료자가 있는 그대로 인정하고 수용한 점이다. 많은 경험적 문헌에서도 이러한 결론을 지지한다. 프레드의 이야기는 치료자들이 어떠한 치료적 개입을 사용할 것인지 걱정하는 시간을 줄이고, 관계 내에서 내담자의 반응을 통해 무엇이 도움이 되는지를 더 적극적으로 검토하도록 제안한다.

요약과 결론

심리치료에서 관계 요인은 내담자의 변화에 두 번째로 큰 공헌을 한다. 치료자와의 관계를 높이 평가한 내담자는 그들의 목표를 성취하는 데 더 성공적이었다. 내담자의 문제가 아무리 오래되고 잘 낫지 않고 혹은 불가능해 보이더라도, 만약 내담자가 치료자와의 관계를 호의적으로 본다면 변화가 일어날 가능성은 보다 높다(Duncan et al., 1997). 이 장에서 치료 관계에 대한 긍정적인 관점을 확실하게 하기 위한 몇 가지 제안, 즉 ① 내담자의 동기 수준 혹은 변화를 위한 준비도에 따라 치료를 조절하기, ② 치료에 대한 내담자의 목표와 아이디어에 따라 치료를 조절하기, ③ 이러한 변인에 대한 내담자의 정의에 맞게 핵심 조건을 조절하기가 제시되었다.

관계 요인이 변화를 증진시키는 필요충분조건인지에 대한 논쟁은 계속되어 왔다. 어떤 특정한 치료 방법이나 이론을 추종하는 사람들은 관계 요인이 얼마만큼 충분해야 하는가 하는 질문을 던지기도 한다. 그러나 여러 연구에서 관계의 충분성 여부를 결정하는 것은 관계에 대한 내담자의 지각이라는 것을 지적하고 있다. 내담자와의 동맹 형성에 대한 성공 여부는 치료자 자신이 평가하는 것으로는 충분하지 않다. 내담자의 개인적 참조 체제와 민감성에 맞는 치료 환경을 만들기 위해 치료자가 작업할 때 가장 도움이 되는 치료 동맹이 발달한다.

Escape from Babel

05

변화를 희망하며

희망, 기대 그리고 플라시보의 효과

"지난 몇 년 동안 고통으로 괴로워하던 당신을 제가 치료하는 데 성공할 수 있었던 이유가 무엇이라고 생각하십니까?"라는 물음에 내 내담자 중 한 명이 했던 대답을 잊을 수가 없다. 그는 다음과 같이 말했다. "모든 희망을 잃었기 때문에 나는 아팠던 거예요. 그런데 당신은 제게 희망을 주셨어요."

알프레드 아들러(Alfred Adler)
호프만(Hoffman), 1994, p. 311에서 인용

믿음이 병들게 하고, 믿음이 죽게 하고, 믿음이 치유한다.

로버트 한(Robert Hahn)
오리건(O'Regan), 1985에서 인용

05

변화를 희망하며

희망 기대 그리고 플라시보의 효과

그들 부부가 처음 상담을 받으러 왔을 때, 그들의 악화된 결혼 생활을 구할 희망은 거의 없어 보였다. 20년간의 결혼 생활 끝에 남편은 수개월 전에 집에서 나왔으며, 최근에는 다른 이성과 데이트를 시작했다. 아내는 변호사의 충고에 따라 법적으로 이혼소송을 제기했으며, 법정은 남편에게 아내와 집 그리고 소유물로부터 150미터 이내의 접근을 금지하는 명령을 내렸다. 법정에서 이혼 협의를 위하여 그들에게 전문 조정관을 지정해 주었음에도 불구하고, 그 진행 과정은 증오와 분노로 가득했다. 별다른 진척이 없자 좌절한 조정관은 이들 부부에게 심리치료를 추천했다.

부부는 서로가 번갈아 가며 상대방을 신랄하게 공격하고 언쟁하면서 첫 회기의 대부분을 보냈다. 유일하게 의견이 일치하는 부분은 조정관이 '명령하지' 않았더라면 심리치료에 참석하지 않았을 것이라는 점이었다.

첫 회기 동안은 거의 아무런 진전도 이루어지지 않았다. 게다가 치료자는 부부를 돕는다는 측면에서 상당히 낙담했을 뿐 아니라, 실패가 거듭될수록 그들의 분노감과 적개심이 고조된다는 점이 더욱 걱정스러웠다. 첫 회기를 마치면서 치료자는 부부에게 상담에 와 준 것에 대해 고맙다는 인사를 하면서 그다지 도움을 주지 못한 것에 사과하고 다음 회기는 보다 도움이 될 것이라는 희망을 표현했다. 그러고 나서 부부는 치료자와 악수를 하고 상담소를 떠났다.

그다음 주에 상담자는 부부가 대기실에 함께 앉아서 이야기하고 있는 모습을 보고 무척 놀랐다. 그들은 지난 상담 회기 이후로 자신들의 관계가 개선되기 시작했으며, 심지어 이혼 결정을 재고하는 중이라고 했다. 치료자가 부부에게 어떻게 변화가 일어나게 되었는지 설명해 달라고 하자, 부부는 첫 번째 회기를 마칠 때 치료자가 다음에 보자고 하면서 다음 회기가 보다 도움이 될 것이라는 **희망**을 언급했기 때문이라고 설명했다. 치료자는 어리둥절하여 이에 대해 좀 더 명료하게 설명해 줄 것을 요청했다. "선생님은 부부상담가잖아요." 남편이 치료자를 바라보며 말했다. "만약 저희 부부에게 희망이 전혀 없었다면, 선생님이 저희를 다시 만나려고 했겠어요?"

수년 전 어느 지역의 작은 병원에서 한 환자가 죽어 가고 있었다(Allport, 1964). 의료진은 그를 치료할 수 있다는 희망을 포기했는데, 그 이유는 간단했다. 바로 무엇 때문에 그 환자가 아픈지 알 수가 없었던 것이다. 운이 좋게도 며칠 후 그 병원에 저명한 의사의 방문 일정이 잡혔다. 의사들은 그 저명한 의사가 이 환자의 수수께

끼 같은 질병을 정확하게 진단할 수만 있다면, 그의 병을 반드시 고칠 수 있을 것이라고 말했다.

마침내 그 의사가 병원에 도착했을 때, 이미 환자는 죽음이 거의 임박했다.

의사는 그 환자의 침대 옆으로 다가가 환자를 바라보더니 '가사 상태(Moribundus, 라틴어)' 라고 중얼거리고는 다음 환자에게로 이동했다. 몇 년 후 라틴어를 할 줄 모르는 그 환자는 자신을 진단했던 의사를 가까스로 찾아냈다. "당신이 진단 내려 준 것에 대해 감사드리고 싶었습니다." 남자가 말을 이었다. "의사들이 말하기를 만약 당신이 나의 병에 대해 진단 내릴 수만 있다면, 내 병을 고칠 수 있다고 했습니다. 당신이 '가사 상태' 라고 말하는 순간, 나는 반드시 회복될 수 있다는 것을 알았습니다"(p. 7).

이 두 이야기의 세부적인 측면은 다르지만, 두 경우에 관련된 치료적 요인은 동일하다. 그것은 바로 **희망**과 **기대**다. 첫 번째 이야기를 살펴보면, 다음 회기가 좀 더 도움이 될 것이라는 희망을 치료자가 아무 의도 없이 언급한 것과 다음 회기의 일정을 잡는 일상적인 제안이 내담자에게 새로운 희망을 싹트게 했고, 이것은 그들 부부로 하여금 문제투성이의 결혼 생활을 회복하기 위해 한층 더 노력하도록 이끌었던 것이다. 두 번째의 경우, 의사의 진짜 진단에 대해 환자가 잘못 이해했음에도 불구하고—어쩌면 잘못 이해했기 때문에—그가 저명한 의사에 대해 갖고 있던 기대로 인하여 회복이 촉진되었다.

여러 연구를 통해 심리치료에서 희망과 기대가 갖는 효과가 확인되었다. 앞서 제시한 바와 같이 치료 결과의 15% 정도는 소위 '플라시보 요인'으로 설명된다(Lambert, 1992; Lambert et al., 1986). 만약 이 수치가 적게 여겨진다면, **플라시보 요인이 변화에 기여한 정도가 상담 기법이나 치료 모델 요인이 심리치료에 기여하는 중요도와 같다는 사실**을 기억할 필요가 있다. 많은 연구를 통해, 내담자가 치료에서 희망과 기대를 높이 평가한다는 사실을 알 수 있다. 예를 들어, 머피, 크레이머 그리고 릴리(Murphy, Cramer & Lillie, 1984)는 58%에 해당하는 내담자가 희망의 고취를 심리치료의 치료적 요인으로 생각한다고 밝혔다. 다른 연구에서는 상담의 초기 단계에서 변화에 대한 내담자의 기대와 심리치료에서 증상의 호전 간에 특히 상관이 높다는 사실을 밝혔다(Garfield, 1994).

한편 기대는 도움이 될 수도 있지만, 치료를 방해하거나 심지어 치료에 반하여 작용할 수도 있다. 캐넌(Cannon, 1942)에 의해 보고된 사례를 살펴보면, 한 의사가 오스트레일리아 북부 퀸즐랜드주(Queensland)의 원주민을 치료하게 되었는데 그 원주민은 분명한 의학적 원인 없이 죽어 가는 상태였다. 신체검사와 일상적인 병원검사로는 그 원주민이 아픈 원인을 밝힐 수 없었고, 결국 그는 죽고 말았다. 시체에 대한 해부가 이루어졌지만, 여전히 그의 질병과 죽음에 대한 어떠한 의학적 원인도 알아낼 수 없었다. 그러나 신체적 원인이 확인되지 않았음에도 불구하고, 의사는 그 남자가 죽은 이유를 알 수 있었다. 의사는 사망증명서란에 사망 원인으로 '사망저주(bone pointing)'라고 기록했다. 사망저주는 일부 호주 원주민이 사용하는 살인을 위한 저주다. 연구자들은 캐넌이 보고한 사례에서와 같이, 목표가 된 희생자를 종종 죽음에 이르게 하는 저주의 강력하고 파괴적인 효과를 증명해 왔다. 죽음의 이유가 될 수 있는 모든 신체적 원인을 제외하고 나자, 원주민이 저주의 힘을 믿은 것만이 죽음을 설명해 주는 유일한 원인이었던 것이다.

심리치료에서의 사망저주

우리가 싫어하거나 경멸하는 행동이 내적 문제 때문이라는 가정은
일종의 종교와도 같지만,
경험 과학에 의해 입증된 것은 아니다.

로빈 도스(Robyn Dawes), 1994, p. 282

프로이트 시대 이후로 현대적인 심리치료 이론은 정신적 고통의 원인을 밝히는 데 초점을 두어 왔다. 사실 저명한 심리학자이자 철학자인 폴 바츨라비크(Paul Watzlawick, 1986)가 언급한 것처럼 '내담자 문제의 실제 원인을 발견하는 것은 변화를 위한 필수조건'(p. 92)이라고 가정되어 왔다. 물론 특정 문제의 핵심적인 원인을 밝히는 것이 효과적인 치료법의 확인이나 발달을 가져온다는 생각은 의학 분야에서는 일반적이다(de Shazer, 1991).

이제까지 다양한 심리치료 이론에 의해서 여러 요인이 확인되었다. 예를 들어, 생애 초기의 경험을 강조하는 정신역동 이론가들은 전통적으로 정신건강 문제의 원인을 어린 시절에 두어 왔다. 반면에 인지치료자들은 사고 과정을 강조하기 때문에 고통의 원인을 역기능적인 사고 패턴으로 밝히고 있다. 정신과 의사는 의학 훈련을 받

기 때문에 생물학이 정신병리의 핵심이라고 확신하는 경향이 있는 반면, 가족치료자들은 개인과 가족 그리고 몇몇 사회적 역기능의 원인을 가족 체계에 두고 있다.

정신건강 문제의 원인으로 꼽을 수 있는 목록은 이러한 대중적인 학파를 뛰어넘어 매우 빠르게 확산되면서 과거의 심리적 외상, UFO에 의한 유괴, 비밀스럽고 잘 조직된 사탄 숭배의식에 대한 강제적 참여까지 그 목록에 포함하기에 이르렀다(Carlinsky, 1994; Morrock, 1994; Putnam, Guroff, Silberman, Barban, & Post, 1986; Roper Organization, 1992; Weiss, 1988). 그러나 불행히도 지난 100여 년 동안 끊임없이 정신질환의 원인에 대한 가설을 세워 왔음에도 불구하고, 심리치료에서 자주 다루어지는 문제의 원인에 대해 임상가나 이론가 또는 연구자 간에 일치된 견해가 존재하지 않았다. 오히려 특정 내담자의 병인은 내담자가 만나게 되는 특정 치료자에 의해 좌우되는 경우가 많았다. 예를 들어, 회복 지향적인 치료자에게서 치료받는 내담자의 경우, 자신이 역기능적인 가족에서 자랐다는 사실을 깨닫게 되는데 비해, 합리적 · 정서적 치료 기법을 훈련받은 전문가에게서 치료받는 내담자는 비합리적인 사고 경향이 자신이 겪는 문제의 원인이라는 사실을 곧 깨닫게 된다(Cummings, 1986; Frank & Frank, 1993; O'Hanlon, 1990).

과학적 · 전문가적 의견의 일치가 이루어지지 않은 것을 감안하면, 심리치료에서 내담자에게 특정한 임상적 신념 체계를 주입하는 것은 윤리적인 문제가 있다. 그러나 심리치료 안팎에서 이루어지는 변화의 원인에 관한 연구들에 따르면, 문제의 원인을 이해하는 것이 문제를 변화시키거나 해결하는 데 필수적이라는 가설에 정면으로 도전한다(Beutler, 1989; de Shazer, 1988, 1991; Held, 1991, 1995; Prochaska & DiClemente, 1982, 1984). 사실 이들 연구에 의하면 정신건강 문제의 궁극적인 변화와 해결에 기여하는 요인은 대개의 경우 처음에 그 문제를 일으킨 요인과는 아무런 관련이 없다. 이 분야의 가장 탁월한 연구자인 프로채스카(Prochaska, 1984)와 디클레멘테(DiClemente)는 "문제의 원인으로 파악되는 것은 문제의 조절이나 변화와는 별 관련이 없는 경우가 많다."(p. 2)라고 했다.

이러한 연구에 따르면, 치료자와 내담자가 특정 이론에 근거해서 문제의 원인으로 가정하는 요인을 확인하고 변화시키는 것보다 일반적인 변화와 관련된 요인에 집중하고 이를 강화하는 것이 치료 시간을 훨씬 더 생산적으로 만든다. 드 세이저, 버그, 립칙, 누낼리, 몰너, 깅거리치 그리고 웨이너-데이비스(de Shazer, Berg, Lipchik, Nunnally, Molnar, Gingerich, & Weiner-Davis, 1986) 역시 "치료의 목적은 해결 과정을 시작하는 것이지 불만을 멈추도록 하는 것이 아니다."라고 보았다. 그리고 그렇게 하기 위해서 "어떻게 그 문제가 유지되어 왔는가에 대한 설명이 필수적인 것은 아니다."(pp. 210, 212)라고 했다. **내담자에게 문제의 원인에 대한 특정 이론이나 모델을 주입하는 것은 심리치료에서의 사망저주처럼 오히려 부정적인 영향을 미칠 수 있다는 것이다.** 즉, 변화를 이끈 가장 큰 요인을 평가절하하고 내담자의 주의를 특정 이론으로 돌림으로써 내담자를 고통스럽게 한다는 것이다. 이것은 플라시보 요인의 경우도 마찬가지인데, 더 깊고 비관적이며 병리 중심적인 원인을 찾는 것은 변화에 대한 희망과 긍정적 기대를 이끌어 내는 데 방해가 된다.

만약 저명한 의사를 기다리던 그 환자가 라틴어를 이해할 수 있었다면, 어떠한 결과가 나타났을지 추측해 볼 수 있다. 앞의 사례는 의사의 진짜 평가가 자기 충족적 예언으로 작용한 것으로 결론지을 수 있으며, 이러한 논리를 뒷받침하는, 부정적 예언이 미치는 영향에 대한 수많은 사례가 존재한다(O'Regan, 1985). 작가이자 노벨상 수상자인 아이작 바세비스 싱어(Issac Bashevis Singer)는 다음과 같이 이야기했다. "계속해서 나쁘다고 말하면, 당신은 예언가가 될 수 있는 매우 좋은 기회를 갖게 된다." 전통적 치료에서 강조하는 것처럼 치료자가 내담자의 무엇이 잘못되었고 그것을 어떻게 고쳐야 할지 밝혀내려는 노력 대신, 무엇이 가능하고 어떻게 하면 내담자로 하여금 그것을 성취하도록 할 수 있는가에 초점을 맞춘다면, 희망과 기대를 보다 촉진할 수 있을 것이다.

변화에 대한 희망과 긍정적 기대 촉진하기

다음에는 내담자에게 변화에 대한 희망과 긍정적 기대를 촉진하기 위한 몇 가지 예가 제시되어 있다. 그러나 여기서의 제안이 모든 것을 포괄하는 것은 아니다. 사실 치료자로 하여금 변화에 대한 희망과 긍정적 기대를 촉진하도록 하는 가장 강력한 방법 중 하나인 내담자와 강력한 치료 동맹을 맺고 내담자의 강점을 치료에 통합시키는 방법은 이전 장에서 이미 소개했다. 그러나 이전 장에서의 제안은 처방적인 것이 아니다. 왜냐하면 이미 지적했듯이, 치료 과정에 대한 단일한 설명은 복잡하고 역동적인 치료적 상호작용을 마치 모든 사례의 내담자에게 적용할 수 있는 일반적인 기법이라고 생각하도록 만드는 위험성이 있기 때문이다.

따라서 특정 제안이나 기법 자체가 중요한 것이 아니라, 그 제안이나 기법이 변화에 대한 희망과 긍정적 기대를 얼마나 촉진하는지에 따라 변화의 과정에 결정적으로 작용하게 된다.

치유 의식

모든 변화 체계는 치유가 보다 강렬하고 인상적으로 일어나도록 하며,
치유 의식을 이용하여 내담자의 주의를 끌고 유지한다.

제프리 코틀러(Jeffrey A. Kottler), 1991, p. 58

1980년대 후반, 심각한 정신적 외상에 대한 새로운 치료적 접근이 미국의 치료계에 등장했다. 안구운동 민감소실 및 재처리 요법(Eye Movement Desensitization Reprocessing: 이후 EMDR로 칭함)으로 알려진 이 접근은 변화가 어려운 사례에서도 성공적인 결과를 가져왔을 뿐 아니라, 다른 어떠한 치료법보다도 단시간에 치료 효과를 가져왔다(Shapiro, 1989). 과정은 매우 간단한데, 내담자는 0.5초마다 앞뒤로 움직이는 상담자의 손가락을 5~15초가량 보면서 외상 경험을 떠올린다. 이 기법을 지지하는 치료자들에 따르면, 외상을 경험한 사람들은 안구운동을 통해 '뇌 정보처리 과정의 재균형'을 이루게 되는데, 이는 외상 경험이 없는 사람들이 수면 시에 렘(Rapid Eye

Movement: REM) 수면 단계를 통해 일상적인 경험을 처리하는 과정과 매우 유사하다는 것이다. 이러한 생리학적 접근이 간단하면서도 성공적인 효과를 가져옴으로써 전문가와 대중의 관심은 매우 빠르게 EMDR에 집중되었고, 미국 내 임상 영역에서 증가하고 있는 정신건강 문제에 대한 새로운 처치 기준이 되었다(Bower, 1995).

그러나 한 가지 문제점은 EMDR이 외상 치료에 효과적이라고 알려진 다른 기법(예를 들면, 노출, Acierno & Hersen, 1994)에 비해 치료효과가 크다는 과학적 증거가 거의 없다는 점이다.

EMDR을 플라시보 조건과 비교한 연구(Lytle, 1993)에서는 EMDR 및 플라시보 처치를 받은 각각의 피험자들 모두가 아무런 처치를 받지 않은 통제집단과 비교해서는 즉각적으로 유의미한 결과를 얻은 반면, EMDR과 플라시보 처치집단 간에는 차이가 없었다.[1] 이 연구에서는 EMDR보다 일반적인 요인이 치료 성과에 더 기여한다고 밝히고 있다.

라이틀(Lytle, 1993)은 이 연구에서 플라시보 집단의 피험자에게 실시한 처치는 한 가지 점을 제외하고는 EMDR과 매우 유사했는데, 외상 기억을 떠올리는 동안 안구를 움직이도록 하는 대신 벽의 한 지점에 시선을 고정하도록 지시하였다. 시선을 고정한 피험자들이

---

1) 윌슨, 베커 그리고 팅커(Wilson, Becker, & Tinker, 1995)가 수행한 또 다른 연구에서는 EMDR에 참여한 피험자들의 지각된 고통은 감소하고, 긍정적 인식은 증가하는 경험을 했다고 밝혔다. 그러나 연구 설계상 플라시보 통제집단이 아닌 지연 처치가 이루어졌기 때문에, 치료에 작용하는 다른 요인(예를 들면, 노출)에 비해서 EMDR이 보다 효과적이었다고 할 수는 없다.

EMDR에 참여한 집단과 동일한 결과를 얻었다는 것은 피험자의 증상이 개선된 것이 생리학적 대체 기법에 의한 것이 아니라 다른 원인에 의한 것임을 의미한다. 바로 내담자와 치료자 모두가 치료적이라고 믿는 적극적이고 구조화되고 특수하고 기술적인 치유 의식이 그것이다.

치유 절차의 공통적 특징인 치유 의식은 대부분의 문화권과 인류 사회의 최초 기원으로 거슬러 올라가면 발견할 수 있다(Frank & Frank, 1993; Frazer, 1922; Van Gennep, 1960). 치유 의식은 주술가나 무당, 점성가, 치료자 혹은 그 누구든 관계없이 의식을 행하는 사람이 치유의 특별한 기술을 갖고 있다는 의미를 전함으로써 변화에 대한 희망과 긍정적 기대를 고취한다.

이와 같은 절차는 그 자체가 변화의 중요한 원인이 되는 것은 아니다(Kottler, 1991). 중요한 것은 그 과정에 참여한 사람들이 회복되는 과정에 플라시보 요인을 동원할 수 있는 구조화되고 구체적인 방법을 갖게 된다는 점이다.

치유 의식이라는 관점에서 보았을 때 EMDR은 심리치료의 실제에서 전혀 새로운 것이 아니다. 현대 심리치료의 기원으로 거슬러 올라가면 치유 의식은 심리치료의 한 부분을 차지해 왔다(Wolberg, 1954, 1977). 내담자에게 카우치에 눕도록 지시하든, 빈 의자를 보고 이야기하든, 부정적 자기 진술을 도표화하든, 스스로에게 긍정적인 확신을 제공하든, 일방경 뒤에 물러나 있는 익명의 팀으로부터 피드백을 받든지 간에 정신건강 전문가는 기본적으로 치유 의식에 참여하고 있는 것이다. 심리치료 기법들을 비교해 보아도 기법 간에 차별적인 효과를 찾기 어려운 것이 사실이며, 모든 기법은 플라시보 효과를 좀 더 강화하는 강력하고 체계적인 치유 의식의 하나로 볼 수 있다.

개별적인 내담자를 만날 때마다 치료자가 끊임없이 직면하는 질문은 어떤 특정한 치유 의식을 사용할지에 관한 것이다. 임상가에게 수많은 선택 가능성들 가운데 이와 같은 질문에 답하도록 하는 것은 언뜻 보기에는 굉장히 어렵게 여겨질 수도 있다. 몇 가지 가이드라인이 제시될 수는 있겠지만, 가장 중요한 것은 어떤 치료 의식을 사용하는가가 아니라 치료자의 믿음과 헌신이다.

치료자는 치료 절차와 치료적 접근을 신뢰해야 한다.

치료자가 치료 절차를 치료적이라고 진심으로 신뢰하고 확신할 때, 플라시보 요인이 강화된다는 것이 연구 결과에 의해 입증되었다.

벤슨(Benson)과 엡스타인(Epstein)은 "자신의 치료가 효과적이라는 믿음을 갖고 있는 전문가야말로 가장 성공적으로 플라시보 효과를 가져오도록 한다."라고 주장했다(O'Regan, 1985, p. 17). 특정 절차나 치료적 접근에 대해 믿음을 가지라는 말은 치료자에게 '전속력으로 질주하는 미사일과 같은' 태도를 취하라는 것이 아니다. 또는 내담자의 취향에 맞추려고 애쓰거나 '긍정적 사고가 갖는 힘'에 대해서 설교하라는 의미도 아니다. 주어진 치료적 절차나 치료법 또는 이론적 접근은 변화 가능성에 대한 치료자의 신념을 통해서 내담자에게 가장 잘 전달된다는 사실에 대한 믿음이 중요하다는 것이다. 이러한 점에서 가능성이 내담자의 변화를 촉진한다고 믿는 치료자일수록 자신이 사용하는 치료 절차의 플라시보 요소를 보다 강화하는 경향이 있다.

치료자는 치료 절차와 치료적 접근의 결과에 흥미를 보여야 한다.

플라시보 효과는 치료자가 자신들이 사용하는 기법이나 이론적 접근의 결과에 흥미를 보일 때 보다 확대된다. 심리학자들은 연구 대상자가 자신이 참여하는 실험의 목적에 대해서 알게 되면 자신들에게 기대되는 방향으로 반응하는 경향이 있다는 사실을 알고 있다(Matheson, Bruce, & Beauchamp, 1979; Smith & Glass, 1987). 따라서 임상가는 치료 과정에서 변화에 대한 기대와 희망을 전달함으로써 치료적 변화를 가져올 수 있다. 예를 들어, 3장에서 언급했듯이 치료자는 회기마다 적절한 시점에서 치료의 효과에 대해서 질문하는 방법을 연습할 수 있을 것이다. 또는 내담자로 하여금 회기 사이에 일어나는 그 어떠한 변화라도 관찰해서 기록해 오도록 요청할 수도 있다(Kral & Kowalski, 1989). 그러한 과제는 내담자가 나아질 것이라는 치료자의 희망과 기대를 분명하게 전달하고, 치료적 변화를 촉진하는 내담자의 자기관찰 경향을 만들어 낸다.

사례 샤론과 인간쓰레기 같은 남편

최근에 남편이 자신과 어린 다섯 아이들을 버리고 떠나 버린 한 내담자와의 상담에서의 다음 대화를 살펴보자. 이 회기에서 내담자는 남편이 은행 예금을 바닥내고, 많은 카드 빚을 지고, 다른 여자와 동거를 시작한 지난 석 달간의 사건을 상세히 설명하면서 슬픔과 분노를 번갈아 가며 표현했다. 치료자는 회기 내내 내담자의 이야기를 주의 깊게 경청했다. 회기가 끝나 갈 무렵 다음 주 상담을 예약하면서 다음과 같은 대화가 이어졌다.

치료자: 다음 주에도 같은 시간 괜찮으세요?

내담자: (고개를 끄덕이며) 네.

치료자: (예약 일지에 적으면서) 그럼 목요일 4시에 만나죠. 여기 예약 카드에 적어 드릴까요?

내담자: 그러시는 게 좋겠어요. 제가 잘 잊는 편이어서요.

치료자: (카드에 적어서 내담자에게 전해 주며) 여기 있어요.

내담자: (카드를 받아서 코트에 넣는다.)

치료자: 샤론, 오늘 상담이 도움이 되었는지 묻고 싶군요.

내담자: (고개를 끄덕이며) 그런 것 같아요.

치료자: 어떤 면에서 그랬죠?

내담자: 여기 올 수 있었던 거랑…… 이야기할 수 있었던 거랑…… 제게 이렇게 이야기할 수 있는 대상이 아무도 없다는 것 아시잖아요. 어머니는, (고개를 힘없이 저으면서) 제가 말씀 드렸다시피 이해를 못하세요.

치료자: 네.

내담자: 그리고 인간쓰레기 같은 제 남편은…… 곧 이혼하게 되면 전남편이 되겠지만, 그도 이해해 주지 못할 거예요. 그래서 저도 말하지 않고, 말할 수도 없어요.

치료자: 그렇다면 제게 이야기한 것이 어떻게 도움이 되었나요?

내담자: 그냥 꺼내 놓을 수 있는 것이요. 선생님도 아시는 것처럼 그동안 저는 아이들 때문에…… 마음속에만 담아 왔었거든요.

치료자: 말할 수 있게 되었다고요.

내담자: 네.

치료자: 그렇다면 말해 버리는 것이 어떻게 도움이 되었는지 제가 이해할 수 있도록 설명해 주시겠어요?

내담자: (침묵) 기분이…… 나아졌어요. 모든 게 다 제 안에서 정리가 된 것은 아니에요.(침묵) 그렇지만 마음이 좀 차분해진 것 같아요.

치료자: 그러한 차분함이 이번 주에는 어떻게 다르게 작용할 것 같나요?

내담자: (생각하면서) 음…… 그런 식으로는 생각해 본 적이 없는 것 같아요.

내담자와 치료자는 이후 몇 분 동안 이번 회기의 효과가 다음 한 주에 어떤 영향을 미치게 될지에 대해서 이야기를 나누었다. 그러고 나서 치료자는 내담자에게 "바로 지금부터 다음 주에 우리가 다시 만날 때까지 이 같은 점에 대해서나 그 밖에 다른 변화가 생기면 잘 관찰해서 알려 주세요."라고 말하면서 회기를 마무리했다. 이러한 과제를 포함하여 그 이후에 이루어진 대화에서는 모두 내담자가 현재 경험하고 있는 문제가 개선될 것이라는 기대를 전달했다. 이후의 수많은 회기 동안 치료자는 치료 결과에 대한 유사한 질문을 계속했고, 이러한 결과를 내담자의 치료실 밖 삶에 연결하는 방법을 통해 변화에 대한 기대를 지속적으로 갖도록 격려하였다.

치료 절차나 치료적 접근은 내담자의 참조 체제 안에서
신뢰할 수 있고, 설득 가능한 것이어야 한다.

치료 절차에 대한 희망과 기대가 갖는 효과는 그 치료 절차가 내담자의 문제 및 변화 과정에 대해 내담자가 이전부터 갖고 있던 신념과 일치하거나 보완적일수록 강화되는 경향이 있다. 프랑스의 철학자이자 수학자인 파스칼(Pascal)은 "사람들은 일반적으로 타인의 의견보다 자신들이 발견한 이유에 의해 설득되는 경향이 있다."라고 언급했다. 여러 연구에 의하면, 특정 치료법이나 이론적 접근을 내담자가 '수용하는 것'이 치료의 실행과 궁극적인 성공에 이르게 하는 주요한 결정인자인 것으로 밝혀졌다(Beutler, 1971; Beutler et al., 1978; Kazdin, 1980; Murphy, 1996; Reimers, Wacker, Cooper, & De

Raad, 1992; Witt, Elliot, & Martens, 1984).

헤스터, 밀러, 딜레이니 그리고 메이어스(Hester, Miller, Delaney, & Meyers, 1990)의 연구는 음주 문제를 질병으로 간주하는 전통적 치료 접근과 나쁜 습관으로 간주하는 학습 이론적 상담 접근 간의 효과를 비교하였다. 연구 결과 두 접근의 효과가 거의 동일한 것으로 밝혀졌는데, 이는 현존하는 여러 치료적 접근의 효과가 거의 유사하다는 수많은 선행 연구 결과에 비추어 볼 때 그리 놀라운 일은 아니다. 그러나 놀라운 사실은 6개월 후에 두 집단 간에 차이가 발견되었다는 점이다. 연구자들은 두 집단 간 결과의 차이가 치료법 때문이 아니라 내담자가 음주 문제 자체에 대해 갖고 있는 신념 때문이라는 것을 발견했다.

특히, 음주 문제를 질병으로 간주하는 전통적 접근에 근거한 치료를 받은 내담자의 경우, 6개월 후의 사후검사에서 만취하는 빈도가 훨씬 더 증가한 것으로 나타났다. 반면에 음주 문제를 나쁜 습관으로 접근한 상담을 받은 내담자는 치료 성과가 성공적으로 유지되는 것으로 나타났다.

전통적으로 치료자의 개인적 특성이 치료의 신뢰성과 설득력에 결정적인 영향을 미치는 것으로 여겨져 왔다. 그러나 지난 40여 년간 반복적으로 수행된 연구 결과에 의하면, 이와는 다른 결과가 밝혀졌다(Orlinsky et al., 1994). 여러 연구자들이 다양한 연구 방법을 통해 수많은 연구를 수행했는데, 치료자의 연령, 성, 생활양식, 개인적인 치료 경험, 사회경제적 지위, 인종, 문화적 배경, 교육 수준, 심지어 태도와 옷차림 같은 특성까지 살펴보았지만 결과는 뜻밖이었다(Beutler, Machado, & Neufeldt, 1994). 헤스터와 그의 동료들(Hester et al., 1990)의 연구와 유사한 연구 결과를 종합하여 살펴본 결과, 치료의 신뢰성과 설득력은 치료자의 특성이 아닌, 내담자의 참조 체제와 치료자의 이론적 접근 및 치료 기법 간의 상호 보완적이고 역동적인 상호작용의 결과인 것으로 밝혀졌다.

실수에서 배워야 해요

치료자는 내담자의 참조 체제에 적합한 치료법을 정교하게 활용함으로써 보다 신뢰할 수 있고 설득력 있는 치료적 상호작용을 촉진할 수 있다. 이러한 예로 직장 문제로 치료를 받으러 온 한 남성의 사례를 살펴보기로 하자. 내담자는 최근에 승진한 중간 관리자였는데, 그는 자신이 감독해야 하는 사람들로부터 끊임없이 비판을 받게 되면서 상당한 고통을 경험하고 있었다.

첫 회기를 시작하면서 내담자는 직장에서 자신이 처한 상황과 현재의 심정에 대해서 묘사했다.

내담자: 이야기하고 싶은 문제가 있어요.

치료자: 좋아요.

내담자: 저는 장애인을 돕는 사회복지사예요. 그런데 동료들과의 관계에 많은 어려움이 있어요. 특히 제 밑에서 일하고 있는 보조 직원들과 말이에요.

치료자: 그렇군요.

내담자: 그들은 항상 제 실수를 겨냥해서 저를 괴롭혀요. 항상 뒤에서 저에 대해 이야기한다고요.

치료자: (동정하듯이) 그렇군요.

내담자: 그들은 저를 좋아하지 않아요. 집에까지 전화해서 항상 제가 해야 할 일을 제대로 하지 않았다고 불평하곤 해요. 그들은 제가 했던 실수를 메모해서 제 책상 위에 올려놓아요.

치료자: 음…….

내담자: 저는 제가 실수를 한다는 것을 알기 때문에 그럴 때는 그들에게 전화를 걸거나 만나서 보다 정확한 정보를 요청하곤 해요. 그래야 제가 실수를 고칠 수 있으니까요. 그런데 제가 그렇게 하면, 그들은 오히려 제가 책임을 떠넘기려 한다면서 저를 비난해요.

치료자: 그렇군요.

내담자: 하지만 그게 바로 저인걸요. 저는 제가 어떤 실수를 했는지 항상 알고 싶어요. 그래요, 저는 항상 터놓고 이야기하고 싶을 뿐 아니라, 제가 실수를 통해 배울 수 있도록 그들에게 피드백해 달라고 하지요.

치료자: (웃으며) 그렇다면 성공적인 것 같은데요?

내담자: 그래요. 그렇지만 이제 어떻게 해야 할지 모르겠어요. 그들은 이제 항상 제 실수에 대해 이야기해요. 저를 괴롭히고, 제 삶을 비참하게 만들어요. 저는 계속해서 배우고 개선해서 좋은 감독자가 되고 싶지만, 이제 더 이상 그들에게서 피드백을 원하지 않아요.

마지막 말에 이어 내담자는 직장에서의 문제가 개인적인 일에 어떠한 영향을 미치는지 이야기했다. 그는 잠을 잘 자지 못하고 가족과 친구들로부터 고립된 상태라고 했다. 내담자가 이미 충분한 정보를 제공했기 때문에, 치료자는 내담자의 참조 체제와 상호 보완적으로 내담자의 직장 문제를 해결하는 데 도움이 될 수 있는 치료 과정에 대해 생각해 보았다. 예를 들어, 내담자는 학습에 가치를 두고 있으므로 행동에 초점을 둔 훈련 기법을 중심으로 한 학습적 접근을 고려해 볼 수 있다. 실제로 치료자는 이 접근을 선택했다. 첫 회기가 거의 끝날 즈음 치료자는 내담자에게 직장에서의 어려움을 다루는 새로운 기법을 가르치기 위하여 내담자의 참조 체제(예를 들면, 자신의 실수로부터 배우고 싶어 하는)를 사용했다.

치료자: 제가 방금 깨달은 것이 뭔 줄 아세요?

내담자: 뭔가요?

치료자: 당신은 또 다른 실수를 하고 있다는 것이에요.

내담자: 무슨 뜻인가요?

치료자: 제 생각에는 당신이 실수를 하고 있는 것 같아요.

내담자: 그렇게 생각하세요?

치료자: 그래요. 당신은 실수로부터 배우고자 한다는 것을 알기 때문에 이 점을 당신에게 지적해 줘야 할 것 같군요.

내담자: (앞으로 몸을 당기며) 좋아요. 이게 바로 제가 필요로 하는 거예요.

치료자: 약간 이상하게 들릴지 모르겠는데요, 부하 직원이 당신이 한 실수에 대해 알리려고 당신에게 전화를 걸 때, 당신 자신도 미처 깨닫

지 못한 실수에 대해 그들이 알게끔 만든 것이 당신의 실수라는 생각이 들어요.

내담자: (흥미를 보이며) 다시 한 번 말씀해 주세요.

치료자: 당신이 한 실수는 당신의 부하 직원들이 당신에게 전화를 걸어 당신이 실수를 저질렀다고 말할 때, 당신이 실수한 것을 모르고 있다는 것을 그들이 알아차리게 한 것이 실수라는 겁니다.

내담자: 아하…… (침묵) 그들에게 제가 자신의 실수를 모른다는 점을 알렸다는 거죠?

치료자: 맞아요.

내담자: (침묵) 그렇지만 여전히 저는 실수로부터 배워야 하는걸요.

치료자: 맞아요, 당신은 여전히 실수로부터 배우려고 해요. 좋아요.

내담자: 네.

치료자: 그렇지만 당신의 실수는 당신이 그들로부터 배워야 한다는 점을 계속해서 그들이 알도록 한 점이에요. 그렇게 되면 당신은 상관이 될 수 없죠.

내담자: 맞아요! 그들에게 제 약점을 보여서는 안 되는 거군요.

치료자: (고개를 끄덕이며) 당신은 그들과 의사소통하는 새로운 방법을 배워야 할 것 같네요.

내담자: 그래요.

치료자: 당신의 실수가 무엇인지 알 수 있고 당신에게 필요한 정보는 확실하게 얻으면서 동시에 당신이 그들의 직장 상사라는 사실을 그들이 자각하도록 말이에요.

내담자: (고개를 끄덕인다.)

회기는 치료자가 내담자에게 자기주장 훈련의 몇 가지 개념을 소개하면서 마무리되었다. 특히 자신의 부하 직원들과 보다 적절한 관계를 맺고 유지하는 데 도움이 되는 자기주장적인 의사소통과 관계를 위태롭게 만들고 내담자가 원하는 피드백을 받는 데 방해가 되는 공격적인 의사소통 간의 차이에 대해 다루었다. 이후의 회기에서는 이에 대한 보다 세부적인 정보를 제공하고, 이러한 기법을 연습하는 기회를 가졌다.

치료 절차나 기법은 내담자의 성공 경험에 기초하거나 그와 연관되거나 그로부터 파생된 것이어야 한다.

1968년에 연구자 베터먼(Batterman)과 로어(Lower)는 류머티즘과 퇴행성관절염으로 고통받는 사람들에게 플라시보를 처방했다. 이 분야의 다른 연구 결과와 마찬가지로 플라시보를 복용한 사람들은 이 질병에 대한 통증이 유의하게 감소되었다(O'Regan, 1985). 보다 흥미로운 점은 플라시보를 복용하기 전에 진통제를 사용하여 통증이 성공적으로 완화된 경험이 있는 집단이 통증이 성공적으로 완화된 경험이 없는 집단에 비해 통증이 크게 감소되었다는 사실이다. 유사한 연구 결과를 종합하여 살펴볼 때, 어떠한 치료법이나 이론적 접근의 플라시보 효과는 내담자의 성공 경험에 기초하고 있거나 그것과 연관이 있을 때 더욱 증진될 수 있다.

치료자들은 다양한 방법을 통해 내담자의 성공 경험과 현재의 치료 과정을 연결 지을 수 있다. 그러나 변화를 위해 가장 중요한 것은 내담자가 지금까지 유지해 온 일상적인 방법이나 경험에 대해서 우선적으로 경청하는 것이다. 예를 들어, 다음과 같은 부분에 특별한 주의를 기울이는 것이 중요하다.

- 내담자의 삶에서 변화는 보통 어떻게 일어나는가?
- 무엇이 변화를 일어나도록 하는가?
- 내담자는 변화가 일어나도록 촉진하기 위하여 무엇을 하는가?
- 다른 사람들은 변화가 일어나도록 촉진하기 위하여 무엇을 하는가?
- 걱정거리나 문제와 관련하여 변화 과정(예를 들면, 첫 번째, 두 번째, 세 번째)의 일반적인 단계는 무엇인가?
- 변화 이전, 변화가 일어나는 동안 또는 변화 이후에 보통 어떠한 일이 일어나는가?

치료 과정을 내담자의 성공 경험과 연결한 예는 야뇨증 문제로 치료를 받으러 온 8세 아동의 다음 사례에서 볼 수 있다(Miller, 1992). 아동의 첫 번째 방문에서 알게 된 사실은 자다가 오줌을 싸는 행동은 아동이 바닥에서 잠잘 때는 일어나지 않는다는 점이었다. 아동은 바닥에서 잠을 잘 때는 침대보다 불편하기 때문에 일어나서 화장실을 사용하게 된다고 했다. 첫 회기가 끝날 무렵, 치료자는 아동에게 '계속해서 딱딱한 마룻바닥에서 자면서 이불을 적시지 않도록 하는' 과제를 내주어 내담자의 성공 경험을 치료에 접목했다. 이후의 회기에서는 행동수정 기법을 아동의 성공 경험과 연결하여 활용했다(Martin & Pear, 1983). 치료가 진행됨에 따라 치료자는 아동이 바닥에서는 오줌을 싸지 않았던 초기 성공 경험을 슬리핑백으로, 이후에 매트로, 마침내 침대에서 잘 때까지 유지할 수 있도록 도와주었다.

가능성에 초점 맞추기

천재의 본질은 다른 사람들이 터무니없다고 생각하는 것에 깃든 가능성을 보는 것이다.
이러한 사람들은 미래에 대한 비전을 가진 자들이다.

찰스 마틴(Charles Martin), 1989, p. 2

게디먼과 리버먼(Gediman & Lieberman, 1995)은 『속임수의 수많은 모습들: 심리치료에서의 생략, 거짓말 그리고 위장(The Many Faces of Deceit: Omissions, Lies and Disguise in Psychotherapy)』에서 "환자들은 치료적 만남에서 기만적이다."라고 말했다. 왜 그럴까? 저자들에 따르면, 환자는 자존감을 보호하기 위해서 자기를 속이고 치료자를 속임으로써 가학-피학적인 만족을 얻게 된다. 그렇다면 치료는 어떨까? 치료가 성공적이려면, 치료자는 수많은 속임수의 신호를 알아내야 한다. 왜냐하면 '내담자의 거짓말이 드러나서 치료에서 다루어지기 전까지 내담자는 도움을 받을 수 없기 때문'(p. 7)이다.

게디먼과 리버먼(1995)의 주장이 비관적으로 들리기는 하지만 그들의 주장이 한 가지 측면에서는 옳다는 것을 뒷받침하는 중요한 자료가 있다. 한 연구에 따르면, 사람들은 이야기할 때 자신의 자존감을 보호하기 위해 자신과 타인에게 **거짓말**을 한다(Taylor, Wayment, & Collins, 1993). 이 연구는 사람들이 자신의 장점과 속성을 부풀리고, 개인적인 능력을 과대평가하고, 미래를 객관적인 사실에 근거한 것보다 낙관적으로 보는 경향이 강하다고 밝히고 있다(Taylor & Brown, 1988). 이 점에서는 대부분의 의견이 일치한다. 그러나 게디먼과 리버먼(1995)이 밝힌 거짓말과 자기기만이 정신적 · 정서적 부적응의 원인인지 여부는 확실치 않다. 다음의 연구 결과는 이 점에서 정반대다.

지난 10년 동안 수행된 연구에서는 긍정적 환상—게디먼과 리버먼이 거짓말이라고 밝혔던—이 비정상적이고 건강하지 않으며 역기능적인 사람들의 특성이 아니라, 사실은 정상적이고 건강하고 잘 기능하는 사람들의 특성이라고 밝히고 있다. 이 분야의 권위자 중 한 사람인 테일러(Taylor, 1989)는 "건강한 정신은 여러 측면에서 자기기만적이다."(p. 227)라고 했다. 사실 많은 환자들을 심리치료로 이끄는 문제—불안, 우울, 부정적 정서, 만성적으로 낮은 자존감 등—로 고통받는 사람들은 어떠한 이유로든 이러한 자기기만적인 긍정적 환상을 유지하지 못하는 사람들이다(Taylor & Brown, 1988). 그러나 게디먼과 리버먼(1995)이 그들의 저서에서 제안한 바와는 반대로, 긍정적 환상에 대한 연구에서는 내담자를 조력하는 것이 내담자에게 현실을 직시하도록 강요하는 것이 아니라 가능성—변화에 대한 가능성, 원하는 것을 성취하거나 얻을 수 있다는 가능성, 시작할 수 있다는 가능성, 자신의 삶을 통제하거나 성공할 수 있다는 가능성, 즉 어떤 가능성이든—이 있다고 믿도록 돕는 것이라고 말한다.

치료자가 임상 장면에서 좀 더 '가능성에 초점을 맞추기' 위한 다양한 방법이 있다. 첫 번째는 임상 활동이 미래지향적이 되도록 하는 것이다.

> 치료는 미래지향적이어야 한다.

긍정적 환상에 대한 중요한 발견 중 하나는 적응적인 사람들은 객관적인 사실만 믿는 사람들보다 미래를 보다 긍정적으로 보는 경향이 있다는 것이다. 긍정적인 사람은 긍정적인 일상을 좀 더 많이 경험하고, 부정적인 사건을 더 잘 다루거나 혹은 회피하는 경향이 있다고 한다(Markus & Nurius, 1986; Perloff, 1983; Weinstein, 1980, 1982, 1984). 상식적으로는 심리적으로 더 잘 적응할수록 미래에 대해 좀 더 낙관적일 것 같지만, 연구에 따르면 긍정적일수록 심리적으로 더 잘 적응할 수 있게 된다(Taylor et al., 1993).

미래에 대해 보다 긍정적인 기대를 갖도록 내담자를 돕는 것은 여러 측면에서 분명한 이점이 있다. 내담자로 하여금 미래에 대해 긍정적인 기대를 갖도록 하는 한 가지 방법은 치료를 보다 미래지향적으로 하는 것이다. 전통적인 심리치료는 미래보다는 과거지향적인 경향이 있다. 그것은 내담자에게 좀 더 희망적인 미래를 갖도록 하기 위해서는 치료자가 먼저 더 나은 과거를 만들어 주어야 한다는 생각에서 비롯되었다. 하지만 프랭크와 프랭크(Frank & Frank, 1993)

는 심리치료에서 변화에 대한 긍정적인 기대와 희망을 촉진하는 것은 정신역동적 용어로 '과거를 재방문'하거나 '과거와 작업'하는 것을 통해서가 아니라 '미래는 과거의 산물이라는 내담자의 회의적인 가설에 도전'하는 것을 통해 이루어진다. 연구를 통해 분명하게 밝혀진 것은 내담자가 심리치료를 받으러 오는 것은 문제를 가지고 있기 때문이 아니라 자신의 문제를 해결하는 데 필요한 자신감을 잃었기 때문이다(Frank, 1973; Garfield, 1994; Rabkin, 1983). 그들은 아주 오래전 사건이든 혹은 최근 사건이든 그 결과로 인해 변화에 대한 희망을 포기해 왔으며, 마치 그들의 문제가 영원할 것처럼 행동한다(Seligman, 1975, 1990).

미래지향적인 임상 기법 고유의 가능성을 인식한 최초의 치료자는 오스트리아 태생의 정신의학자인 알프레드 아들러(Alfred Adler)다. 아들러(1964a)는 프로이트 학파 및 과거와 병리에 초점을 두는 전통적 입장과의 결별을 통해 미래지향적일 것과 내담자가 **마치** 자신의 문제를 해결할 수 있는 모든 기술과 자원 그리고 통찰력을 갖고 있다고 여길 것을 주장했다. **마치 ~처럼(as if)**과 같은 미래지향적인 그의 이론적 입장은 그가 시도한 수많은 선구적인 치료법에서 확인할 수 있다. 그중 가장 주목할 만한 것은 **질문 기법**일 것이다. 이는 아들러 학파의 치료자들이 오늘날까지 사용하고 있는 기법으로 내담자에게 마치 치료자가 그들의 증상을 제거할 수 있는 마술지팡이나 마법의 묘약을 갖고 있다고 상상하도록 한 후, 그들의 삶에서 나타나게 될 변화에 대해서 생각해 보도록 하는 방법이다(Mosak, 1978). 미래지향적인 아들러 학파의 또 다른 기법으로는 내담자에게 그들이 마치 치료를 통해 이미 원하는 형태의 삶, 기술, 결과 등을 얻은 것처럼 행동하도록 하는 과제를 제시하는 기법이 있다(Adler, 1963).

미래지향적인 임상 기법은 지난 20년 동안 더욱 대중화되었다(Kessler & Miller, 1995). 각각 다른 명칭으로 알려진 여러 방법(예를 들면, 개입적 면접법, 해결중심적 치료법)의 미래지향적인 모델은 내담자로 하여금 미래에 고통스러운 문제가 해결되거나 더 이상 문제가 지속되지 않는다는 희망을 갖도록 돕는다는 공통점을 가지고 있다(Berg & Miller, 1992; de Shazer, 1985, 1988; Frederick & Phillips, 1992; Hollon & Beck, 1994; Johnson & Miller, 1994; Phillips & Frederick, 1992; Miller, 1992; Miller & Berg, 1995; Penn, 1985; Torem, 1992; White & Epston, 1990).

미래지향적인 치료법을 적용하는 임상가인 버틀러(Butler)와 파워스(Powers, 1996)는 '변화된 미래에 대해 단순히 상상하는 것만으로도 내담자는 절망적인 관점으로부터 자유롭게 된다. ……따라서 내담자가 스스로 자기 문제를 해결해 나갈 수 있게 한다.'(p. 231)고 지적했다.

사례 검은 구름

심각한 우울증으로 치료를 받으러 온 한 여성 내담자는 평생 동안 지속된 우울증과의 싸움을 '자신의 삶을 뒤덮고 있는 검은 구름'으로 표현했다. 내담자가 자신의 일생에 걸쳐 지속된 싸움에 대해 '검은 구름'으로 표현하는 몇 분 동안 치료자는 주의 깊게 듣기만 했다. 그리고 대화가 자연스럽게 잠시 중단되었을 때, 치료자는 아들러가 제시했던 미래지향적인 질문을 소개했다(Mosak, 1978).

치료자: 미셸, 한번 생각해 봅시다. 우리가 함께 이 '검은 구름'을 제거해서 그것이 더 이상 당신의 삶을 뒤덮지 않고 아무런 영향도 주지 않는다고 가정해 보죠.

내담자: (부정적으로 머리를 내저으며) 그건…….

치료자: 그건…….

내담자: 전 상상할 수도 없어요. 저는 너무 오랫동안 우울했고, 구름은 그만큼 오랫동안 제 삶을 뒤덮고 있었다고요.

앞선 대화에서 볼 수 있듯이 내담자에게 처음으로 과거에서 미래로 관점을 바꾸도록 시도하는 경우, 어려움을 겪는 것이 일반적이며 이는 충분히 예상할 수 있는 일이다. 대부분의 내담자들은 충분한 시간과 치료자의 적절한 지지, 격려를 통해 이 같은 상황에 적절히 대처할 수 있게 된다(Miller, 1995).

치료자: 맞아요. 구름은 아주 오랫동안 거기 있었어요.

내담자: (고개를 끄덕인다.)

치료자: 미셸, 그런데 만약 처음으로 아주 오랫동안 느껴 왔던 것이 달라지기 시작한다면, 즉 그 구름이 걷힌다면 어떤 점이 달라질까요? 당

신은 어떻게 그 변화를 알 수 있죠?

내담자: (오랜 침묵) 아마도 아침에 일어나는 것이 그렇게 힘들지 않을 거예요.

치료자: 그래요.

내담자: 사실 어제 아침에는 전혀 일어나지 못했어요. 제게는 열다섯 살 된 딸아이가 있는데, 제가 극도로 우울하고 일어날 기분도 아니어서 딸아이에게 그냥 집에 있으라고 했어요.

치료자: 그렇군요, 그럼 그 구름이 걷히고 맑아지기 시작하면 어떤 점이 달라질까요?

내담자: 제가 침대에서 일어날 이유가 생길 것 같아요.

치료자: 이유가 생긴다고요?

내담자: 제 자신에게 이유를 대겠죠. 지금까지는 아침에 눈을 뜨면 제 자신에게 침대에 누워 있어야 하는 이유를 대곤 했거든요.

치료자: 그렇군요. 그런데 그렇게 되면 자신에게 침대에서 일어나야 하는 이유를 대겠다는 말이군요.

내담자: (고개를 끄덕이며) 네.

치료자: 그럼, 어떠한 이유를 자신에게 댈까요?

이어진 대화에서 내담자는 자신을 침대에서 일어나게 할 수 있는 몇 가지 이유에 대해 말했다. 그리고 나서 '검은 구름'이 걷히는 것을 알아차릴 수 있는 다른 변화에 대해서 다루었다. 4장에서 제시했듯이 치료자는 변화가 구체적이고 성취 가능하며 행동적이고 예방적인 용어로 표현되도록 조심스럽게 주의를 기울였다. 예를 들어,

내담자에게 다음과 같은 질문을 하였다.

- 만약 검은 구름이 걷히고 나면 어떤 것이 달라질까요?
- 검은 구름이 걷혔다는 가장 작은 신호는 무엇일까요? 첫 번째 신호는 무엇일까요?
- 당신이 검은 구름과 싸우는 데 더 이상 그렇게 많은 시간을 들이지 않아도 된다면, 당신은 그 대신 무엇을 하고 싶은가요?
- 당신이 검은 구름과의 싸움에서 이겼다는 것을 알아차리게 되는 첫 번째 사람은 누구일까요?
- 마침내 싸움이 끝나고 당신이 이겼다는 사실을 그 사람이 알아차리려면 당신에게 어떠한 변화가 일어나야 할까요?
- 당신이 처음 변화를 알아차렸을 때 당신은 어디에 있을 것 같나요?
- 변화에 기여한 사건 바로 직전에 어떠한 일이 일어났을까요? 그다음에 일어날 일은 변화를 유지하도록 도와줄까요?

미래지향적인 치료 작업을 할 때, 내담자로 하여금 미래에 대해서 자신이 원하는 방식으로 설명하도록 돕는 것은 현재에 미래가 좀 더 부각되도록 만든다(de Shazer et al., 1986). 즉, 세부적인 설명은 내담자가 묘사하는 미래가 현재에 성취 가능하다는 사실을 내포하며 현실감을 제공해 준다. 많은 경우에 상세한 기술이 과거 경험의 전부 혹은 일부 기억을 이끌어 낼 수 있다면, 성취 가능성은 보다 현실과 연계된다(Miller & Berg, 1995).

첫 회기가 끝날 즈음 미셸의 기분은 상당히 좋아졌다. 심지어 그녀는 자신이 설명한 몇 가지 경험의 예를 기억해 냈다. 치료자는 그녀의 기분이 한결 나아진 사실을 언급하면서 "다음 한 주 동안 당신이 설명한 변화가 일어나는 증거를 찾아보세요."라고 미래지향적인 과제를 제시하면서 그 회기를 끝맺었다. 이러한 특별한 과제와 관련된 최근의 연구에서는 **마치 ~처럼** 가정하거나 행동하도록 격려하는 과제가 부과된 내담자는 구조화된 과제(예를 들어, 문제의 발생 횟수나 패턴 등을 지속적으로 관찰하는 과제, McKeel, 1996)가 부과된 내담자보다 이후의 회기에서 보다 긍정적인 태도를 가지며 문제의 개선을 보고하는 경향이 있다고 밝히고 있다. 미셸과의 이후 회기가 이러한 결과를 증명한다.

치료자가 미래지향적인 치료를 이끌기 위하여 미셸의 사례에서처럼 지시적일 필요는 없다. 내담자들은 자신의 미래에 대한 희망과 꿈에 대해 이야기할 때 종종 치료자가 참여할 수 있는 기회를 제공한다. 그러한 기회가 생기면 치료자는 내담자가 이끄는 대로 따라가면서 대화를 확장시키면 된다.

사례 저는 대통령이 될 줄 알았어요

내담자의 말을 경청하고 내담자가 소개한 미래의 틀(future time frame)을 확장하는 예로, 우울증으로 치료를 받으러 온 내담자의 사례를 살펴보자. 내담자는 관계에서의 실패, 약물 남용, 법적인 문제

등의 내력에 대해 자세히 이야기하면서 다음과 같이 대화를 이어 나갔다.

내담자: 제 삶은 어린 시절부터 줄곧 뜻대로 되지 않았던 것 같아요.

치료자: (동정적으로) 뜻대로 안 되었군요.

내담자: 네.

치료자: 그렇다면 당신은 많은 꿈과 희망을 가졌었나요?

내담자: 맞아요, 그랬지요. (침묵 후 웃으면서) 저는 커서 제가 대통령이 될 줄 알았거든요.

치료자: 대통령이요?

내담자: 네. (웃음)

치료자: (웃으며) 당신은 자라면서 세상일이 좀 더 당신 뜻대로 되기를 원했군요.

내담자: (눈길을 돌리면서 고개를 끄덕임)

치료자: 만약 세상일이 조금만 더 당신이 생각했던 대로 되었다면 무엇이 달라졌을까요?

앞선 대화에서 볼 수 있듯이 치료자는 내담자가 과거에 잃어버린 기회에 대해 절망하기보다 이를 미래에 좀 더 나아지기 위한 희망의 증거로 여기고, 이를 통해 자신의 어린 시절을 평가하도록 했다.

이후의 대화는 미래지향적으로 진행되었으며, 내담자 자신의 삶이 어떻게 변화하기를 원하는지에 대한 계획을 세우기 위해서 치료자와 내담자가 함께 작업했다. 회기가 진행될수록 내담자의 정서 상태는 변화했는데, 이러한 변화는 과거에 경험한 희망을 현재 다시 경험한다는 것을 보여 준다.

치료는 내담자의 개인적 통제감을
강화하고 증진시켜야 한다.

긍정적 환상에 관한 연구에서 밝혀진 또 한 가지 분명한 것은 삶에서 일어나는 사건에 자신이 영향을 미치거나 변경시킬 수 있다고 믿는 사람들, 다시 말해 개인적 통제감을 갖고 있는 사람들은 부정적이거나 어려운 사건이 발생했을 때 보다 적응적이고 성공적으로 대처하는 경향이 있다는 점이다. 이는 개인적 통제감에 대한 믿음이 진실이든 아니든 간에 사실이다! 테일러, 웨이먼트 그리고 콜린스(Taylor, Wayment & Colins, 1993)가 지적했듯이 '단순히 누군가가 끔찍한 사건에 영향을 미치거나 사건을 끝내거나 변경할 수 있는 방법을 갖고 있다.' 고 믿는 것 자체만으로도 '사람들이 부정적인 사건에 보다 잘 대처하도록 돕는다.' (p. 329)는 것이다.

3장에서 살펴본 바와 같이 한 연구에서 자기 스스로가 생애 사건에 영향력을 갖고 있다는 내담자의 믿음과 치료의 성공 간에 상관관계가 있음을 발견했다. 이 연구에서는 자신의 행동이 특정 사건의 결과를 가져온다고 믿는 내담자일수록 긍정적인 치료 결과가 나타나는 경향이 있다는 사실을 밝혀냈다.

또 다른 예로 베예바흐, 모레혼, 파렌주엘라 그리고 로드리게즈-아리아스(Beyebach, Morejon, Palenzuela, & Rodriguez-Arias, 1996)의 연구를 들 수 있는데, 이들은 심리치료의 성과와 다음의 세 가지 인지적 변수 간의 관계를 밝혔다. 세 가지 인지적 변수는 자기효능감(주어진 작업을 실행하는 자신의 능력에 대한 개인적 평가), 통제 소재(생애 사건의 결과에 자신이 영향력을 갖고 있다는 개인적 신념), 성공에 대한 기대(특정 결과가 발생할 가능성에 대한 개인적 평가)다. 잘 고안된 측정 도구에 의해 진행된 연구 결과에 따르면, 이 세 가지 변수 중 통제 소재만이 치료 성과와 유의한 상관이 있는 것으로 밝혀졌다. 특히, 자신의 행동에 의해 생애 사건이 결정된다고 믿는 내담자는 생애 사건이 자신의 통제 밖에 있다고 믿는 내담자보다 치료가 성공할 확률이 세 배나 높은 것으로 나타났다.

위의 연구는 치료자가 내담자의 개인적 통제감을 강화하는 것이 중요하다는 점을 강조한다. 이는 다양한 방법을 통해 가능하다. 예를 들어, 내담자가 매일의 특정 사건에 영향을 미치는 자신의 행동을 언급할 때, 치료자가 이를 주의 깊게 경청하고 확장하도록 도울 수 있다. 치료자나 내담자의 유형에 따라서 치료자는 보다 지시적일 수 있는데, 예를 들어 내담자의 생애 사건에 대해서 자신의 영향력을 미리 가정하는 질문을 한다거나 직접적인 진술을 할 수 있다. 마지막으로, 가장 중요한 것은 치료자가 치료적 만남에 존재하는 위계나 힘의 불균형을 염두에 두고, 그 위계를 없애고 내담자에게 힘을 부여(empower)하는 작업을 해야 한다는 것이다. 이것은 특히 다음에 제시되는 두 사례에서와 같이, 외적 상황(예를 들어, 의무적 치료나 생명을 위협하는 경우)이 현실에서 내담자의 개인적인 통제나 능력을 위협하는 경우에 매우 중요하다.

사례 예언자를 만나다

내담자: 저는 예언자예요.

치료자: 안녕하세요.

내담자: (눈길을 돌린다.)

치료자: 제겐 큰 영광이군요. 저는 지금까지 한 번도 예언자를 만나 본 적이 없거든요.

내담자: (계속해서 눈길을 돌리고 있다.)

치료자: (망설이며) 당신을 어떻게 불러야 할까요?

정신과 입원 환자와 나눈 다음의 대화는 현실적인 기능이 현저히 와해된 내담자의 개인적 통제감을 강화하려는 시도로 이루어졌다. 이 사례에서 36세의 남성 내담자는 쇼핑가에서 사람들을 위협하다가 경찰에 체포된 후 심리평가와 치료를 위해 병원에 수용되었다. 치료자의 인사, 반응, 질문 모두가 비록 보잘것없고 의미 없는 것처럼 보이지만 내담자에게는 효능감과 통제감을 부여한다. 특히, 질문을 통해 상담의 방향과 통제감을 내담자에게로 돌림으로써 내담자를 존중한다. 다음에 이어지는 대화에서 치료자는 계속해서 내담자에게 힘을 부여하기 위해 작업한다.

내담자: (화가 나서) 저는 신이 사악한 사람들을 심판하러 오실 것이라는 경고를 대신하기 위해 신의 부름을 받은 거라고요.

치료자: 역사 속의 다른 예언자들처럼 말이군요.

내담자: (치료자를 향해 돌아보며 고개를 끄덕인다.)

치료자: 불신당하고, 감금되고, 박해받고…….

내담자: (고개를 끄덕이며) 그들은 천벌을 받게 될 거예요! (눈길을 돌린다.)

치료자: (침묵) 그게 바로 당신이 막으려고 하는 것이죠, 그렇지 않나요?

내담자: (치료자를 향해 돌아보며) 그래요. 제 경고를 주의하지 않으면 그들은 벌을 받게 될 거예요.

치료자: 당신이 처벌을…….

내담자: (말을 가로채며) 제가 아니고 (하늘을 가리키며) 신이 처벌하실 거라고요!

치료자: 당신은 어려운 일을 맡으셨군요. 소명 말이에요, 그렇죠? 무거운 책임감이 당신 어깨를 누르고 있겠네요.

내담자: 저는 신의 부름을 받았어요.

치료자: (고개를 끄덕이며) 거기에는 그만한 이유가 있겠지요?

내담자: (고개를 강하게 끄덕이며) 신에게는 그럴 만한 이유가 있어요.

치료자: 당신 안의 어떠한 점이 신으로 하여금 당신에게 소명을 맡기도록 했을까요?

이 면담에서 치료자는 신이 '사람들에게 경고하라.' 고 내담자를 선택한 것에 대한 내담자의 무거운 책임감을 언급함으로써 내담자의 통제감과 영향력을 인정하였다. 이어진 대화에서 내담자는 신실함을 포함하여 헌신, 진실함 그리고 친절함과 같은 자신의 강점에 대해 이야기했다. 그의 강점을 하나하나 확인하고, 그가 일반적으로 어떻게 자신의 강점을 드러내는지에 대한 구체적인 예를 찾기 위해 노력했다. 면담이 진행되면서 내담자는 흥분을 점차 가라앉혔으며 눈맞춤을 유지했고 회기가 끝날 무렵에는 병원에서 퇴원하기 위해 자신이 어떻게 해야 하는지에 대해서 이야기하기 시작했다. 특히 마지막 대화는 내담자가 자신의 힘과 영향력을 신뢰하기 시작한 증거로 볼 수 있었다.

사례 침착하기

개인적 통제감을 잃어버린 또 다른 내담자, 마이클의 사례를 살펴보자.

요약하면 마이클은 최근에 패스트푸드점의 관리자로 승진했는데, 무장 강도가 매장에 습격하여 총을 겨눈 사건을 겪게 되었다. 다행히 그 강도 사건으로 아무도 다치지 않았음에도 불구하고, 마이클은 위기의 순간에 자신이 보였던 반응에 회의를 느꼈다. 특히 그는 자신이 '꼼짝 못하고 얼어붙었다는 사실' 과 직원을 좀 더 보호하지 못한 점 그리고 경찰관이 강도의 신원을 확인하는 데 별 도움을 주지 못한 점에 대해 상심했다. 심지어 그의 동료와 상담자가 마이클이 자신의 생명이 위협받는 상황에서도 적절하게 대처했다고 인정해 주어도 그는 자신의 행동에 대해 계속해서 의구심을 가졌다. 이러한 이유로 그는 몇 주 후 상담에 의뢰되었다. 다음의 대화는 첫 면접의 초기에 마이클이 개인적 통제감을 회복할 수 있도록 돕기 위해 치료자가 작업한 전형적인 예다.

내담자: 저는 그저 얼어붙어 있었어요.

치료자: 그랬군요. 그러고 나서는요?

내담자: 강도들이, 강도들이 소리를 질렀어요. 그들은 뛰어다니면서 총을 휘두르고 사람들에게 '바닥에 엎드리지 않으면 너희 머리를 날려 버릴 테다.' 라고 소리쳤어요.

치료자: 저런, 당신은 어떻게 했나요?

내담자: 저, 저, 저는 아무 말도 하지 못했어요.

치료자: 당신이 어떻게 했다고요?

내담자: (잠시 멈춰서) 저는, 뭐 아시다시피 저는 몸짓으로 신호를 보냈죠…….

치료자: 사람들에게 바닥에 엎드리라고 말이죠?

내담자: 네.

치료자: 우아, 어떻게 그럴 수 있었죠? 그러는 것이 가능했나요?

내담자: (머리를 가로젓는다.)

치료자: 당신은 얼어붙었다고 했는데, 잘은 모르겠지만 제 생각에는 당신이 침착했던 것 같아요.

내담자: (치료자를 돌아보며) 음…….

치료자: 어떻게 그렇게 할 수 있었나요? 어떻게 바로 그렇게 행동해야 한

다는 것을 알았죠?

내담자: (침묵, 머리를 가로저으며) 잘 모르겠어요. 저는 그런 식으로는 생각해 본 적이 없어요. 어쩌면, 음, 어쩌면 그냥 본능이었는지도 몰라요.

치료자: 그 말은, 당신은 선천적으로 침착할 수 있다는 뜻인가요? 다시 말해, 뭔가 일을 더 악화시킬 수 있는 일은 하지 않는다는 뜻이군요.

내담자: 그냥 그 순간에 그런 생각이 들었어요.

치료자: 무슨 생각 말이죠?

내담자: 매장에 있는 수많은 사람들, 저와 직원들과 손님들 중 누군가가 다치거나 죽게 될까 봐 두려웠어요.

치료자: 그래서 당신은 침착하게 대처했군요.

내담자: (고개를 끄덕인다.)

치료자는 마이클에게 강도 사건에 대한 그의 반응과 연계하여 그 자신의 통제감과 영향력을 내포하는 질문을 던졌다. 이러한 질문은 마이클이 그 상황에서 적절하게 대처했을 뿐 아니라, 신중하고 조심스럽게 행동했다는 의미를 담고 있다. 치료자는 그 회기가 진행되는 동안 계속해서 이와 유사한 질문과 반응을 사용했다. 상담이 끝나갈 무렵, 마이클은 강도 사건이 일어났을 때 자신이 했던 반응에 대해 보다 자신 있게 이야기할 수 있었다.

> 치료는 내담자의 문제, 어려움 및
> 결점에 대해 '탈주관화'해야 한다.

1985년에 뉴욕 메츠 팀은 세인트루이스 카디널스 팀과의 동부 지역 야구 우승전에서 패배했다. 그 당시 뉴욕 팀의 선수들과 감독은 경기의 패배가 자신들의 탓이 아니라고 했다. 실제로 그 시즌 동안 줄곧 선수들과 감독은 실수와 실력 부진의 원인을 자신들에게 돌리는 것이 아니라 '태양이 너무 뜨거웠다.' '재수 없는 날이었다.' '야구공에 습기가 찼다.'와 같이 매번 다른 것을 탓했다.

반면에 상대 팀인 세인트루이스 팀의 경우, 자신들이 했던 경기에 대해서 잘했든 못했든 간에 스스로에게 책임이 있음을 인정했다. 그들은 "집중하는 데 어려웠다." "나는 무능한 선수였다." "전문적 기술이 부족했다."라고 말했다. 이와 같이 서로 다른 태도를 보여 준 두 팀의 다음 해 성적은 어땠을까? 그다음 해 월드시리즈 경기에서 세인트루이스 팀은 형편없이 경기를 치루었고, 반면 뉴욕 팀은 우승했다. 몇몇 흥미로운 연구에서는 뉴욕 팀이 했던 것처럼 자신의 결점에 대해 외부 환경을 탓하는 방식이 승리에 결정적인 요인이 된다는 점을 밝혔다.

셀리그먼(Seligman, 1990)은 다양한 성격 유형과 특정 행동(스포츠, 사업, 학업, 건강, 심리적 적응 등) 간의 관계에 대한 연구를 정리한 결과, 전통적으로 알려진 것과는 달리, 실패를 외부 환경 탓으로 돌리는 것이 성공에 방해가 되는 것이 아니라 실제로는 객관적 능력을 뛰어넘는 성공을 예측했다. 이와 마찬가지로 실패를 내적 원인에 귀인하는 특성은 타고난 능력과 상관없이 실패를 예측하는 주요 요인으로 밝혀졌다.

셀리그먼은 이와 같이 역설적으로 보이는 결과를 설명하기 위하여 실패를 외부 환경으로 귀인하는 사람들은 자신의 문제로부터 자신을 분리한다는 점, 즉 문제를 **탈주관화**한다(depersonalize)는 점을 지적했다. 그 결과는 어떠할까? 그들은 자존감을 유지하고 보다 노력하여 패배로부터 다시 돌아 나올 수 있게 된다(1990, p. 166). 반면에 실패를 내적 원인에 귀인하는 사람들은 자신의 문제를 **주관화**하는데(personalize), 이것은 다시 말해 자신을 재능이 없고 무능력하며 가치 없는 존재로 인식하게끔 하여 궁극적으로는 문제해결을 위한 노력을 중단하도록 한다.

셀리그먼과 그 동료들의 연구 결과는 특히 가능성을 믿는 내담자를 조력하는 임상 장면에 보다 의미 있는 설명을 제공한다. 이러한 결과는 내담자가 치료에서 호소하는 문제나 어려움에 대해 탈주관화하도록 치료자가 조력함으로써 '열심히 노력하여 실패로부터 빠져나오게끔' 할 수 있다는 것을 시사한다. 다시 말해, 치료자는 문제에 대해 이야기할 때 '그래요, 당신은 문제를 갖고 있지만 당신 자체가 문제인 것은 아니에요.'와 같은 방법을 사용하여 내담자를 문제로부터 분리시켜 주어야 한다.

내담자를 문제 자체와 분리하는 것은 비록 다른 이유에서이기는 하나 심리치료 실제에서는 매우 일상적인 활동이다(Miller, 1994a).[2]

예를 들어, 정신과적 진단을 내리는 과정을 생각해 보자. 심리치료에 있어서 진단은 이것이 갖는 특별한 이점이 없을 뿐 아니라, 내담자가 받게 되는 치료 유형과도 상관이 없다. 그러나 진단 활동은 내담자로 하여금 자신의 어려움을 탈주관화하도록 하는 데는 도움이 된다(Cummings, 1986 참조). 치료자가 내담자의 정신적 · 정서적 고통의 원인을 그들 자신의 직접적인 통제나 영향력 밖에 두도록 하는 임상적 신념 체계를 가르치는 것은 문제를 탈주관화하는 방법으로 볼 수 있기 때문이다.[3] 이러한 신념 체계는 다음과 같은 메시지를 전달한다. '당신(내담자)이 문제는 아니에요. 그보다는 당신의 어린 시절, 뇌의 작용, 관찰될 수 없는 부정적 사고, 부정적 유전자, 이전의 외상 경험과 같은 것이 문제입니다.'

이렇게 내담자의 문제를 특정 임상 신념 체계에 따라 진단하거나 분류하지 않으면서도 그들의 어려움을 탈주관화하도록 소력하는 것이 가능하다. 대부분의 치료자는 치료적 면접을 구조화할 때, 내담

2) 가장 주요한 이유는 이 장의 도입 부분에서 언급했듯이 문제의 기원과 발생을 이해하는 것이 문제해결을 위한 필수 전제 조건이라는 가설 때문이다.

3) 이에 대한 명백한 예는 중독에 관한 질병 모델이다(Alcoholics Anonymous, 1977 참조). 이 모델에서는 환자들에게 자신의 음주나 약물 사용에 대해 개인적인 책임이 없으며, 화학적 약물을 사용하게끔 하는 근본적이고 돌이킬 수 없는 진행성 '질병' 으로 인해 이와 같은 문제가 생긴다고 가르친다(Johnson, 1973 참조). 이러한 개념이 Alcoholics Anonymous와 Rational Recovery의 핵심이다. 이 모델에서는 알코올중독자나 약물 사용자가 정신에 작용하는 약물에 대해 선호를 가지며, 이들에게는 약물을 소비하게끔 하는 뇌의 일부분에서 기원하는 '중독적 음성' 을 갖고 있다고 가정한다. 마찬가지로 알코올중독자나 약물 사용자가 그러한 욕구를 갖게 된 것에 대해서는 자신이 통제할 수 없는 무의식적이고 비합리적인 뇌의 근본적인 부분에서 생기는 문제이기 때문에, 그들에게는 개인적 책임이 없는 것으로 간주한다.

자의 어려움이 정상적이거나 혹은 특정한 환경의 결과(예를 들면, 생애 단계, 사건에 대한 반응, O'Hanlon & Weiner-Davis, 1989)라는 점을 전달하게 되는데, 이러한 방법은 내담자가 자신의 어려움을 탈주관화하도록 돕는다. 예를 들어, 청소년기 자녀를 둔 부모에게 자녀의 문제 행동이 그 나이 또래의 아이에게는 전형적으로 나타나는 행동이라고 말하거나, 몹시 슬퍼하는 내담자에게 사랑하는 사람의 죽음을 경험한 사람은 대부분 눈물을 흘리고 슬픔을 경험하게 된다고 말하는 경우다. 이러한 예로, 남편의 죽음으로 매우 슬퍼하는 한 내담자의 사례를 살펴보자.

내담자: 저는 아직도 남편 생각이 많이 나요.

치료자: 물론 그러시겠죠.

내담자: 그가 살아 있을 때보다도 그에 대해서 더 많이 생각하는 것 같아요.

치료자: 그렇군요. (동정적으로) 그런 이야기를 들어 본 적이 있어요.

내담자: (호기심을 보이며) 정말이세요?

치료자: 네, 제 개인적인 경험에 따르면 사랑하는 사람을 잃은 사람들을 상담했을 때, 그들이 똑같은 이야기를 했던 게 생각나는군요. '그에 대해 그 어느 때보다도 더 많이 생각하고 있어요.' 라고 했지요.

내담자: (생각하며) 음…….

치료자: 그게 축복인지 불행인지는 모르겠지만, 그들이 그렇게 말하더군요.

내담자: (생각하며) 음…… 너무 힘들어요. 그 사람이 너무 보고 싶을 때면…… 그렇다고 그를 생각하지 않기를 원하는 것은 아니에요. 그렇

게는 안 될 것 같아요. 우리는 오랜 시간 동안 함께 살았거든요. 어쩌면 그건 축복인 것 같아요.

결론적으로 치료자는 내담자가 문제로부터 자신을 분리하여 설명하는 것을 경청하고 확대하는 방법을 통해서도 내담자가 상담에 갖고 오는 주호소 문제를 탈주관화하도록 도울 수 있다는 점을 유념해야 한다. 내담자들은 종종 그들의 어려움을 자신과 분리된 것처럼 이야기할 때가 있는데, 예를 들어 무엇인가를 갈등하고 있다거나 쳐내려고 애쓰고 있다거나 맞서 싸우고 있다거나 저항하고 있다거나 하는 경우가 그러하다. 그러한 기회가 생겼을 때 치료자가 할 일은 내담자가 자신의 문제를 별개의 분리된 존재로 설명하는 것을 수용하고, 그것을 적극 활용하여 내담자가 문제를 해결하려는 노력을 지속하도록 돕는 것이다.[4] 이를 포함하여 이번 장에서 제시되었던 모든 제안의 핵심은 내담자의 문제를 해결하기 위해서는 실질적으로 그들이 어떻게 해야 하는지 가르쳐 주는 것이 아니라, 스스로 변화할 수 있다는 가능성에 대한 믿음을 되찾도록 도와야 한다는 것이다.

4) 최근에는 이를 '외현화(externalizing)' 라고 부르는데, 외현화 과정이란 기본적으로 문제를 내담자의 개인적 정체성으로부터 언어적으로 분리하는 것을 포함한다(O'Hanlon, 1995, p. 21; Johnson & Miller, 1994; White, 1986; White & Epston, 1990 참조).

사례 그게 나를 사로잡고 있어요

다음 대화는 우울증 때문에 상담을 받으러 온 내담자의 사례다.

내담자: 저는 더 이상 아무것도 할 수가 없어요. 그냥 우두커니 앉아서 아무것도 안 하고 있어요.

치료자: 그렇군요.

내담자: 저는 일도 안 해요. 직장을 그만뒀거든요. 사실, 여러 번 직장을 그만둬 버렸죠. 이런 게 나를 사로잡아 버렸어요.

치료자: 이런 거라고요?

내담자: 잘 모르겠어요. 이런 우울한 감정들…… 이런 것들이 나를 사로잡고 있어요.

치료자: 우울감, 그게 당신을 사로잡고 있군요.

내담자: (고개를 끄덕인 다음 바닥을 바라보면서) 네.

이 사례에서 보는 것처럼 내담자는 자신이 갖고 있는 우울이라는 문제를 처음에 '이것'이라고 부르고 '이것'이 자신을 사로잡고 있다고 설명하는데, 그러면서 자기 자신을 우울로부터 분리하고 있다. 이어진 대화에서 우선 치료자는 그 문제를 수용한 후, 내담자가 문제를 자신으로부터 분리되고 구분된 존재로 설명하는 것을 좀 더 확장했다. 회기가 지속되면서 내담자는 우울감에 사로잡혀 있던 자신을 놓아 주기 위해서 과거에 자신이 무엇을 했는지뿐만 아니라, 현재 무엇을 하고 있는지 언급하기 시작했다. 치료자는 역시 주의 깊게 경청한 후 내담자의 이야기를 확장했다.

내담자: 거의 아무것도 소용이 없어요. 치료도, 약도…….

치료자: 어떤 것이 소용이 있었나요? 당신은 '거의 아무것도 소용이 없었다.' 고 했잖아요. 당신을 이런 우울감에 몰아넣고 빠져나가지 못하도록 하는 게 대체 뭘까요?

내담자: 그건 마치 저를 꽉 끌어안고 있는 것 같아요. 숨막히게 조이도록 끌어안고 있는 것처럼요. (포옹하듯이 양팔로 자신의 몸을 끌어안는다.)

치료자: 그렇군요. 우울감 때문에 숨막힐 때, 그나마 조금이라도 숨 쉴 틈이 있음을 알아차렸던 때는 언제였나요? 그러니까 당신이 그렇게 사로잡혀 있지 않았을 때는 언제였죠?

이후로 우울감이 내담자를 그렇게까지 숨막히게 옭아매지 않았던 때는 어떤 점이 달랐는지에 대해 탐색했다. 그리고 내담자가 우울감으로부터 벗어나거나 적어도 그 영향력을 약화할 수 있는 방법에 대해 남은 회기 동안 이야기했다.

이후의 상담에서는 내담자의 태도가 긍정적으로 변화했고 더 밝아졌으며 미래의 변화 가능성에 대해 희망을 갖게 되었다.

요약과 결론

플라시보 요인은 치료 성과의 15%를 차지하며, 이는 치료 모델과 치료 기법 요인과 동일한 수준이다. 플라시보 요인에는 변화에 대한 희망과 긍정적 기대가 포함되는데, 이는 내담자가 상담을 받는 동안 쉽게 경험하는 것들이다. 모든 치료자는 내담자와 상호작용하고 변화에 대한 희망과 긍정적 기대를 촉진하는 치료 방법을 갖고 있다. 이 장에서는 사회심리학과 임상심리학 분야의 연구에 근거하여 심리치료 성과에 있어서 플라시보 요인이 기여하는 바를 확장시키기 위한 몇 가지 제안을 했는데, 그것은 바로 치료 과정 중에 치유 의식과 가능성에 초점을 맞추는 것이었다.

Escape from Babel

06

신의 선물

사례

내담자: 그 의사는 화학적 불균형의 문제일 수도 있다고 말했어요. 하지만 저는 그렇게 생각하지 않아요…….

치료자: 네, 그럼 어떻게 생각하시나요?

06

신의 신물
사례

5장에서는 네 가지 범이론적 혹은 공통의 치료 요인에 근거한 심리치료의 통합적 언어를 제시했다. 이어서 이장에서는 이러한 언어에 근거한 치료 사례를 제시하고 있다. 내담자가 현재 가지고 있는 강점에 힘을 부여하고, 내담자의 목표와 기대에 맞게 치료를 형성해 나가는 과정을 임상 사례와 논평을 통해 설명할 것이다.

내담자

밥은 40세의 유럽계 남성으로, 결혼한 지 10년이 되었고 자녀는 없다. 그는 대학을 졸업했고 작은 규모의 노인 요양원을 관리하고 있다. 밥의 현재 불만은 우울하다는 것이다. 그에 따르면, 우울은 친구들과 가족의 잇따른 죽음 이후에 시작됐다. 그는 수면장애, 공포와 불길한 예감, 두통과 위장장애, 업무 집중에 대한 어려움, 자신의 죽음에 대한 고통스러운 상상, 아침 기상에 대한 어려움, 자살 충동 등의 문제를 호소했다.

밥은 매우 존경받는 치료자인 T 박사에게서 10회기의 치료를 받았으며 항우울제를 복용하기 시작했다. 그러나 다양한 주제를 탐색하고 몇 가지 개입 전략을 시도했음에도, 별로 나아지지 않았다. 내담자와 치료자 모두 치료가 답보 상태에 머무르고 있다고 느꼈다. T 박사는 새로운 방향에 대한 희망을 품고 자문을 위해 사례를 의뢰했다. 밥이 다른 치료자와 처음으로 만남을 갖는 자리에 T 박사는 일방경 뒤에서 팀과 함께 관찰하는 방식으로 참석했다.

발췌 1: 첫 번째 방문

치료자: 자, 약간 생소하게 느껴지겠지만, 거울 뒤에서 관찰하는 팀에 익숙해지는 데 몇 분 정도 걸릴 것입니다. 처음에는 저도 약간 어색하기 때문에 우리 둘 다 몇 분간은 약간 불안할 수도 있습니다.

내담자: 네.

치료자: 앞으로 우리는 약 45분간 이야기를 나누고 휴식 시간을 가질 겁니다. 그리고 제가 거울 뒤로 가서 팀과 이야기하고 그들이 당신에게 하고 싶은 제안이나 피드백이 있는지 알아본 후 돌아와서 당신에게

말해 줄 것입니다. 이것은 당신이 T 박사님을 찾아와 상담을 받았던 문제를 다른 방식으로 접근하기 위해서입니다. 이 작업에 대해 T 박사님이 당신에게 말했지요?

내담자: 맞아요.

치료자: 우리가 여기 있는 동안 거울 뒤의 팀에게서 한두 번 전화를 받을 거예요. 그건 저를 위해서인데, (둘 다 웃음) 저는 대답을 하고 팀이 말한 것을 당신과 나누겠습니다. 그들은 아마도 '이것에 관해 물어볼래요? 혹은 그것에 대해 추가로 질문을 해 주세요.' 라고 말할 것입니다. 또는 그들은 아마 제가 묻지 않았거나 당신에게 물어볼 필요가 있는 특정한 질문을 말하겠지요. 우리에게 도움이 되는 것은 당신이 무엇 때문에 T 박사님을 만나러 오게 되었는지, 만약 그 문제가 여전히 존재한다면 당신이 무엇 때문에 저를 만나러 여기에 오게 되었는가 하는 것을 먼저 알아보는 일입니다.

내담자: 네, 저는 기본적으로 제 우울증이 우리 가족과 친한 동료 등 3명의 죽음의 결과라고 생각합니다. 저는 노인 요양원을 관리하고 있고 그곳에는 5명의 이사진이 있는데, 그들 중 한 명이 갑자기 죽었어요. 그는 68세였지만 아무도 그가 갑자기 심장발작을 일으킬 거라고 예상하지 못할 정도로 건강했거든요. 또 작년 가을에는 제게 제2의 어머니와도 같은 고모가 암으로 돌아가셨어요. 그리고 8년 동안 요양소에 계시던 할머니도 돌아가셨고요. 가장 먼저 할머니가 돌아가셨고 이후에 고모, 동료가 잇따라 사망했어요.

치료자: 네, 세 분이나 돌아가셨군요.

내담자: 그리고 모든 것이 동시에 저를 덮쳤어요. 저는 아침에 일어날 수

없었고, 일어나고 싶지도 않다는 것을 깨달았지요. 자살하고 싶었어요, 아주 철저히.

치료자: 정말 힘들었을 것 같군요.

내담자: 그런데 최근에는 자살 충동이 안 들었어요. 제가 먹고 있는 약과 이렇게 이야기하는 것 그리고 아마도 제가 스스로를 위해 하려고 하는 몇 가지 방법들이 약간 도움이 되는 것 같아요.

치료자: 잘되었군요. 약과 이야기하는 것 이외에 또 무엇이 도움이 되었나요?

논 평

상담자는 자문 과정을 설명하면서 회기를 시작한다. 그는 가능한 한 밥을 편안하게 해 주기 위해 자문 팀과의 만남에 대한 그 자신의 불안감을 내담자와 공유한다. 내담자는 자신의 우울증에 대해 설명하고, 그것은 최근에 내담자의 지인들의 죽음에 원인이 있다고 말한다. 중요한 것은 그가 스스로 노력한 결과 어느 정도 나아졌다고 언급했다는 점이다. T 박사는 밥이 이전과 비교해 나아진 점이 있다고 생각하는 것을 처음으로 알게 되었다. 앞서 말한 대로 T 박사는 치료가 답보 상태에 있다고 믿었었다.

이어진 대화에서 내담자는 자신이 우울증에 대처하는 데 성공적이라고 하면서, 우울증에 대한 그의 관점을 언급한다. 치료자는 내담자의 의제에 따라 말하고 질문하면서 내담자가 주도하도록 이끈다. 치료자는 또한 변화 중심적인 접근을 하는데, 예를 들면 밥이 스스로를 돕기 위해 다른 무엇을 하고 있는지 주의 깊게 듣는 것이다.

발췌 2: 더 많은 변화와 새로운 치료 목표

치료자: 그렇군요. 이야기하는 것과 약 이외에 무엇이 도움이 되었나요?

내담자: 아시다시피, 저는 노인 요양원을 관리하고 있습니다. 두 명의 직원을 두고 있고요. 한 명은 최근에 입사한 사람이고 다른 한 명은 은퇴하고도 몇 년 동안 있었던 사람인데, 새로 입사한 직원이 제가 하던 일을 맡아서 하고 있어요. 그는 관리 능력도 상당히 있고 일상적인 업무를 빨리 인계받아서 저는 제가 예전부터 항상 해 오던 일들에 관여하지 않게 되었지요.

치료자: 네…….

내담자: 그런데 저는 다시 관여하려 하고 있어요. 아침에 아드레날린이 분비되도록 하기 위해서 T 박사님과 이야기한 끝에 업무에 좀 더 관여해 보기로 했어요. 그것이 아침에는 도움이 되고 있어요.

치류자: 네.

내담자: 아직까지는 아침에 일어나 움직이는 것이 힘들어요. 과거에, 우울증이 생기기 전에, 저는 아침형 인간이었어요. 원래 제가 무척 활동적인 사람이어서 이렇게 아침에 몸을 움직이기 힘들 정도로 무기력한 것이 더욱 힘들어요.

치료자: 네. 당신이 그런 우울감을 느끼기 시작한 것이 연속적으로 세 사람의 죽음을 맞이한 후였지요?

내담자: 네. 지난 가을에 모두 일어난 일이죠. 그래서 1월부터 T 박사님에게서 치료를 받았어요. 하지만 저는 아직도 세 사람의 죽음 이외에 그 원인이 무엇인지 찾고 있는 것 같아요.

치료자: 세 사람의 죽음 외에 다른 원인이 있다고 생각하세요? 사실 어느 날 갑자기 주변 사람이 세 명이나 죽음을 맞이한 건 적응하기에는 너무 힘든 일이지요. 그녀가 죽었고, 그녀도 죽었고, 그도 죽었는데, 나는 마치 아무 일도 없었던 것처럼, 내 인생에 전혀 변화가 없는 것처럼, 그리고 내가 그들에게 아무런 감정이 없던 것처럼, 아침에 일어나서 일하러 가야 하는 것 말이에요. 사랑하던 사람들의 죽음은 당신에게서 그들의 존재가 없어졌음을 의미할 뿐만 아니라 당신 자신도 죽을 수밖에 없는 운명이라는 것을 깨닫게 합니다. 당신의 우울증 뒤에는 분명 다른 이유가 있을 수 있겠지요. 우울증이 네온사인 같은 무엇을 가리키는 신호인 것은 확실합니다. 한 사람의 죽음만으로도 충분히 힘들 텐데, 짧은 기간 동안 당신의 삶에서 중요한 세 사람이 죽은 것은 정말이지 사소하게 지나치기 어려운 일이지요.

내담자: 네, 맞아요. 정말 어려워요. 그리고 만약 그것 때문이라면, 우울증의 원인을 더 이상 멀리서 찾을 필요가 없을 거예요. 하지만 저는 또 가족을 갖는 것에 대해 생각했어요. 제 아내와 저는 아기를 가지려고 노력했지만 성공하지 못했어요. 선생님도 아시겠지만 선생님이 죽음을 바라보고 있는데, 선생님을 돌봐 줄 사람이 아무도 없다고 생각해 보세요.

치료자: 그래서 죽음이 자극제가 되었고 당신을 괴롭히던 다른 문제, 즉 아이가 없다는 문제가 표면으로 떠오르게 되었군요.

내담자: 맞아요. 아기를 갖기 위해 많은 노력을 기울였지만 힘들었어요. 많은 의사들을 만났고 많이 실망했지요.

치료자: 네, 그랬군요.

내담자: 우리는 지금도 여전히 그 문제를 안고 있어요.

치료자: 네, 저도 4년 동안이나 아기를 가지려고 갖은 노력을 했지요. 결국 성공했지만 그 과정은 너무나 고통스러웠어요. 우리 둘 다 약물 복용과 수술을 반복했지만, 해가 가도 여전히 아기는 생기지 않았고…… 정말로 우울한 날들의 연속이었지요. 세상에는 많은 원치 않는 아기들과 유산되는 아기들이 있음에도 불구하고, 아기를 갖고 싶지만 그렇게 할 수 없었군요. 그것은 정말로 너무 힘든 과정이에요. 당신은 엄청난 일을 많이 겪었고, 그것이 당신을 우울하게 만든 것 같아요. 그것이 당신이 당면하고 있는 것이라면, 우울한 것이 놀랄 일도 아니네요.

내담자: 정말 그래요! 너무 고통스러웠어요.

치료자: 당신과 같은 상황이라면, 누구든 이겨 내기 힘들었을 거예요. 그러나 당신은 인생에서 많은 힘든 일들을 겪었음에도 불구하고, 스스로를 위해 여러 가지 일을 하고 있는 것 같군요. 항우울제가 도움이 되는 것 중의 하나고, T 박사를 만나는 것이 또 다른 도움이 되는 것이고요. 그리고 당신이 아침에 일어나 일하러 가는 것이 도움이 된다는 점도 알게 됐죠. 그 밖에 도움이 되는 것이 또 있나요?

논 평

내담자의 우울을 치료하는 데 있어서 내담자의 자원과 성공 경험을 탐색함으로써 내담자의 세계관에 관한 매우 중요한 정보를 알 수 있다. 밥의 사례에서 그는 세 사람의 죽음과는 다른 어떤 것에서 우울의 '원인'을 찾고 있다. 5장에서 언급했듯이 내담자의 세계관을 아는 것은 내담자에게 신뢰를 줄 수 있는 접근법이나 치료 절차를 선택할 때 중요하다. 따라서 치료자는 내담자를 따라가면서, 죽음 이외의 어떤 것이 내담자의 현재 문제를 가져왔는가에 대한 내담자의 관점을 탐색해야 한다. 또한 치료자는 죽음에 관해서뿐만 아니라 밥이 새로운 가족을 구성하는 데서 겪는 어려움에 관해서도 조심스럽게 알아 주어야 한다. 내담자의 노력이 중요한 것으로 강조되며, 그의 우울은 어려운 환경을 고려할 때 당연한 것으로 여겨진다.

치료자는 밥의 강점이 치료 성과를 가져온다는 점을 유념하여 밥이 우울증에서 벗어나기 위해 노력하는 것을 지지해 주고, 그가 치료 성과를 결정할 수 있다는 자기통제감을 강화시킨다. 치료자와 팀은 내담자의 반응을 모니터하며 승인의 표현으로 고개를 끄덕이거나 말로써 지지해 준다. 내담자에 대한 치료자의 공감과 지지를 가장 잘 표현한 대목은 치료자 자신도 아이를 갖는 데 비슷한 어려움을 겪었다는 점을 노출한 장면이다.

앞의 대화를 보면 전체적으로 치료 관계가 발전하고 있음을 알 수 있다. 대화의 주제는 내담자로부터 나왔으며 계속해서 내담자의 목표에 초점이 맞추어질 것이다. 이어지는 대화에서 치료자는 계속해서 변화에 초점을 맞추고, 우울을 해결하기 위해 밥이 노력해 온 일들을 강조한다. 또한 치료자는 내담자가 우울증의 원인이라고 여기는 다른 의견에 대해서도 주의 깊게 듣는다.

발췌 3: 더 많은 강점과 목표 확인하기

치료자: 그 밖에 도움이 되는 것이 있나요?

내담자: 저는 체중을 좀 줄이려고 노력하고 있습니다.

치료자: 네.

내담자: 낮은 자존감이 문제의 일부인 것 같아요.

치료자: 당신이 생각하기에 체중이 많이 나가는 것이 낮은 자존감의 원인이라는 건가요?

내담자: 네. 그것이 좀 문제가 되었어요. 일부 이사진도 저를 자극했고, 저 역시 제가 과체중이라는 것을 알고 있어요. 의사도 제가 과체중이라고 말했어요. 이 모든 것을 깨닫기 전까지는 이 문제를 마음에 담아 놓지 않았지만, 과체중으로 인해 낮아진 자존감이 문제의 일부라는 것을 깨달았어요.

치료자: 그래서 당신은 그것에 관해 뭔가를 하려고 노력하고 있군요?

내담자: 네.

치료자: 그렇군요.

내담자: 체중을 9kg쯤 줄였어요.

치료자: 우아, 대단해요! 살 빼기는 금주나 금연 혹은 다른 습관을 고치는 것보다도 더 어려운데요. 왜냐하면, 우리는 음식이 없이는 살 수 없기 때문이지요. 그리고 당신에게 일어났던 모든 어려운 일들에도 불구하고 살을 뺐다는 것은 매우 인상적이네요.

내담자: 네, 저는 사탕과 과자를 모두 줄였어요. 그 두 가지는 제가 가장 좋아하는 것이었는데, 아주 조금만 먹든지 아니면 전혀 먹지 않았어

요. 그리고 저는 운동을 하려고 노력 중이에요.

치료자: 네.

내담자: 저의 또 다른 문제는 직업을 비롯한 다른 모든 면에서 제가 바깥 활동을 매우 좋아하는 사람이라는 겁니다. 그래서 저는 항상 야외에 나가서 뭔가를 하곤 했지요. 하지만 요즘은 사무실에만 갇혀 있어요. 저는 여전히 밖으로 나가려고 노력하지만, 이사들은 제가 사무실을 관리하고 실적을 올리기를 원하거든요.

치료자: 아…….

내담자: 그래도 요양원을 관리하기 위한 야외 작업을 하려고 해요. 영업이 정말 잘되는 한, 그들은 영업 이외의 다른 면을 들여다보지는 않아요.

치료자: 그들이 당신이 하고 있는 모든 일을 알 필요는 없으니 그렇겠군요.

내담자: 맞아요.

치료자: 당신은 또한 체중 감량이나 기분 전환에 효과적이라는 점에서 더 활동적이고 더 많은 야외 활동을 하려고 노력하는군요. 당신은 더 좋아지기 위해 많은 일을 하고 있고, 그 모든 것이 어느 정도 도움이 되는 것 같습니다.

내담자: 저의 이런 노력이 더 빨리 도움이 되었으면 좋겠어요.

치료자: 당신에게 일어난 일들과 문제들을 볼 때 당신이 얼마나 많은 일들을 해 왔고, 또 그 일들을 이제까지 얼마나 잘해 왔는지를 생각하면 정말 놀라워요. 당신은 우울을 다루기 위한 거의 모든 방법들, 정말 여러 전문가들이 추천할 만한 다양한 치료 방법들을 실행에 옮겼

습니다. 당신이 원하는 만큼 빨리는 아니더라도 아주 효과적인 계획을 취합하고 있어요. 비록 제가 우울증을 경험해 보지 않았고 당신에게는 노력한 만큼 효과가 빨리 나타나지 않는 것처럼 보이겠지만, 제가 보기에 당신은 정말 빠르게 변화하고 있는 것 같아요. 그래서 당신이 저에게 설명을 하고 또 그것들을 행하고 있다는 것이 꽤 놀랍습니다.

내담자: 고맙습니다. 전 노력하고 있어요. 하지만 저는 실제로 왜 우울증이 시작되었는지에 관해서는 확실히 알지 못해요.

치료자: 아…….

내담자: 저는 죽음 사건 전에 이미 제게 우울증이 시작되었다고 생각합니다.

치료자: 그래요?

내담자: 그런데 그들의 죽음이 계기가 되었던 것이지요.

치료자: 네.

내담자: 그리고 저는 제 안에서 그 질문에 대해 답할 수 있으면 좋겠습니다. 1월에 신체적인 증상이 나타났는데, 정신적인 문제가 신체적인 문제로 전환되어 나타난 것이라고 생각됩니다. 위장장애, 두통을 비롯한 몇 가지 신체화 문제가 있었고, 일하고 싶지 않았어요.

치료자: 아, 당신의 몸이 당신에게 무언가를 말하고 있었군요.

내담자: 제가 생각한 또 한 가지 요인은 저의 전반적인 직업윤리입니다. 지금까지 저는 일만 해 왔어요. 저는 이제 요양원의 총지배인이고 다른 사람들보다 더 많은 시간적 여유를 가질 수도 있지만, 저는 결코 빈둥거려도 된다고 교육받지 않았거든요.

치료자: 네.

내담자: 그리고 어, 제가 항상 거기에 있어야 한다고 생각했고 그래서 그렇게 했는데, 지금은 잘 모르겠어요.

치료자: 음, 당신의 인생에 대한 가치관을 재평가하고 있는 것처럼 들리는군요.

내담자: 그렇게 하려고 하고 있어요. 이미 말했듯이, 전에는 이런 문제가 없었거든요.

치료자: 네, 제가 당신을 잘 이해하고 있는지 확인해 볼게요. 당신은 많은 것을 해 왔어요. 그리고 발전하고 있고요. (축구에 비유하며) 당신은 우울증이라는 공을 가지고 센터에서 적진을 향해 1미터 전진했습니다. T 박사를 만나 치료받으면서 항우울제를 복용하고 있고, 직장에서 일하고, 운동을 하며 체중을 줄이고, 바깥에서 더 많은 시간을 보내기를 바라고, 인생, 가족 그리고 일에 대한 당신의 신념을 재평가하고 있어요. 자, 이제 당신은 어느 지점까지 갈 건가요?

내담자: 10미터쯤 더 전진하고 싶어요.

치료자: 10미터쯤이라…… 그럼 당신이 우울증이라는 공을 가지고 10미터쯤 더 전진했을 때는 1미터 전진했던 시점과 비교하면 무엇이 더 나아졌을까요?

내담자: 항우울제를 안 먹을 것이고, 제 자신에 대해 더 좋게 느낄 것 같아요. 그리고 음…….

치료자: 네.

내담자: 그래서 제가 상대편 골키퍼 바로 앞까지 갈 수 있었으면 해요. 제가 하고 있는 것보다 더 빨리요. 그리고 다시 말하지만, 저를 처음에

우울증에 빠지도록 만든 것이 무엇인지 알고 싶어요.

치료자: 네, 우울이 무엇으로부터 시작되었는지를 아는 것이 자신이 나아졌다고 느끼는 데 매우 중요하다는 뜻으로 들리는군요.

내담자: 네, 매우 중요해요.

논 평

이 사례에서 치료자는 밥의 노력과 고군분투를 지지하고 칭찬하며 인정해 준다. 치료자와의 대화를 통해 밥의 목표는 매우 분명해진다. 그는 자신이 우울해진 이유를 알고 싶은 것이다. 그는 또한 항우울제를 먹지 않고도 자신이 나아졌다고 느끼기를 원한다. 치료 동맹을 촉진하기 위해서는 이것이 치료의 초점이 되어야 한다. 그의 강점과 현재의 성공 경험에 초점을 두는 것만으로는 충분하지 않을 것이다. 4장에서 언급한 대로, 치료는 내담자의 강점이 치료 관계 인에서 내담자들의 치료 목표와 부합할 때 촉진된다. 마찬가지로 단순히 우울증에 대한 몇 가지 제안을 하거나 다른 해결책을 제공하는 것은 치료에 대한 내담자의 희망과 소망에 부합하지 못할 것이다. 밥의 생각은 자신의 우울증의 원인을 찾는 것이 '골인에 성공하는', 즉 치료 목표에 이르는 길이라는 것이다.

발췌 4: 원인 탐색

치료자: 네, 우울증이 무엇으로부터 시작되었는지를 아는 것이 자신이 나아졌다고 느끼는 데 매우 중요하다는 뜻으로 들리는군요.

내담자: 네, 매우 중요해요.

치료자: 네.

내담자: 그들의 죽음이 분명히 주된 이유이기는 하지만, 돌이켜 보면 제 위장장애와 두통 그리고 종종 출근을 하지 않는 등의 우울 증상은 그들의 죽음이 있기 전에도 있었어요.

치료자: 우울 증상이 그 전에도 있었다고요?

내담자: 의사는 화학적 불균형의 문제일 수도 있다고 말했어요. 하지만 저는 그렇게 생각하지 않아요. 왜 갑자기 모든 일이 나빠졌느냐 말이에요. 전에는 절대로 이런 문제가 없었거든요.

치료자: 네, 그럼 다른 생각이 있나요?

내담자: 글쎄요, 어버이날과 5월 말은 대개 여름에 있을 가족 방문을 준비하느라 요양원이 매우 바빠요. 우리는 지난 몇 년 동안 초과근무를 했고, 일을 잘 조직하려고 노력했죠. 그리고 음, 그때쯤에 저는 신체적으로, 심지어 정신적으로도 진이 다 빠져 버렸어요. 그때부터 9월경까지 제게 소위 신체화 증상이라는 것이 나타났어요.

치료자: 네.

내담자: 물론 정확히 지적할 수는 없지만, 제가 그렇게 가라앉은 것이 오랫동안 초과근무를 했기 때문일까요?

치료자: 좋은 질문이에요. 밥, 당신은 우울증이 시작된 것에 대한 정확한

설명에 근접했다는 것을 어떻게 알 수 있을까요?

내담자: 모르겠어요, 저는 그것을 정확히 설명하려고 노력하는 중이에요. 여름 행사 준비를 위해 일주일에 6일 이상 근무시간을 초과해서 일한 결과일까요?

치료자: 오, 저런…… 쉬지도 못하고 일했군요.

내담자: 실제로 들여다본다면 그것이 원인일까요? 그것이 최초의 원인일까요? 저 말고 일을 진행할 수 있는 새로운 직원이 원인일까요? 그럴까요? 선생님도 아시겠지만 이것이 40대 중년의 위기일까요?

치료자: 음…….

내담자: 왜 이런 우울증이 생겼는지 이해하기 위해서 저는 많은 것을 분류하고 정리하려고 했어요.

치료자: 네.

내담자: 저는 마음속 깊은 곳으로부터 새 직원에 대해 이렇게 말했어요. 우리가 과거에 하던 것보다 그가 일을 더 제대로 한다고요. 그는 제게 이번 가족 방문이 잘되게 하기 위해서 몇 사람을 추가로 고용하자고 말해 왔어요.

치료자: 음, 똑똑한 사람 같군요.

내담자: 예, 작년에 제가 정말 힘들었거든요. 저는 더 이상 젊지 않고, 제 인생에서 내내 일하는 것 말고 하고 싶은 일이 있거든요.

논 평

앞의 발췌록에서처럼 치료자는 내담자의 자원을 염두에 둔다. 더불어 치료자는 내담자에게 공감적으로 반응하고 치료 동맹과 치료 목표—이 내담자의 치료 목표는 단지 우울증을 다루는 방법을 배우는 것이 아니라 우울의 원인을 발견하는 것이었다.—에 대한 내담자의 관점을 수용함으로써 더욱 강한 치료 동맹을 형성하고자 한다.

앞의 대화는 동맹에 관한 내담자의 관점을 수용해 줌으로써 어떻게 하면 내담자가 치료 목표와 과제에 대한 중요한 정보를 표현하도록 할 수 있는가를 보여 준다. 성공적인 치료를 위해서는 밥의 질문에 대한 해답을 제공해야 할 것이다. 그의 요청을 도외시하고 **통찰**을 얻고자 하는 그의 바람을 무시하면서 단순히 해결책과 예외(해결중심치료 기법의 하나) 혹은 문제 방지에만 초점을 맞추는 것만으로는 미흡하다.

발췌 5: 새로운 '원인'이 나타나다

치료자: 그 말을 들으니 기쁘군요. 제게 한 가지 이상한 생각이 떠올랐는데, 당신한테 한번 말해 볼게요. 좀 이상하게 들릴 거예요. 하지만 조금만 참고 들어 보세요. 당신은 신체화 문제와 우울증 때문에 당신이 살아온 삶의 방식을 검토할 필요가 있다고 생각하는 것은 아닌가요? 무슨 말이냐 하면 밥, 이 부분에 주목해 주기를 바라요. 만약 당신이 뭔가 다른 것을 시작하려 하지 않는다면, 당신의 삶은 저 밑바닥으로 떨어져 버릴 거예요. 지금은 그것을 알아야 할 때입니다. 사람들은 본래 매우 현명합니다. 그래서 시간이 지나면, 우리 내면의 어떤 측면에서 우리로 하여금 삶을 약간은 다르게 바라볼 필요가 있다는 것

을 깨닫게 해 주지요.

내담자: 전적으로 동의해요. 그것이 저 자신이든 저 위에 있는 신이든, 저는 신의 존재를 믿습니다만, 저는 어떤 일들이 왜 일어나는지에 대해 우리가 알지 못하는 이유가 있다는 것을 믿습니다. 아마도 이것이 그런 거겠죠, 맞아요.

치료자: 네. 저는 당신이 그 말을 이해하는지 알고 싶었어요. 왜냐하면 당신이 말한 것처럼, 그 일은 정말 나락으로 떨어지는 것처럼 보였기 때문에 신으로부터 인도받은 당신 내면의 지혜가 당신이 삶의 방식을 들여다볼 시점이라는 것을 알게 해 주었고, 그 문제를 생산적으로 다룰 시점이라는 것을 알려 주었지요. 정말 결과가 그렇게 나타난 거예요. 우울증의 나락에서 도움이 되었던 측면은 당신으로 하여금 당신의 삶을 변화시키기 위한 몇 가지 일을 하게 만들었다는 점입니다. 당신은 당신의 삶과 삶을 살아가는 방식, 삶에 접근하는 방식 그리고 아마 당신의 가족과 미래에 다가가는 방식을 면밀히 들여다보게 된 거예요.

내담자: 네, 확실히 그랬지요.

치료자: 문제는 사람에 따라 아주 다른 방식으로 기능할 수도 있다는 것이죠. 이상하게 들리겠지만, 문제가 항상 나쁜 것은 아닙니다. 때때로 문제는 사람들이 자신의 삶을 들여다보고 삶을 변화시키는 완전히 새로운 관점을 열어 주기도 하고, 때로는 사람들이 멈추어 서서 말하도록 합니다. 예를 들면, '잠깐, 뭔가 잘못되었어. 나는 초점을 다시 맞춰야 해. 인생이 나를 그냥 지나쳐 가려 하고 있어. 내 삶에는 일보다 더 중요한 것들이 있다고. 내 가족, 미래 그리고 다음 세대에

내가 줄 수 있는 것 혹은 내가 다음 세대를 만들어 나가는 데 역할을 할 것인지 등 말이야.' 하고 말이지요. 따라서 중요한 것은 내 삶이 어떤가 하는 것과 우리가 그것을 어떻게 경험하는가 하는 것입니다. 때때로 우리가 그것에 주의를 기울이려면 뭔가 파격적인 것이 필요한데, 당신도 알다시피 가서 쟁취하라, 날마다 일하러 가라, 최선을 다해라, 네 일을 잘해라, 일을 잘하지 못하면 안 하느니만 못하다, 계속 자신을 몰아쳐라와 같은 신념이 우리 내면에 너무 깊이 배어 있을 때 그렇습니다. 그것들은 중요한 가치이기는 하지만, 그것을 얼마나 오래 그리고 어느 정도까지 당신 삶에 드러낼 것인가 하는 점에 있어서 어느 정도 제한을 설정해야 합니다. 특히 우리 문화권에 속한 남성들은 모든 것이 끝장날 때까지는 '오, 그래, 이 일은 더 이상 힘들겠군. 아마 삶에는 뭔가 더 중요한 일들이 있을 거야.' 라고 말하며 포기하기가 쉽지 않지요. 내 말이 이해가 되세요?

내담자: 네, 물론이에요. 그 말이 진짜 공감돼요. 왜냐하면 우울증은 제가 제 삶의 질에 초점을 맞추도록 해 주었거든요. 그 전에는 매일 이것이 내가 할 일이야, 저것도, 저것도, 저것도, 이랬거든요. 이제는 제가 제 삶을 어떻게 꾸려 나가고 마칠 수 있을까 하는 문제가 중요해졌어요. 우울증이 어떤 면에서는 신으로부터의 선물이고, 제 인생을 다른 관점으로 보는 계기가 된 것 같아요.

논 평

내담자와 치료자는 함께 무엇이 우울증을 초래했는지 가능한 원인을 탐색했다(즉, 죽음, 불임, 초과근무, 중년의 위기, 새로운 직원, 낮은 자존감). 이러한 설명으로도 부족하자 치료자는 밥의 우울에 대한 새로운 원인을 제안했다. 즉, 우울은 단지 밥이 자신의 인생을 재평가하도록 돕기 위해 나타난 것이라는 점이다. 앞의 대화에서 나타났듯이 이에 대해 밥은 전적으로 동의를 표하며 우울증이 자신의 인생을 돌아보게 만드는 신성한 임무를 지닌 것으로 우울증의 원인에 개인적 의미를 부여했다.

치료자가 제시한 우울증의 원인에 대한 설명은 밥과의 대화에서 힌트를 얻은 것이며, 밥이 표현한 것들 중 몇 가지 중요한 요소들, 특히 그의 장점과 사색적 태도, 삶에 대한 재평가 그리고 우울에 대한 '진짜 이유'에 대한 탐색을 종합한 결과였다. 마지막 분석에서 이 방법은 효과가 있었다. 이는 명석한 재구성 때문이 아니라 앞서 밥이 언급한 요소들을 반영해 주었기 때문이다. 밥은 단순히 그가 치료에서 구하고 있었던 것—우울해진 진짜 이유—을 찾은 것이다.

치료자는 휴식 시간 동안 일방경 뒤에 있던 팀에게 자문을 받았다. 몇 분 후에 치료자는 팀의 의견을 전하러 돌아왔다. 기본적으로 피드백은 상담 중에 우울의 원인을 발견한 내담자의 잠재력을 강조하고 상담에서 나온 결론을 재진술해 주는 것이었다.

발췌 6: 팀의 피드백과 결론

치료자: 제 인생에서 가장 힘든 일 중의 하나는 치료자 간에 뭔가를 토론할 때 그들의 의견을 하나로 모으는 것이에요. 치료자는 장황하게 말

이 많은 사람들이거든요. 하지만 팀의 치료자들 간에 공통된 의견도 많았어요. 당신에 관해서 말입니다. 다시 말하자면, 우리가 한 팀으로서 당신에게 말하고 싶은 것은 세 가지예요. 첫 번째, 이 모든 것에 대한 당신의 통찰력에 팀이 매우 감동받았다는 것입니다.

내담자: 감사합니다. 그렇게 봐 주셔서 고맙네요.

치료자: 당신은 정말 사려가 깊으세요. 실제로 당신의 그러한 면모를 보았고요. 당신은 이 모든 경험에 대해 깊은 통찰을 가지고 있습니다. 팀은 그것에 매우 감명을 받았고, 제가 이것을 당신에게 이야기하기를 원했어요. 왜냐하면 많은 사람들이 그렇지 못하기 때문이지요. 팀은 또한 당신이 우울증 문제를 다루기 위해 노력했던 것에 대해서도 매우 감명을 받았어요. 당신이 해 왔고, 또 현재 노력하고 있는 일이 적어도 여섯 가지는 됩니다. 몇 가지만 이야기하자면, 항우울제를 먹고, 치료자를 만나고, 체중을 감량하고, 아침에 야외 작업에 참여하고, 휴식 시간을 갖기 위한 방법을 열심히 찾는 것이지요. 당신이 문제를 다루기 위해 하는 이 모든 것은 정말로 인상적이에요. 당신은 통찰력이 있을 뿐 아니라, 당신의 인생을 돌아보고 변화를 이루는 데 있어 행동 지향적이기도 합니다. 그것 또한 정말로 인상적입니다. 당신이 그렇게 많은 것을 할 수 있었다는 것에 저와 팀은 아주 놀랐어요. 그들은 당신이 하고 있는 모든 노력을 앞으로도 계속하라고 말해 달래요. 왜냐하면 잘되고 있으니까요. 분명히 잘되고 있어요. 당신이 원하는 만큼은 아직 도달하지 못했더라도 옳은 길을 가고 있는 것만은 확실합니다. 팀은 '당신이 하고 있는 일을 계속하는 것' 외에 단 한 가지 해야 할 일은 멈추지는 말되, 조금씩 속도를 늦추는 것을 고

려해 보기를 제안했어요. 이 문제는 당신이 장기간 동안 다루어야 할 문제 혹은 삶의 변화입니다. 그것은 당신이 수첩에 약속을 표시해 두는 그런 종류의 일이 아닙니다. 그것은 대대적인 삶의 변화이고, 당신이 겪고 있는 인생에 대한 기본적인 핵심 가정을 다루는 일이지 하룻밤 새 일어날 수 있는 변화가 아닙니다. 그 모든 것의 의미를 두고 볼 때, 그것은 시간을 두고 숙고하면서 해야 할 일입니다. 그리고 나와 팀은 그렇게 생각하는데, 우리가 오늘 이야기했듯이 만약 당신의 인생을 재평가하는 것이 신으로부터의 메시지 혹은 선물이라고 생각한다면, 그것을 당신 자신을 위해 펼쳐 보세요. 만약 정말로 그것이 선물 혹은 당신을 위해 그런 기능을 하는 것이라면, 그것에 대해 숙고해 보세요. 그것은 당신에게 일어난 중요한 일이기 때문입니다. 단지, 그 일에 있어서 우리가 제안하고 싶은 것은 천천히 진행하면서 그러한 측면을 평가해야 한다는 것입니다.

내담자: 저도 그렇게 생각해요. 달리 말하면, 우울증은 그만한 이유가 있어서 생긴 것이니까 제가 원하는 만큼 효과가 빠르게 나타나지 않더라도 너무 낙담하지는 말라는 것이죠?

치료자: 네, 맞아요. 다 그만한 이유가 있어서 나타나는 거예요. 당신에게 실제로 큰 도움이 되는 무언가를 제공하고 있다는 것이죠. 여러 면에서 당신을 도와주고 있어요. 물론 우울증을 부정적인 것으로 바라보는 관점에서는 이상하게 들리겠지만, 우울증은 매우 긍정적인 기능도 합니다. 자, 이것이 팀이 당신에게 전하는 메시지예요. 오늘은 여기까지입니다. 다음 치료는 T 박사님과 함께하시면 됩니다. 이 과정에 참여해 주신 용기에 감사해요.

내담자: 아주 흥미롭고 많은 도움이 되었어요.

치료자: 네, 기꺼이 다른 것을 시도해 보려는 당신의 용기는 확실히 칭찬받을 만합니다. 당신의 그런 점이 그 모든 것을 해결할 능력이 당신에게 있음을 말해 준다고 생각합니다. 당신은 잘하고 있어요. 당신과 이야기할 수 있어서 즐거웠습니다.

내담자: 정말 고맙습니다.

논 평

밥의 치료자인 T 박사는 밥이 상담 중에 이야기한 많은 강점과 성공담에 놀랐다. 특히 그와 밥, 두 사람 모두 이전 상담에서 진전이 없다고 이야기했음에도 불구하고, 밥은 진전이 있었다고 믿고 있다는 사실에 놀랐다. 이러한 측면에서 볼 때 중요한 요인은 변화 중심적이 되는 것이다. 즉, 적극적 경청, 차이점, 변화 혹은 개선에 대한 내담자의 이야기를 확장시켜 주는 것이 중요하다. T 박사도 밥과의 상담에서 같은 주제들을 다루었지만, 자문을 통한 접근은 밥으로 하여금 자신의 감정을 다룰 수 있는 능력이 있음을 깨닫게 해 주었다.

자문에 이은 추수 회기가 T 박사와 밥의 마지막 상담이 되었다. 밥은 자신에게 인생과 우울증에 대한 책임이 있다고 생각해 왔다. 그러나 마침내 상담에서 그는 우울증이 자신의 삶에 관해 무엇을 가르쳐 주었는지 이야기했다. 그는 우울증이 자신의 직업적 · 개인적 삶에서 자신이 하고자 했던 것이 무엇인지를 재검토하도록 해 주었다고 했다. 그는 재초점화의 대부분을 신의 은총으로 돌렸는데, 생각하면 할수록 모든 것이 신의 뜻으로 느껴진다는 것이었다. 한 회기의 상담이 추가로 잡혔다가 나중에 취소되었는데, 밥이 더 이상 치료가 필요하지 않다고 느꼈기 때문이었다. 6개월 후의 추수 상담을 위한 전화 통화에서 내담자는 완벽하지는 않지만 훨씬 좋아졌다고 느끼고 있고 항우울제도 먹지 않고 있으며 '신의 선물'이 그에게 깨닫게 해 주는 인생의 여러 측면을 계속해서 찾고 있다고 하였다.

논 의

내담자 요인

밥의 사례는 변화를 위한 통합적 언어를 구성하는 네 가지 요인의 효과를 설명해 준다. 내담자 요인은 우연한 사건을 변화를 위한 기회로 활용하는 내담자의 타고난 자원과 능력을 말한다. 밥에 대한 자문은 그의 고민과 치료 목표에 주의를 기울이면서 그의 발전에 초점을 두고 목표 성취를 향해 나아갔다. 밥의 자원이 성공의 핵심 요인이 된 것이다.

관계/동맹 요인

관계 요인은 모든 개입의 기초가 될 뿐만 아니라, 성공적인 치료를 위한 대인관계 맥락을 제공한다. 밥은 치료자로부터 이해받았다고 느꼈고, 그의 고민은 중요한 문제로 다루어졌다. 치료자는 밥이 의미를 부여한 이야기를 존중하고 탐색했다. 그리고 면접 과정과 개입에서 밥의 목표를 다루어 주었다.

개입은 그것이 치료자와 내담자 간의 강한 동맹에 뿌리를 두고 있는가, 치료자가 내담자를 어느 정도로 인정하는가에 따라 효과가 다르게 나타난다. 밥의 우울을 **선물**로 보는 관점은 상담을 밥의 기대에 맞추어 나가는 과정에서 가능했던 것이다. 이 해석은 밥의 성취에 근거하고 그의 노력을 인정한 것이며 우울에 관한 그의 질문에 해답을 제공했다.

플라시보 요인

치료의 성과에 유의미한 마지막 요인은 플라시보 요인이다. 플라시보 효과는 치료가 시작될 것이라는 희망과 치유 의식에 참여한다는 인식만으로도 내담자가 나아지는 결과를 가져오는 것을 말한다. 희망은 치료자가 치료를 통해 좋은 성과를 얻게 될 것이라는 내담자의 기대가 높아질 때 고무된다. 앞서 자문을 제공한 치료자는 밥의 능력을 신뢰해 주고, 반복적으로 그가 성취한 것을 언급해 주었으며, 다방면에 걸친 그의 노력과 계획을 고려할 때 변화가 불가피함을 제안했다. 자문 치료자와 팀의 지지와 격려는 내담자에게 추가적인 변화라는 희망을 불어넣었다.

내담자의 상태가 우울증의 진단 준거에 들어맞더라도 밥을 위한 치료법을 선택하거나 치료에서 성공을 예측하는 데 진단은 별 도움이 되지 않는다. 진단은 내담자에 대해 특징 없고 색깔 없는 그림을 보여 줄 뿐이다. 즉, 밥의 인생에서 중요한 것이 무엇인지 전혀 포착해 내지 못한다. 진단보다는 밥이 처한 독특한 환경과 치료 목표에 대한 정보가 치료 과정에서 훨씬 더 도움이 되었다.

선택된 기법과 치료

기법은 변화의 약 15% 정도만을 설명하기 때문에 내담자의 독특한 환경에서 유용하다고 입증될 수도, 그렇지 않을 수도 있다. 그러므로 기법을 선택하는 것은 단지 내담자의 문제를 소위 정선된 치료에 처방식으로 끼워 맞추는 것 이상이어야 한다. 치료법을 선택할 때 그것이 내담자—즉, 내담자의 자원, 치료자의 스타일, 치료자와 내담자와의 관계 그리고 그 기법의 유용성에 대한 내담자의 믿음 등—와 얼마나 잘 맞는가에 근거하여 이루어질 때, **정선된 치료법**은 하나의 가능성으로 볼 수 있다.

밥은 이미 우울증에 대한 정선된 치료(즉, 항우울제 처방과 인지-행동주의적 치료)를 받았다. 비록 그에게 처방된 약이 우울증에 도움이 되었더라도 밥은 그가 화학적으로 불균형하다는 것을 믿지 않았고, 실제로는 항우울제를 끊고 싶어 했다. 게다가 그가 받았던 인지-행동주의적 치료는 그의 주요 관심사를 다루지 못했다. 한편, 자문에서 적용된 기법은 기본적으로 그의 강점과 성공 경험을 강조하고 그의 주요 관심사를 다루었다. 통합적 언어에 있어서의 기법과 모델의 역할에 대해서는 다음 장에서 자세히 다루기로 한다.

결 론

이 사례는 심리치료의 통합적 언어—내담자, 관계, 플라시보, 기법—를 설명해 준다. 이 사례의 성공은 내담자의 강점을 충분히 믿어 주고, 동맹에 대한 내담자의 생각을 존중해 주며, 내담자와 그의 치료 목표에 대해 지속적으로 지지해 준 결과 성취할 수 있었다.

Escape from Babel

07

구조와 새로운 방안

심리치료 모델 및 기법의 효과

심리치료자들은 궁극적으로 자신만의 치료 방법을 발전시킨다. 이는 자신이 배운 방법들과 경험한 것, 치료자의 고유한 성격의 혼성체다.

루이스 울버그(Lewis Wolberg), 1977, p. 973

치료 학파들은 문화를 형성한다…… 이 문화는 내담자의 문제를 다루는 임상가에게 자신들이 무지하고 무력하다는 불안감을 덜어 준다.

로버트 팬처(Robert Fancher), 1995, pp. 30-31

07

구조와 새로운 방안

심리치료 모델 및 기법의 효과

이제까지 저자들은 심리치료에서 모델과 기법의 중요성이 얼마나 부풀려져 왔는지 명확히 보여 주고자 했다. 따라서 모델과 기법의 효과에 대해 요란한 팡파르를 울리는 일은 모델과 기법의 절대 가치를 증명하는 새로운 연구가 확립되기 전까지는 그만한 가치가 없는 혹은 적어도 성급한 일이다. 그럼에도 불구하고 이들 모델과 기법이 심리치료의 성과에 기여한 사실은 부정할 수 없다. 심리치료의 성과에 관한 문헌에서 15%의 변량이 이 두 요소에 기인한다는 점을 상기해 보자(Lambert, 1992). 따라서 모든 심리치료자는 다양한 치료 모델과 기법에 익숙해지고 그것을 사용할 수 있는 능력을 갖추어야 한다.

그러나 그동안의 연구를 통해 많은 치료적 접근이 거의 동등한 성과를 달성한다는 것이 일관되게 나타났기 때문에 여러분은 통합적 언어에서 모델이나 기법이 무슨 역할을 하는지 의문을 가질 것이다. 치료의 성과에서 그토록 많은 변량이 다른 요인—정확히는 85%(치료 외 요인 40%, 관계 요인 30%, 플라시보 요인 15%)—에 의해 설명된다면, 모델과 기법은 어떻게 이해되어야 할까? 이 장에서 그 해답을 찾아보자.

실제로서의 모델과 기법

손가락으로 달을 가리킬 때 손가락을 보지 말라.
손가락을 본다면 당신은 달을 볼 수 없다.

브루스 리(Bruce Lee), 용쟁호투(Enter The Dragon

인류학자이자 철학자인 그레고리 베이트슨(Gregory Bateson)은 외국 여행 중에 일본인 가족이 가장에게 존경을 표하는 것을 본 적이 있었다(Simon, 1996). 베이트슨은 특히 딸들이 아버지가 일터에서 집으로 돌아왔을 때, 크게 환영하며 절하는 것을 흥미롭게 생각했다. 인류학자들이 항상 그렇듯이, 베이트슨은 딸들 중 한 명에게 다가가 왜 그녀들이 그토록 아버지에 대한 존경심을 갖고 있는지 물었다. 그런데 그의 기대와 달리 딸은 자신들은 아버지를 존경해서 절하는 것은 아니라고 대답했다. 더 정확히 말하면, 그녀는 "우리는 정말로 우리가 존경하는 사람이 나타났을 때, 어떻게 존경심을 보여야 하는지 알 수 있도록 아버지에게 존경심을 보이는 것을 연습하는 것입니다."(Simon, 1996, p. 53)라고 했다.

이 이야기는 모델과 기법의 역할에 대해 우리가 갖고 있는 의문에 답을 제공해 준다. 통합적 언어에 의하면, 치료 기법은 더 이상 어떤 특정한 이론적 주의나 학파(예를 들면, 역동주의, 인지-행동주의, 해결중심주의)를 말하는 것이 아니라, 사이먼(Simon, 1996)이 제시한 바와 같이 '어떤 것의 이름을 만들고 실행하며 동료와 대화하고 치료적 작업이 발생할 수 있도록 태도와 가치를 형성하도록 치료자를 훈련시키는 실제' (Francher, 1995, p. 53)다. 다시 말하면, 베이트슨의 이야기에서 절하는 것이 자매에게는 존경심을 표현하는 방법을 배우게 해 주었듯이, 모델과 기법은 심리치료자에게 가치와 태도, 행동(효과적인 심리치료를 구성하는 핵심 요소, 즉 공통 요인)을 발전시키고 연습과 학습이 가능하도록 구조화된 방법을 배우도록 한다.

치료 기법은 임상가에게 있어 돋보기와 같은 역할을 한다. 이 돋보기는 변화의 힘을 모으고, 초점을 맞추고 집중하도록 하며, 그것에 불을 붙이고 타오르게 만든다. 연구 문헌들은 초점과 구조가 효과적인 심리치료의 필수 요소임을 보여 준다. 사실 지금까지 수행된 연구들은 심리치료에서 부정적인 결과를 가장 잘 예측해 주는 변인 중의 하나로 초점과 구조가 미흡할 때를 들고 있다(Mohl, 1995). 사크스(Sachs, 1983)의 연구에서는 치료자나 내담자가 가지고 있는 개인적 특성 혹은 자질보다는 치료 회기에서 구조와 초점이 없는 것-이는 그가 연구를 위해 고찰한 치료 사례들에서 놀랄 정도로 빈번히 나타났다고 한다.-이 치료 성과에 훨씬 더 큰 영향을 주는 것으로 나타났다(Mohl, 1995).

문제는 이 수많은 선택안 중에 심리치료자가 어떤 내담자에게 어떤 구조와 초점을 채택하여야 할 것인가다. 폴(Paul, 1967)과 그 밖의 연구자들(Kiesler, 1966; Krumboltz, 1966)의 말을 빌리면, '어떤 치료자가 어떤 특정 문제를 가진 내담자와 어떤 환경에서 어떤 치료법으로 가장 효과적으로 치료하는가?' 하는 문제다. 현재까지의 연구 자료는 어떤 특정 이론적 경향이나 기법이 그 자체로는 덜 중요하다는 것을 보여 준다. 오히려 이론이나 기법은 치료자로 하여금 공통 요인 및 치료에 대한 내담자의 관점과 기대에 맞는 태도와 행동을 연습하도록 도와준다는 점에서 중요하다. 예를 들어, 만약 모델이나 기법이 치료자에게 인간에 대한 비관적 시각을 불어넣거나 내담자에게 치료자에 대한 의존을 강요한다면, 그것은 분명 내담자와 치료를 위해 최선은 아닐 것이다. 또한 치료 접근이 어떻게든 내담자의 자존감 혹은 자기효능감을 손상시키는 것이거나 내담자의 가치관 혹은 종교적 믿음과 충돌하는 것이라면, 그것 역시 유익하지 않을 것이다. 하지만 놀랍게도 현재의 많은 치료 모델과 기법들은 부지불식간에 이러한 결과를 낳고 있다.

전이의 해석에 대한 해석

공통 요인의 가치를 떨어뜨리는 기법의 예로서 전이의 해석을 생각해 보자. 헨리, 스트럽, 샤흐트 그리고 가스통(Henry, Strupp, Schacht, & Gaston, 1994)에 의하면, '전이를 해석하는 것은 정신역동 심리치료의 핵심적인 기법'(p. 469)이다. 절충주의를 포함하여 다른 접근법들의 인기가 날로 높아지고는 있지만, 정신역동 모델은 여전히 폭넓은 인기와 영향력을 과시하고 있다(Jensen, Bergin, & Greaves,

1990). 전이의 해석은 다양한 정신역동 접근에서 오랫동안 폭넓게 사용되어 왔으며 역사적으로 전이의 해석을 통해 내담자의 변화를 가져올 수 있다는 믿음은 많은 신뢰를 얻어 왔다. 그러나 지난 10년 동안 이 치료법의 효과를 입증하기 위한 연구들이 장기간에 걸쳐 이루어지고 그 자료가 대량으로 축적되면서 이전과는 다른 그림이 나타나고 있다.

헨리와 동료들(Henry et al., 1994)은 『심리치료와 행동 변화 핸드북(Handbook of Psychotherapy and Behavior Change)』을 통해 정신역동 치료에서 전이의 해석이 실제로 얼마나 수행되고 있는지 살펴보았다. 그들의 연구에 의하면 사례 설명서나 임상 요약집에서 그토록 전이의 해석에 대해 호의적이고 찬미했던 것과 대조적으로, 전이의 해석은(전통적으로 가정되어 온 것처럼) 빈약한 동맹 관계를 회복시키기는커녕 실제로는 치료적 동맹을 손상시키는 것으로 나타났다. 전이의 해석은 내담자가 정서적으로 그에 반응한다 하더라도 특별한 치료 효과는 없었다. 오히려 해석은 치료자의 다른 어떤 개입 방법보다 내담자의 저항 반응을 유발하기 쉽다. 정신역동 이론은 내담자의 저항을 인정하고, 심지어는 저항이 일어날 것이라고 예상하기도 한다. 그러나 전이의 해석이 어떠한 이점이 있든지 간에 내담자의 저항이 더 나쁜 치료적 결과를 가져온다는 다른 연구 결과들도 고려해야 할 것이다(Henry et al., 1994, pp. 475-477).

치료자의 동기나 의도가 어떻든 간에 전이를 해석함에 있어서 문제는 그 근본 내용이 내담자의 심리와 인간성에 관한 비판적 가설에 기초하고 있다는 점이다. 이는 공통 요인과는 상치되는 측면이다.

와일(Wile, 1984)은 이것을 다음과 같이 설명하고 있다.

> 내담자들은 유아기의 충동을 만족시키려 하고 방어적이며 발달상의 결함을 가진, 치료에 저항적인 존재로 간주된다. 이런 식으로 인간을 이해하는 치료자들은 이처럼 부정적인 관점에 부합하지 않는 그 밖의 다른 해석을 내리는 데는 어려움을 느낄 것이다(p. 353).

내담자가 이미 약해진 자신을 공격하고 무시하는 환원주의적 주장을 부인할 것이라는 사실은 불 보듯 뻔한 일이다. 일부 내담자는 자신이 본래 기대했던 것과는 다른 심리치료에 실망하고 후회할 것이다.

우리는 어떤 내담자에게도 어떤 시점에서도 전이의 해석이 유용하지 않다고 주장하려는 것이 아니다. 연구에 의하면 생산적인 전이의 해석을 위한 이상적인 상황은 '매우 기능적인 환자에게 비교적 낮은 빈도로 정확한 해석(그 정의야 어떻든지 간에)을 할 때'(Henry et al., 1994, p. 476)라고 한다. 여기서 매우 기능적인 환자란, 그 해석 내용이 전제로 하는 특정 정신역동 이론의 세계관에 동조하는 사람을 말한다. 즉, 내담자가 인간이 유아기적 혹은 본능적 충동에 의해 동기화된다는 믿음에 동의할 때만, 그 이론에 해당하는 해석이나 설명이 타당하고 치료적이 될 수 있다는 것이다.

직면에 직면하기

널리 사용되는 또 다른 치료 기법으로 직면이 있다. 마투슈카(Matuschka, 1985)에 의하면, 직면은 '모든 심리치료 관계의 일부분' (p. 195)이다. 직면은 주로 내담자가 스스로의 사고와 태도, 행동, 심지어는 몸짓에 있어서의 이중 메시지, 불일치 또는 모순을 직접 대면하도록 지적해 주는 것을 말한다(Egan, 1975; Evans, Hearn, Uhlemann, & Ivey, 1979; Ivey & Simek-Downing, 1980). 아이비와 글럭스턴(Ivey & Gluckstern, 1976)은 "내담자들은 직면을 통해 그들이 의도한 것이 아닌 다른 것을 말하거나 행동하고 있다는 사실과 직접 맞닥뜨리게 된다." (p. 46)라고 하였다.

대부분의 주요 심리치료 학파들은 불일치와 모순에 특별히 주의를 기울인다. 왜냐하면 불일치와 모순은 치료적 변화를 가져오는 데 방해가 되거나, 방어기제 혹은 의도적 허위 진술을 의미하는 것으로 여겨지기 때문이다(Ivey & Gluckstern, 1976). 이것은 특히 약물중독이나 알코올중독 치료 분야에서 명확히 나타난다. 지난 수십 년 동안 이 분야의 치료에서는 직면과 유사한 기법이 많이 사용되었다. **내담자를 저항적이거나 동기화되지 않은 혹은 거부적이라고 보고** 직면을 옹호하는 사람들은 '내담자는 치료에 복종하지 않는다…… 그들은 도움을 받아야만 한다.' (Johnson, 1973, p. 1)고 가르쳐 왔다.

그러나 이러한 형태의 개입–일반 내담자뿐 아니라 약물 및 음주 문제를 가진 내담자들의 치료–의 효과를 증명하기 위한 연구들이 오랫동안 이루어지고 그 연구 자료가 축적되면서 또 다른 결과가 나타나기 시작했다. 밀러, 베네필드 그리고 토니건(Miller, Benefield, & Tonigan, 1993)이 약물 및 음주 문제를 가진 내담자의 치료와 관련하여 수행한 대표적인 연구를 보자. 이 연구는 지시적–직면적 심리치료 접근이 지지적–반영적 접근보다 내담자에게 더 많은 저항과 부정적인 치료 결과 그리고 음주량의 증가(1년 후 추수 조사 측정 결과)를 가져온다는 결과를 보여 주었다. 다른 연구들도 직면적 접근이 실제로는 도움을 절실히 필요로 하는 내담자에게 해를 끼칠 수도 있다는 결과를 보여 준다. 예를 들면, 애니스(Annis, 1979)의 연구는 '부정적인' 자아존중감을 가진 내담자들이 직면적 집단치료에 참여한 후에 전혀 치료를 받지 않은 사람들보다 더 나빠졌음을 보여 주었다. 참고로 이 연구에서는 '높은' 자아존중감을 가진 내담자들은 통제집단보다 약간 나아진 것으로 나타났다. 만약 이들 높은 자아존중감을 가진 내담자들이 직면적 치료에 참여하지 않았다면 어떻게 되었을까?*

이러한 결과는 약물 및 음주 문제를 가진 내담자를 대상으로 하는 치료에만 국한된 것이 아니다. 엘리엇(Elliot, 1985)은 군집분석을 사용하여 심리치료에 작용하는 요인 가운데 도움이 되는 것과 도움이 되지 않는 것에 대한 분류표를 만들었다. 놀랄 것도 없이, 공통적으로 상호관계에 가장 도움이 되는 것은 내담자가 자신이 처한 환경과 어려움을 치료자가 이해 혹은 공감해 준다고 느끼는 것이었다. 가장 도움이 되지 않는 것은 치료자와의 관계에서 내담자가 잘 이해받지 못하고, 오해 혹은 비판을 받거나 압박감을 느끼는 것이었다. 한 연

---

* 역주 낮은 자존감을 가진 내담자는 더 나빠지고 높은 자존감을 가진 내담자는 '약간' 나아지도록 만드는 것이 직면이라면, 직면은 효과가 없는 것이라고 할 수 있다. 즉, 높은 자존감을 가진 내담자는 차라리 직면 기법을 적용하지 않았더라면 '약간' 나아지기보다는 '훨씬 더' 나아졌을지도 모른다는 의미다.

구에 따르면, 심리치료의 전체 효과 변량의 25~40%는 지지적–반영적, 내담자 주도적 심리치료 접근의 특성에 의해 설명되는 것으로 나타났다(Duncan & Moynihan, 1994; Patterson, 1984). 그러나 아직도 심리치료 모델이라는 시장에 새로운 접근법이 나타날 때마다, 특히 쟁점이 되고 있거나 격론이 일고 있는 내담자 집단에 대해 직면은 종종 좋은 선택안으로 받아들여진다. 이는 최근 가정폭력이나 성폭력 가해자들을 대상으로 한 직면 기법의 접근이 증가하고 있다는 사실을 보면 알 수 있다.

직면도 전이와 유사한 문제를 안고 있다. 즉, 이 기법 역시 공통 요인과 상치되는 가설을 바탕으로 한다. 예를 들어, 내담자를 '도움을 받아야 할 질병의 희생양'으로 보는 치료자가 어떻게 내담자와 끈끈한 치료 동맹이나 협력 관계를 구축하고, 변화를 위한 희망이나 긍정적 기대를 불어넣을 수 있겠는가? 마찬가지로 내담자가 어떤 중요한 정보를 감추거나 속내와 표현이 일치하지 않는 잠재적 방어기제를 가지고 있다고 치료자가 믿는다면, 적어도 치료자는 그 부정적인 믿음을 어떻게 내담자에게 전달하지 않을 수 있겠는가?

직면과 전이의 해석(혹은 그것을 위한 어떤 모델 혹은 기법)을 지지적–반영적으로 할 수 있다고 말하는 것은 핵심을 비껴가는 말이다. 기법은 변화를 가져오지 않는다. 키슬러(Kiesler, 1995)는 "기법은…… 어떤 것이 치료의 가장 중요한 구성 요소인지 말해 주지 않을 뿐 아니라, 왜 어떤 기법이 성공적인지를 설명하는 심리학적 메커니즘을 보여 주지도 않는다."(p. 98)라고 지적했다. 모델과 기법은 '달을 가리키는 손가락'이라고 할 수 있다. 치료자가 공통 요인을 더 많이 찾고자 한다면 모델과 기법은 도움이 되겠지만, 손가락(모델과 기법)에만 초점을 맞춘다면 치료자는 달(효과적인 치료를 구성하는 공통 요인)을 못 보게 되는 격이다.

치료자는 다음의 질문을 통하여 모델이나 기법이 효과적인 치료에 도움이 되는지 평가해 볼 수 있다.

- 모델/기법이 내담자의 세계관과 일치하고, 그것을 지지하고 보완해 주는가? 그렇다면 어떻게 그러한가?
- 모델/기법이 치료에 대한 내담자의 기대와 일치하거나 그것을 보완해 주는가? 그렇다면 어떻게 그러한가?
- 모델/기법이 내담자의 강점과 자원, 능력을 활용하고 있는가? 그렇다면 어떻게 활용하는가?
- 모델/기법이 내담자가 속한 환경 및 기존의 지지망을 얼마만큼 고려하고 활용하는가?
- 모델/기법이 내담자가 치료에서 경험하는 자발적인 변화를 발견하고 그것을 기초로 하는가? 그렇다면 어떻게 그러한가?
- 모델/기법이 치료에 대한 내담자의 목표를 얼마나 깊이 탐색하고, 그것과 일치하는가 혹은 그것을 기초로 하는가?
- 모델/기법을 사용함으로써 일어나는 치료적 상호작용에 대해 내담자는 공감적이고 정중하며 혹은 진실된 것이라고 느끼는가?
- 모델/기법이 내담자의 희망, 기대 혹은 자기통제감을 어떻게 향상시키는가?
- 모델/기법이 내담자의 자아존중감, 자기효능감 그리고 자기통

제감에 어떠한 영향을 주는가?

그러나 공통 요인을 아는 것만이 모델이나 기법을 유용하게 활용하는 유일한 방법은 아니다. 다음에는 모델이나 기법의 활용 방법에 대해 탐색해 보자.

새로운 모델과 기법

모델의 노예가 되지 말라.

빈센트 반 고흐(Vincent van Gogh)

가장 효과적이고 믿지 못할 정도로 단순한 공식이 지구상의 재난을 초래했다. 그것은 수십억 년 동안 전 종족의 멸종을 가져왔다.

폴 바츨라비크(Paul Watzlawick), 1983, p. 31

미국의 지미 카터(Jimmy Carter) 대통령은 그의 재임 첫해에 이집트의 안와르 사다트(Anwar Sadat) 대통령과 이스라엘의 메나햄 베긴(Menachem Begin) 수상을 미국으로 초청했다. 이집트와 이스라엘 두 나라 간의 평화협정 체결을 위한 일련의 정상회담을 열기 위해서였다(Carter, 1993).[1] 마침 대통령으로 선출되어 의기양양하던, 그리고 이스라엘과 이집트 간의 유혈 사태 방지를 열망하던 카터 대통령은 이미 몇 차례 실패로 돌아간 이 일을 자신은 성공적으로 해낼 수 있

1) 이 이야기와 심리치료와의 관련성에 대해 알려 준 조 애론(Joe Eron)에게 감사를 표한다.

으리라 믿었다. 그러나 2주 동안 엄청난 외교적 수완을 발휘하고 협상에 신중을 기했음에도 불구하고, 메릴랜드주(Maryland)에 위치한 대통령의 별장에서 이루어진 이 회담은 이전에도 그랬던 것처럼 또 실패로 돌아갈 운명인 듯 보였다. 실제로 캠프 데이비드(Camp David)에 도착한 직후부터 중동에서 온 두 정상은 서로 대화도 하지 않았으며, 심지어는 같은 방에서 만나는 것조차 동의하지 않을 태세였다. 의욕을 잃은 카터 대통령은 백악관으로 돌아가기 위해 짐을 싸기 시작했다. 그러나 그가 떠날 준비를 하고 있을 때, 정말 기대하지도 않았고 전혀 계획하지도 않은 이 난관을 타개할 만한 일이 벌어졌다.

카터 대통령이 두 정상과 함께 찍은 사진 몇 장을 전해 주러 베긴 수상의 거처를 방문했는데, 베긴 수상이 자신의 손자 여덟 명의 사진 하나하나에 카터 대통령과 사다트 대통령이 사인해 주기를 요청했다. 카터 대통령의 말에 따르면, 이때 베긴 수상은 손자들의 사진을 들여다보고 한 명 한 명의 이름을 말하면서 매우 감성적이 되었다고 한다. 그는 그 사진을 보면서 분명 또다시 전쟁이 일어나면 이집트와 그의 손자들(그리고 이스라엘 전체의 아이들)의 운명이 어떻게 될지 생각하게 되었을 것이다. 그는 마지막으로 작성된 평화협정안을 다시 한 번 살펴보기로 약속했다. 그리고 얼마 안 가 그 협정은 체결되었다.

전혀 다른 이야기지만, 정신과 의사 마이클 발린트(Michael Balint, 1968)는 **아무것도 할 수 없다며 무력감**을 호소하는 20대 후반의 여성을 치료했는데, 2년 동안 대상관계 중심의 심리분석 치료를 실시했으나 거의 아무런 진전을 보이지 않았다. 그러나 발린트 박사가 그녀에게 치료실에서 재주넘기를 해 보라고 했을 때, 치료는 돌파구를 찾았다. 그녀가 자신은 어릴 때 재주넘기를 할 수 없었다는 이야기를 하던 중에 발린트 박사가 재주넘기를 한 번 해 보라고 제안한 것이다. 발린트 박사는 "그녀는 즉시 소파에서 일어나 그녀 자신도 놀랄 정도로 아무 어려움 없이 완벽한 재주넘기를 해 보였다."(p. 129)라고 증언했다. 그 후로 발린트 박사는 그녀가 정서적, 사회적, 직업적으로 눈에 띄게 향상되는 것을 볼 수 있었다고 한다.

앞의 두 이야기는 서로 연관이 없는 이야기처럼 들리지만, 사실 모델과 기법이 어떻게 하면 임상가에게 유용하게 사용될 수 있는지에 대한 하나의 방법을 보여 준다. 즉, 모델과 기법은 임상가가 치료를 개념화하고 실행하는 과정에서 어떠한 변화도 일어나지 않을 때, 그 대안을 제시해 줄 수 있다. 계획한 것은 아니었지만 베긴 수상과 사다트 대통령 사이의 난국을 해결로 이끈 것은 카터 대통령이 다른 접근법을 취했기 때문이었다. 다시 말하면, 카터 대통령은 효과가 없는 것—양국 정상과의 협상—을 그만두고 뭔가 다른 시도를 한 것이다. 흥미롭게도 이 뭔가 다른 것—즉, 베긴 수상에게 사진을 들고 찾아간 것—은 희망과 기대라는 공통 요인을 이용한 것이었다. 왜냐하면 그것이 베긴 수상으로 하여금 자신이 진정으로 원하는 미래란 어떤 것인지 생각해 보도록 만들었기 때문이다. 뭔가 다른 것을 시도하는 것은 발린트 박사의 사례의 본질이기도 하다. 즉, 그는 수동적이고 분석적인 방식에서 적극적이고 직접적인 방식으로 방향을 바꾸었던 것이다.

과거에는 치료가 실패하면 종종 특정 모델이나 이론적 접근의 틀 안에서 해석했다(Watzlawick, 1986).[2] 그 결과 앞서 지적했듯이, 내담자 혹은 치료자를 희생하여 이론을 고수할 수 있었다. 즉, 내담자가 변화에 저항적이라거나 심리치료에 부적합하다는 꼬리표를 얻거나 치료자가 적절히 훈련받지 못했거나 역전이의 영향 때문인 것으로 간주되었다. 그러나 400개 이상의 치료 모델과 기법을 선택할 수 있는 오늘날에는 어떤 특정 이론적 접근의 관점과 치료가 성공적이지 않다면, 굳이 그것을 고집할 이유가 없는 것이다. 그 모델이나 기법 대신 다른 것을 생각해 볼 수 있기 때문이다. 누구를 비난할 필요도 없다. 치료자와 내담자는 단순히 마음을 바꾸어, 말하자면 잡동사니 중 다른 것을 선택하면 된다. 이때 가장 도움이 되는 다른 치료법은 그것이 치료자로 하여금 내담자에 대한 그들의 생각을 결정하기보다는 치료자 자신의 생각을 바꾸도록 하는 것이다. 왜냐하면 그것이 치료자에게 상황을 새로운 시각으로 바라볼 수 있는 기회를 제공하기 때문이다.

연구에 의하면, 치료자가 치료적 접근에 융통성이 있고 어떤 한 가지 접근만을 유용하거나 정당하다고 고집하지 않을 때, 내담자가 치료에서 도움을 얻고 만족해 하는 것으로 나타났다(Kuehl, Newfield, & Joanning, 1990). 이는 치료가 즉각적으로 효과를 보이지 않을 때마다 치료자가 무분별하게 접근법을 바꾸어야 한다고 말하려는 것이

---

2) 이와 관련하여 발린트 박사는 자신의 내담자가 일련의 변화를 보였음에도 불구하고, 자신의 치료 모델을 포기하는 것이 어려웠던 모양이다. 그 이야기의 다음 페이지에 발린트 박사는 내담자가 변화한 이유를 대상관계의 관점에서 장황하게 설명하고 있다.

아니라, 이론이나 기법을 신봉하는 것이 치료의 효과보다 중요한 문제는 아니라는 것을 말하려는 것이다. 이것을 증명해 주는 연구들이 있다. 켄달(Kendall, 1992)의 연구에 의하면, 내담자에게 아무 발전이 없을 때 대부분의 치료자들은 그것에 대한 어떠한 대안책도 가지고 있지 않은 것으로 나타났다. 즉, 치료에 아무런 발전이 없을 때—그것은 결국 치료가 성공하지 못한다는 것을 의미한다.—그 원인은 오로지 내담자에게 돌아갔다. 치료자들은 대부분 자신이 수행한 치료가 실패의 원인이라고 생각하지 않는다.

치료자가 자신의 마음에 변화가 요구되는 순간을 알아차리기 위해 취할 수 있는 한 가지 방법은 치료에 있어서 더 변화 중심적이 되는 것이다. 즉, 치료 회기 전에, 도중에 혹은 치료 회기 사이에 일어나는 내담자의 변화에 언제든지 주의를 기울이고, 그것을 주의 깊게 들어 주고, 그것에 대해 물어봐야 한다. 내담자의 변화에 대한 대단위 메타분석 연구에 의하면, 변화는 치료 초반에 가장 잘 일어나는 것으로 나타난다. 특히 50~60%의 내담자가 1~7회기 방문 사이에 증상이 상당히 완화되는 것을 경험한다. 이 수지는 6개월 후에는 75%, 1년 후에는 85%로 증가한다(Howard, Kopta, Krause, & Orlinsky, 1986; Smith, Glass, & Miller, 1980; Steenbarger, 1992, 1994; Talmon, 1990; Talmon, Hoyt, & Rosenbaum, 1988). 그 이후에는 점차 변화가 더뎌지고 내담자에게서 단지 조금의 변화가 일어나도록 하는 데도 수많은 노력이 요구된다(Orlinsky & Howard, 1986, p. 361). 다시 말하면 치료자는 몇 회기, 즉 몇 시간 안에 내담자의 변화를 이끌어 내야 하며 만약 그것에 실패했을 때는 뭔가 다른 것을 시도해야 한다는 것이다. 다음의 사례를 보자.

사례 답보 상태에 빠졌을 때

드니스는 30대 중반의 내담자로, 한 달 동안 매주 정기적으로 상담을 받았다. 그녀를 상담한 치료자는 단기치료 관점에서 이 사례를 개념화하고 그 접근에 맞게 드니스에게 작지만 현실적인 목표를 설정하도록 했으며 목표를 달성하는 데 필요한 그녀의 강점과 능력을 발견하도록 도와주었다. 그러나 치료자가 최선을 다해 노력했음에도 불구하고, 드니스는 치료를 통해 그녀가 성취하고자 하는 것이 정확히 무엇인지 전혀 구체화시키지 못했다. 더구나 그녀의 강점과 자원을 탐색하는 과정은 정작 그녀를 치료실에 오도록 만든 우울한 감정을 더 악화시키는 듯 보였다. 4회기가 끝날 무렵, 드니스와 치료자 모두 치료가 답보 상태에 빠졌으며 뭔가 다른 시도가 필요하다는 데 의견을 모았다. 그래서 치료자는 다음 회기에 반영팀(Reflecting Team)이 참여하는 회기를 한 번 갖자고 제안했다. 반영팀이란 일방경 뒤에서 치료 장면을 지켜본 관찰자들이 회기가 끝날 때쯤 내담자와 자리를 바꿔 그들이 보고 들은 것에 대해 의견과 질문, 생각을 터놓고 이야기하는 것을 말한다(Andersen, 1987, 1991; Freedman & Combs, 1996).

드니스도 이에 동의하여 다음 회기에 계획한 대로 상담 회기에 대한 반영팀의 생각을 듣게 되었다. 반영팀에서는 많은 질문과 의견이 제시되었으며 토론이 이루어졌다. 예를 들면, 몇몇 팀원들은 생물학적 개입(예를 들면, 명상이나 약물 복용)의 가능성과 필요성을 제안했다. 다른 팀원들은 치료자의 접근이 너무 목표 지향적이어서 드니스가 누군가가 자신의 이야기를 들어 주고 이해해 준다는 느낌을 갖지 못하는 것 같다고 했다. 따라서 치료자가 조금만 더 느긋하게 드니스의 이야기를 들어 준다면 치료가 더 성공적일 것이라고 제안했다. 그러나 또 다른 팀원은 좀 더 충분한 시간을 가지고 치료자의 현재 접근이 유효한지 지켜보아야 한다고 하면서 분명한 목표 없이 치료를 다른 방향으로 바꾸게 되면 치료가 끝도 없이 계속될 수도 있다는 우려를 표명했다.

반영팀의 토론은 몇 분 동안 지속되었고 토론이 끝나자 드니스와 치료자는 일방경 앞의 원래의 자리로 돌아가 반영팀의 토론을 듣고 난 후의 느낌에 대해 이야기를 나누었다. 다음의 대화에서 나타나듯이 드니스의 이야기는 가장 훌륭한 치료란 무엇인가에 대한 이 치료자의 생각을 바꾸어 놓는 데 일조하게 된다.

치료자: 자, 어떻게 생각하세요?

내담자: (확고한 어투로) 전 약을 먹고 싶지는 않아요.

치료자: (고개를 끄덕이며) 그렇군요.

내담자: 네, 약은 먹고 싶지 않아요.

치료자: 네, 그럼…….

내담자: 저는 단지, 단지 말하고 싶어요.

치료자: 당신도 알다시피 우리가 주로 상담 목표에 초점을 두고 이야기를

해 왔는데요, 반영팀의 이야기를 듣고 나니 저는 제가 좀 더 당신의 이야기를 주의 깊게 듣고 당신이 계속 말할 수 있도록 했어야 한다는 생각이 드네요. 당신도 그것을 원하는군요?

내담자: (고개를 끄덕인다.)

치료자: 그것이 더 도움이 될 것 같다는 거군요?

내담자: (고개를 끄덕이며) 네. 제 말은, 아시겠지만, 꼭 말해야만 하는 특별한 것도, 비밀도 없지만요.

치료자: 알았어요. 그냥 사소한 것이라도 말하고 싶다는 뜻이군요.

내담자: 네, 그것이 그렇게 오래 걸릴 것이라고 생각하지는 않아요.

치료자: 네, 그렇군요.

내담자: 네.

치료자: (웃으며) 네, 제 생각에도 그런 것 같아요. 왜냐하면 음, 평생이 걸린다는 것은 지금처럼 큰 도움이 안 되는 일을 계속한다는 것이니까요. 그것은 평생이 걸리겠지요.

드니스와 치료자는 반영팀이 토론한 것과 앞으로의 치료 방향에 대해 얼마간 더 이야기를 나누었다. 치료자는 이후의 회기에서 내담자 중심의 접근을 사용했는데, 이는 드니스(그리고 다른 몇몇 반영팀원)가 도움이 되겠다고 말한 태도와 행동을 치료자가 견지하는 데 도움이 되었다(Rogers, 1951).

결 론

심리치료자는 수동적에서 능동적으로, 심리 내적에서 대인관계 중심으로, 개인에서 상호작용 중심으로 전환을 하거나 혹은 그 반대로 전환을 할 수도 있다. 그러나 무엇보다 대안적 치료법을 선택할 때는 여전히 통합적 언어를 그 지침으로 사용하여야 한다. 즉, 치료가 답보 상태에 빠졌을 때는 치료자가 뭔가 다른 방법을 채택하는 것이 가장 도움이 된다는 의미다. 예를 들면, 내담자의 목표를 알고 그 목표에 다가가기, 내담자의 동기 수준 혹은 변화 단계에 적합하게 관계를 발전시키기, 우연히 일어난 긍정적 변화를 확장시키기, 치료 외 요인이나 환경적 지지망을 이용하거나 그것을 인식하기 등이다. 다음 장에서는 치료법을 전환하기 위해 통합적 언어를 어떻게 사용할 수 있는지를 보여 주는 구체적인 예를 제시할 것이다.

Escape from Babel

08

정신 차리기

사례

치료자: 자, 어떻게 지내고 계신가요?

내담자: 오늘 기분이 꽤 좋아요. 선생님을 만나러 올 거란 생각을 하고 있었으니까요.

08

정신 차리기

사례

6장의 사례는 통합적 언어를 따를 때 좀 더 빨리 진행된다는 것을 보여 주었다. 7장에서 모델과 기법에 관한 몇 가지 요점을 설명한 방식과 마찬가지로, 이번 장은 연속선상의 다른 결론을 보여 주는 사례를 논의하고자 한다. 즉, 앞의 사례처럼 빠르거나 부드럽고 완전하게 해결되지는 않는 사례다. 그 대신 내담자의 목표가 치료 과정을 통해 서서히 전개되고 다양한 기법적인 접근이 적용된다. 이는 치료가 헤매지 않도록 새로운 방향을 제시하기 위한 것이다. 이 사례는 치료 과정에서의 변동과 때로는 내담자의 비극적인 환경에도 불구하고, 통합적 언어가 어떻게 치료를 하나로 묶어 줄 수 있는가를 보여 준다.

내담자

도티는 46세의 유럽계 여성인데, 그녀의 어머니가 뇌졸중으로 치료를 받는 재활 시설의 심리학자에 의해 치료에 의뢰되었다. 이 심리학자는 도티가 몹시 강박적인 행동에 몰두하고 있는 것을 보고 그녀를 치료에 의뢰하였다. 치료팀은 도티가 강박적으로 해야 한다고 느끼는 행동들에 관해 도티와 치료자가 탐색하는 것을 일방경 뒤에서 관찰했다. 강박적 행동의 대부분은 가사를 하는 간간이 반복적으로 손을 씻고, 지칠 때까지 하고 있는 일을 검토하고 재점검하는 행동을 말한다.

1회기: 깨진 음반

내담자: 저는 강박적이고 충동적이에요. 그건 지독하고 감당하기 힘들어요. 설거지나 편지 쓰기, 수표 쓰기, 머리를 감거나 목욕을 하고 신발을 빠는 일과 같은 아무도 생각하지 않는 아주 사소한 일들까지도 고통이죠. 모든 것이 바보 같지만 저는 그걸 피할 수가 없어요. 저에게 분풀이를 하는 거죠. '도티, 너는 어리석은 바보 천치야, 바보 천치, 바보, 바보, 바보.' 라고 말하면서요. 미칠 지경이에요!

치료자: 당신에게 대단히 좌절스럽고 끔찍한 고통인 것 같네요. 모든 것이 대단히 중요한 일이 되어 버리는군요.

내담자: 저는 그걸 깨진 음반에 비유해요. 제 뇌는 어느 정도 가다가, 깨진

부분을 만나면 바늘이 처음으로 되돌아오지요. 저도 어느 정도 가다가 깨진 부분을 만나요. 제가 뭔가를 하는 데는 반나절이 걸려요. 심지어 여기 오려고 준비하는 것만으로도요. 저는 정신과 의사인 R 박사님을 만났어요. 그는 마음씨 좋은 사람이었지만, 저를 진지하게 대하지 않았어요. 그분은 제가 이 모든 것을 만들어 낸 것이라고 생각하는 것 같았어요. 예, 그분은 저를 비웃으면서 말했죠. '두티, 저는 당신에게 뭘 해 줘야 할지 모르겠어요.' 그분은 저를 전혀 진지하게 여기지 않았고 이제는 제게 약만 줘요.

첫 회기의 시작에서 도티는 이전의 치료자가 그녀와 그녀의 문제를 진지하게 다루지 않았다는 감정을 드러낸다. 이전 치료자에 대한 그녀의 평가가 맞는지 아닌지는 이 시점에서 별로 중요하지 않다. 오히려 4장에서 지적한 대로 중요한 것은 치료 관계에 도움이 된다고 생각하는 내담자의 관점에 현재의 치료를 맞추는 것이다. 이 점에 있어서 치료자는 도티의 말을 액면 그대로 받아들이고 강박 행동과 원인이 된 고통에 관해 의사소통하는 데 협력한다. 만약 그렇지 않다면, 이전 치료에서처럼 치료 동맹이 이루어지기 어려울 것이다.

치료자는 회기가 전개될수록 점점 더 변화 중심적(change-focused)이 되었다. 어떠한 강박 행동도 나타나지 않은 때도 몇 회 발견되었다. 예를 들면, 도티의 어머니가 처음 발작을 일으켰을 때 도티가 손을 씻거나 어떤 강박적인 행동도 하지 않았다는 것을 치료자는 알게 되었다. 또한 그녀가 처음으로 뭔가를 하고 있을 때는 결코 강박증을 경험하지 않는다. 그러나 이처럼 성공적인 순간에 관해 자세히 파고들면, 도티는 강박 행동을 할 때와 안 할 때의 차이에 대해 설명하는 것을 어려워했다.

회기가 끝날 무렵에 도티와 치료자는 치료 목표(강박 의식을 완전히 제거하는 것)에 동의했다. 치료자는 도티에게 미래지향적인 과제, 특히 강박 행동을 멈춘다면 그녀의 인생이 어떻게 달라질지 생각해 볼 것을 과제로 내주고 다음 주 약속을 잡았다.

치료자: 우리에게 떠오른 것은 아주 오랫동안의 강박 행동 때문에 당신이 매우 좌절스럽고 우울한 상황에 있었다는 것입니다. 그리고 솔직히 우리는 당신에게뿐만 아니라 당신이 하고 있는 일에도 놀랐어요. 당신이 집을 나설 준비를 하기 위해 거쳐야만 하는 그 괴로운 과정을 다 끝내다니…… 당신은 이곳에 오기 위해서 그 모든 것들을 실행할 수 있는 꽤 용기 있는 사람입니다.

내담자: 음, 고맙습니다. 칭찬으로 받아들일게요. (웃으며) 고마워요.

치료자: 다음번에는 이런 강박 행동이 사라지면 당신의 인생이 어떻게 달라질 것인지에 대한 당신의 생각을 들을 수 있을까요?

내담자: 재미있는 생각이네요. 왜냐하면 그렇게 된다면 어떻게 달라질지는 한 번도 생각해 보지 않았거든요. 저는 다른 사람들이 하는 식으로 이 방을 청소하고 싶다고 생각했지, 그렇게 한다면 실제로 이 방이 어떻게 될지는 결코 생각해 보지 않았거든요.

2회기: 희망에 관한 질문

도티가 그다음 주에 왔을 때, 그녀는 강박 행동을 할 수 있었던 기회가 두 번 있었지만 하지 않았다는 이야기로 회기를 시작했다. 그 후, 회기의 대부분은 이러한 변화가 어떻게 일어났는지를 검토하고, 도티 자신이 아니라 그녀의 강박 행동을 비난함으로써 변화가 다시 일어나도록 돕는 데 시간을 보냈다. 그녀는 다음과 같이 그녀의 활약을 설명했다.

내담자: 매일 아침 저는 제 자신에게 물었어요. '자, 내가 모든 강박 행동들을 하지 않는다면 오늘은 어떻게 될까?' 이유를 말할 수는 없지만 그렇게 몇 번 했더니 꽤 좋아졌어요. 지난 몇 년 동안보다 더 좋아졌어요. 이유를 설명할 수는 없지만 다른 사람들처럼 한 적이 몇 번 있었어요. 그 질문이 어딘가에 있는 시작 버튼을 누른 것이 확실해요. 왜냐하면 도움이 되었으니까요. 희망이 생겼어요. 몇 번이나 도움이 되었어요. 전에는 한 번도 도움을 준 적이 없었죠. 아침에 그것에 대해 생각하는 것이 압박감에서 벗어나게 해 줬어요. 제가 일하는 사이사이에 손을 씻지 않은 적도 몇 번 있었죠. 제게는 단지 손을 씻지 않는 것도 완전히 달라진 거예요. 제가 줄곧 R 박사님에게 말했었는데, 그는 결코 선생님만큼 저를 도와주지는 못했어요. 제 인생에서 '강박증이 없다면 오늘 하루는 어떨까?'라는 질문을 결코 해 본 적이 없었기 때문이에요. 선생님은 제가 현재에 눈을 돌리도록 해 주셨어요. 그 점에 매우 감사해요.

도티에 따르면 미래지향적인 과제가 그녀를 과거와 강박 행동의 짐에서 벗어나 그녀가 현재와 미래에 살고자 하는 삶의 방향을 정하는 데 도움이 되었다고 한다. 도티가 과제를 완수했으므로 치료자는 도티에게 어떠한 강박 행동도 하지 않는다면 그녀의 삶이 어떻게 달라질지에 관해 계속 생각해 보라고 했다.

3회기와 4회기

3회기는 같은 맥락에서 계속되었다. 치료의 초점은 여전히 강박 행동에 대한 것이었고, 도티는 느리지만 지속적으로 발전하고 있었다. 그러나 4회기에서 상황이 변하기 시작했다. 도티는 자신의 어머니에 관해 말하고 싶어 했다.

내담자: 가능하다면 오늘은 다른 얘기를 하고 싶어요.

치료자: 좋아요.

내담자: 저는 요즘 잘 못 지내고 있어요. 얼마 전에 끔찍한 하루가 있었어요. 방금 위장이 마구 소리를 내네요. 엄마에 관한 거예요. 엄마 곁에 있기가 힘들어요.

치료자: 그렇군요.

내담자: 전 외동딸인데, 엄마는 항상 죄책감이나 요구 사항으로 저를 통제했죠. 엄마는 아빠에게도 그랬어요. 그리고 저는 항상 엄마가 저를 통제하도록 내버려 두었어요. 제가 뭘 하더라도 결코 엄마의 인정을

받을 수 없어요. 엄마가 하는 대로 내버려 두는 저에게도 잘못이 있다는 걸 알아요. 하지만 저는 엄마가 원하는 대로 해요. 그게 더 쉽고 만약 제가 그렇게 하지 않으면 계속 잔소리를 하기 때문이에요. 엄마는 끊임없이 저를 통제하고 비난해요. 항상 그랬어요. 특히 저의 강박 행동에 대해서 비난해요. 저는 정말로 고통스럽고 화가 나고 분개하고 있어요. 이것이 제가 엄마와 저의 관계 그리고 상황에 대해 느꼈던 것들 중 최악이에요. 덫에 걸린 것 같아요. 마치 제가 족쇄에 걸린 불쌍한 어린 너구리처럼 느껴지고, 벗어나기 위해 제 다리를 물어뜯고 싶을 지경이에요. 지난 2주 동안 저는 아무것도 할 수 없었고, 전혀 개선되지 않았어요. 엄마 때문에 정말 미칠 지경이에요. 하지만 누구든지 저희 엄마를 본다면 '도티는 어떻게 그렇게 말할 수 있을까?' 라고 할 거예요. 왜냐하면 작고 삐쩍 마른 83세의 할머니인데, 머리는 백발에 작은 장밋빛 뺨에다가 작은 손은 관절염에 걸렸거든요.

치료자: 그것이 어머니를 더 강력한 조종자로 만들었군요.

내담자: 바로 알아맞히셨네요.

대화에서 보듯이, 도티는 어머니와의 관계를 포함시킴으로써 대화를 확대했다. 자신이 결코 어머니를 기쁘게 할 수 없을 뿐만 아니라 어머니가 자신을 통제하는 것에 대한 좌절과 분노를 털어놓았다. 치료자는 이러한 감정을 받아 주고, 더 상세히 이야기하도록 격려했다. 수년간의 고통이 홍수처럼 쏟아져 나왔다. 이 과정에서 내담자는 어머니의 끝없는 불만족과 완벽에 대한 요구가 자신의 강박 행동의 핵심일 것이라는 생각에 대해 이야기했다. 사실 도티는 첫 회기에 어머니에 대해 이야기했다. 그러나 무슨 이유에서인지 다시 그에 대해 이야기하지 않았고, 그 결과 그녀의 치료 목표를 보는 관점은 좁아지고, 강박 행동을 변화시키는 데만 초점을 두게 되었다. 따라서 한편으로는 도티가 어머니의 이야기를 다시 꺼냄으로써 팀이 형식적인 접근을 하지 않도록 구해 준 것이다.

다음은 도티가 첫 회기에 어머니에 관해 말한 것이다.

> 내담자: 엄마가 항상 제가 이기기를 원하고 다그치고 완벽할 것을 요구하는 것이 이것과 관련이 있는지도 모르겠어요. 엄마는 제가 졸업생 대표가 되기를 원했지만, 사실은 두 사람이 공동 졸업생 대표였어요. 우리 둘은 학점에 있어서 총점 4.0으로 졸업했기 때문에 저는 세상에서 가장 행복한 소녀였고, 둘이라도 너무 행복했어요. 그런데 제가 대표가 안 되고, 다른 한 명이 졸업식 인사를 하게 됐어요. 엄마는 1등이, 유일한 1등이 아니라고 저를 비참하게 만들었지요. 엄마를 실망시켰지만 그날 제가 얼마나 행복했는지 지금도 기억나요.

5회기와 6회기

다음 회기에서는 어머니의 통제를 받는 것에 대한 도티의 감정을 이야기하는 시간을 가졌다. 어머니를 대하기 위한 여러 가지 전략들을 탐색했는데, 각각의 전략들은 내담자의 자원과 이전의 성공 경험 및 어머니의 통제를 덜 받고자 하는 목표에 기초하여 도티의 협력하에 구체화되었다. 그럼에도 불구하고, 도티는 아무것도 실천해 보지 않고 여섯 번째 회기에 왔다.

내담자: 저는 할 수 없었어요. 너무 뿌리 깊게 박혀 있어서 말이죠. 노력해 봤지만 속이 메슥거려서 정말 아무것도 할 수가 없었어요. 여기서 나가면서는 그렇게 희망이 컸는데, 막상 그것을 하려고 하니까…… 할 수 있을 것 같았고 심지어 재미있을 것 같았는데, 할 수가 없었어요.

치료자: 왜 그런 것 같아요?

내담자: 엄마를 기쁘게 하려는 것이 저에게 너무나 뿌리 깊게 박혀 있다는 생각이 들어요. 엄마가 하라는 것을 할 수밖에 없다고 느끼죠. 마흔 여섯 살이 아니라 마치 다섯 살이 된 것 같아요. 바보 같아요.

치료자: 바보 같다고 생각하지 않아요. 그것이 지난 46년간 당신과 어머니 사이에 지속되어 온 방식이에요. 그런 패턴은 깨기가 매우 어렵죠. 아마도 우리가 생각했던 방법들이 너무 강했던지 어머니에게 너무 많이 맞서거나 어머니가 받아들이지 않을 가능성이 큰 것들이었나 봐요.

도티는 지난 회기에서 나왔던 방법들을 자신이 실행해 보지 못한 것에 낙담했다. 치료자는 자신이 바보 같다는 도티의 생각을 바로잡아 주고, 오랫동안 유지된 패턴을 변화시키는 것이 어려운 일임을 이해해 주었다. 도티도 낙담했지만 팀과 치료자들도 낙담했다. 휴식 시간 동안 팀과 치료자들은 이 상황에 대한 대안을 제공하기 위해 다른 가능한 방법에 대해 논의했다. 이전 치료에서 했던 생리학적 접근은 유용하지 않았다. 현 치료에서 강박 행동이 나타나지 않는 때가 언제인지 탐색하는 것이나 어머니의 통제에 맞설 전략을 개발하는 것도 도움이 되지 않았다.

치료자와 팀은 이 사례에 대한 자신들의 접근을 바꾸기 위해 몇 가지 다른 이론들을 탐색했다. 어머니와의 관계에 대한 도티의 생각에는 함께하면서 도티의 강박 행동에 대해서는 다른 관점을 취했다. 즉, 혹시 강박 행동이 그녀로 하여금 '그녀를 필요로 하는' 엄마를 내버려 두고 떠나지 못하도록 하는 것은 아닌가 하고 제안한다.

치료자: 당신은 모든 공격에 항상 정면으로 맞서는 사람입니다. 팀과 저는 확실하지는 않더라도 이러한 강박 행동이 사실은 긍정적인 목적을 가지고 있을지도 모른다고 생각했어요.

내담자: 음.

치료자: 당신이 강박 행동을 하지 않는다면 당신의 삶이 어떻게 달라질까 생각해 보니, 즉각 이런 생각이 떠오르더군요. 당신은 아마도 어머니를 떠날 것이라고 말이죠.

내담자: 음.

치료자: 강박 행동의 공격과 고통, 피로에 정면으로 맞섬으로써 당신은 자신에 대해 부정적으로 느끼게 되고, 그 결과 그대로 머물러 있게 되는 거죠. 만약 당신이 강박 행동을 하지 않는다면, 당신은 오래전에 엄마를 떠났을 것이라고 생각돼요. 나가서 또래의 다른 사람들과 즐기고 어울리고 아마 데이트도 할 거예요. 당신은 종종 이 모든 것이 얼마나 어리석은가라고 말하겠죠. 우리는 강박 행동—또는 끊임

없이 강박 행동에 대해 자신을 괴롭히는 것—이 어머니를 돌보기 위해 당신 자신의 삶을 계속 희생하도록 하는 것은 아닌지 궁금합니다. 이것이 아마 우리가 지난주에 얘기했던 일들을 당신이 하기 어렵게 만들었을 거예요. 만약 당신이 어떤 방식으로든 그 틀을 깨기 시작한다면, '당신을 필요로 하는' 어머니는 겁내고 심지어는 격노할 것입니다.

내담자: 정말 그럴 것 같아요. 하지만 전 그런 역할을 하고 싶지 않아요. 이런, 어렵군요. 그것에 대해 더 생각해 봐야겠어요.

도티의 상황에 다른 관점을 도입함으로써 치료자와 팀은 한 발자국 앞으로 나아감과 동시에 도티가 어머니에게 대항하는 것에 대해 느꼈던 어려움을 공감해 줄 수 있었다.

7회기

7회기가 되기 전에 도티의 어머니는 상태가 더 악화되어 응급 수술을 받았다. 따라서 도티가 어머니를 보살피고 책임져야 하는 수준도 더 높아졌다. 치료자는 7회기 내내 내담자가 최근 며칠간의 일들에 대해 이야기하는 것을 경청하고 지지해 주었다. 그러나 결국 내담자는 지난 회기의 주제로 되돌아갔다.

내담자: 엄마는 제 눈을 똑바로 쳐다보면서 힘없이 작은 목소리로 '그래, 네가 원하던 것을 마침내 얻게 될 것 같구나.' 하고 말했어요. 저는 무슨 대답이 나올지 뻔히 알면서 '그게 뭔데요, 엄마?' 하고 물었어요. 엄마는 '아마 너는 더 이상 나를 참지 않아도 될 거야.' 라고 답했죠.

치료자: 오, 이런!

내담자: 이게 엄마의 마지막 말이 될 수도 있었어요. 그리고 제게 죄책감을 남기려는 말이라고 생각돼요. 아휴.

치료자: 그럴 만하네요. 이 모든 것을 보니 어머니가 전문가네요, 그렇죠?

내담자: 정말 선생님 말씀이 100% 맞아요. 쉬운 게 하나도 없어요. 엄마가 9일 동안 화장실에 가지 못해서 제가 관장을 해야만 했어요. 저는 이걸 싫어하는데, 이 미네랄 오일 관장제가 들어가지도 않는 거예요. 할 수 있는 한 힘껏 그 작은 병을 밀어 넣었어요. 아시다시피 관장이 그렇게 쉽지 않잖아요.

치료자: 우아, 정말 힘들었겠네요.

내담자: 아, 지독했어요.

치료자: 지옥 같은 시간이었군요. 당신이 잘하고 있는 만큼 좋아 보인다는 사실이 놀라워요. 임종을 앞둔 엄마, 그런 엄마를 전적으로 당신이 보살펴야 하는데다, 엄마는 아직도 당신에게 끊임없이 요구하고 죄책감을 불어넣고 있는데 말이에요.

내담자: 지금은 제 강박 행동이 사실상 중요한 문제가 아니기 때문에, 아침에 일어나서 오늘 하루가 어떻게 달라질까 물을 수조차 없는 시점에 이르렀어요.

치료자: 지금은 그런 문제들이 그늘에 가려져 버렸군요. 우울한 소리를

하고 싶지는 않지만, 지금 당신의 삶은 거의 없는 것처럼 들리는군요. 엄마를 전적으로 간호하고 있고, 그것은 매우 힘든 일이잖아요. 엄마를 감당하는 것이 심리적으로 엄청난 일이고, 엄마는 요구가 많아요. 게다가 당신은 신체적인 문제도 있고요. 아이고, 정말 힘든 상황이에요. 당신은 어떻게 하루하루를 살고 있어요?

내담자: 저도 모르겠어요. 선생님이 지난번에 말씀하신 것을 많이 생각해 봤어요. 제가 얻은 결론은 엄마를 행복하게 하기 위해 제 인생을 계속 희생하지는 않겠다는 것이었어요. 그냥 흘러가게, 엄마와 저 사이의 이 짐을 내려놓고 싶어요. 제 인생을 찾고 싶어요! 어떻게 할 수 있을까요?

치료자: 정말 힘들 거예요, 도티. 당신이 다른 것을 찾을 때까지, 엄마를 볼 때마다 엄마와 함께했던 15만 가지 일들을 생각하게 될 거예요. 아무도 그런 일을 매일, 매주, 매달 견딜 수는 없을 거예요. 세상 어느 누구도 그 상황을 이겨 낼 수 없을 거예요. 만약 그런 일이 계속된다면, 당신은 점점 더 우울해지고 좌절하게 될 거예요. 그게 걱정돼요. 당신의 인생에서 엄마가 얼마만큼 중심이 되어 돌고 있나요?

내담자: 98% 정도요.

치료자: 당신이 좋아졌다고 느끼려면 어느 정도를 내려놓아야 할까요?

내담자: 글쎄요, 저는 지금 거의 손톱 끝으로 매달려 있는 중이라고 생각해요. 엄마를 돌보는 데 제 인생의 85% 정도만 들이면 좋겠어요. 지금은 85%가 적당한 것 같아요. 그만큼은 확실히 줄일 거예요. 제가 지쳤기 때문이에요. 선생님과 이야기하면서 제 가슴에 얹힌 것들을 꺼내 놓게 되어서 기분이 좋아진 것 같아요. 이렇게는, 이렇게는 살

수 없으니까요. 엄마를 그냥 죽일지도 모른다는 느낌으로 살 수는 없어요.

치료자: 아니, 그것은 당신이 이 상황 때문에 얼마나 좌절했는지를 보여주는 것이고, 당신에게 필요한 것은 고통을 조금 더는 거예요.

내담자: 아주 정직하게 말하자면, 저는 이용당한 것 같아요.

치료자: 네, 당신은 이용당했어요, 팀과 제가 지난주에 말한 것처럼 당신은 바로 당신 인생을 이용당한 거예요. 그건 정당하지 않아요.

내담자: 저는 마침내 제가 뭔가를 해야 한다는 것을 깨달았다는 생각이 들어요. 몇 가지 변화시켜야 할 것들이 있어요.

도티는 자신의 좌절감에 대해 이야기하고 치료자는 동정을 표현한다. 그리고 이전 주의 작업 결과로 다른 치료 목표—어머니에 대한 '짐'을 '내려놓고' 자신의 삶을 찾는 것—가 나타나기 시작한다. 목표는 어머니와 관계되는 것을 13% 낮추는 것이다. 이 회기는 도티가 뭔가 다른 것을 할 필요가 있다는 책임감을 받아들일 때 최고조에 이른다. 13%의 변화가 실제로는 어떻게 나타날지 생각해 보는 과제가 주어진다.

8회기: 그리 나쁜 악당은 아닌

치료자: 자, 어떻게 지냈어요?

내담자: 네, 정확한 이유는 모르겠지만, 강박 행동이 전만큼 나쁘지 않았

어요. 지난번에 여기 온 이후로 나빠지지 않았지요. 지난번에 여기 왔을 때 전 정말 훨씬 더 좋아질 거라고 느꼈어요. 상담 후엔 항상 더 좋아져요. 지난번에 우리가 얘기를 나눈 후에도 정말로 더 좋아졌어요.

치료자: 잘됐군요.

내담자: 그리고 이제 내내 소리 지르고 싸우지 않아요. 지난번 여기 오기 전 3~4주는 싸웠거든요.

치료자: 어째서요?

내담자: 수치스러워서 어느 누구에게도 말하지 못했던 건데 제가 정말 이용당한 것 같다고 말했을 때, 선생님이 “네, 당신은 이용당했어요.”라고 말해 주신 것이 열쇠였던 것 같아요. 그것이 정말로 저에게 아마도 ‘나는 그렇게 끔직한 악당은 아니구나.’라고 느끼게 해 주었어요. ‘이용당했구나!’ 하고 느끼는 것이 정상이 아니라고 생각했는데, 지금은 아마도 제가 이용당했다고 생각한다고 해서 제가 그렇게 나쁜 사람인 것 같지는 않아요. 이것에 대해 굉장히 열심히 생각해 봤어요. 지난번 이후로 좋아졌는데, 그건 저 자신에 대해 이전보다 좋게 느낀다는 뜻이에요.

치료자: 잘됐군요.

내담자: 자신이 나쁜 사람이라는 생각을 제 마음에서 몰아내고, 제가 얼마나 좌절했었는지에 관해 누군가에게 실제로 얘기하게 된 것, 선생님이 ‘네, 당신은 정말 이용당하고 있어요.’라고 말해 주신 것, 그런 것들이 제 마음에 줄곧 남아 있었어요.

치료자: 네, 당신은 당신 인생의 대부분을 이용당했어요. 당신 인생과 당신의 세계에는 자존감을 높일 수 있도록 해 주는 것이 별로 없었어

요. 98%는 어머니와 함께였고, 거기에는 자존감을 높여 줄 만한 것이 별로 없었지요.

내담자: 음, 해방되기 위해 그리고 제 삶을 찾기 위해 뭔가 시작할 겁니다. 양로원을 알아볼 거예요.

도티는 지난 회기 이후에 일어난 커다란 변화에 대해 말했다. 그녀는 스스로에 대해 보다 좋게 느끼고, 엄마와의 관계에서 훨씬 더 긍정적인 자신의 모습을 받아들이고 있었다. 그 결과 강박 행동을 하지 않게 되었고, 어머니와도 덜 다투게 되었다. 이전 회기에 이어 '뭔가 다른 것을 해 보겠다.'는 결심을 다지고, 그 결심은 어머니를 위한 양로원을 알아보겠다는 것으로 구체화되어 나타났다.

9회기

9회기에 도티는 지난 회기에 내주었던 과제를 완수해 가지고 왔다. 자신이 노력한 것들을 열거하는 과정에서 변화에 불을 지핀 우연한 사건에 대해 이야기했다.

내담자: 참, 엄마가 양로원에 들어갈 수 있는지에 대해 사회복지기관에 알아보았고 지금은 기다리고 있어요.

치료자: 그렇군요. 기다리고 있군요.

내담자: 네, 또 지난주 이후로 정말 좋은 일과 나쁜 일이 있었는데요, 시

골에 있는 집을 사려는 사람이 있어서 굉장히 많은 볼일을 보러 분주히 이곳저곳 다녔어요. 구청에 가서 지도와 사진을 얻었고요. 평소처럼 강아지같이 구부정하게 걷지도 않고, 몸을 쫙 펴고 걸어 다녔어요. 볼일을 보러 말이죠.

치료자: 우아, 어떻게 그 모든 일들을 해낼 수 있었죠?

내담자: 좋은 일이 있을 거라고 생각했기 때문이에요.

치료자: 그 땅이 팔릴 거라는 생각이요?

내담자: 네. 그 땅을 팔고 싶지는 않지만, 아마도 제가 계속 돌볼 수 없는 것은 그냥 손에서 내려놓아야 하는 그런 때가 온 건지도 몰라요.

치료자: 맞아요. 그 땅과 당신 어머니 말이죠?

내담자: 그런 일들을 하는 동안 그 변화가 좋게 느껴졌어요. 무슨 일이 일어날 것 같고, 터널 끝에 빛이 있을 것 같았어요. 제가 하기 싫어하는 일들을 했어요. 숫자를 다루는 일을 하다니 굉장한 일이죠. 집을 청소하고, 제가 그런 일은 안 하거든요. 선생님도 알다시피 제가 일을 하려면 모든 것에 엄청나잖아요. 하지만 그 한 주 동안 저는 뭔가 새롭고 다른 것이 있을 거라는 희망을 갖고 있었어요.

치료자: 그랬군요.

내담자: 그리고 이렇게 바위 아래에서 빠져나오려는 게 제 머릿속에서 떠나지 않고 있는데, 마침 시골 집 지붕이 내려앉았고 집을 사려던 부부가 거래에서 손을 떼어 버리는 바람에 아주 실망해 버렸죠. 하지만 저는 다시 기운을 차려야 했어요.

치료자: 틀림없이 안 좋은 일이었지만 그 와중에도 당신은 희망을 잃지 않았으니, 당신이 다시 기운을 차렸다는 게 놀라운 일은 아니네요.

내담자: 그때 제가 좋아졌다는 걸 깨닫게 되었어요. 몇 주 동안 재빨리 주변을 돌아다니며 정상인처럼 움직이면서 일을 처리하고, 사물에 대해 관대해졌어요. 보통은 제가 하기 어려워 하던 일들도 해냈고요. 그냥 제가 더 좋아졌다는 느낌이 들었어요.

치료자: 강박 행동과 관계된 문제도 그다지 없었고요.

내담자: 네, 없었어요.

치료자: 잘됐군요! 당신은 집이 팔렸더라면 무엇을 원했나요? 경제적으로 도움이 되는 것을 말하는 건가요? 아니면 그것이 당신에게 다른 의미가 있나요?

내담자: 아마도 더 큰 그림, 단지 돈이 아니라 손톱 끝으로 필사적으로 매달려 있으려는 것이 아니라 실제로 해방되는 것, 그게 더 큰 그림이에요. 그것이 정말로 제게 분명해진 것은 아니지만요. 저는 공과금을 지불할 수 있고, 돈을 조금이나마 가지고 있어서 그것을 갚아 버릴 수 있다면 하고 생각했지요. 그러나 거기엔 더 큰 그림이 있어요. 지금까지는 그 뒤에 더 큰 뭔가가 있다는 것을 의식적으로 깨닫지 못했는데, 이제 그것에 대해 더 많이 생각해 봐야 할 것 같아요. 제가 해방되었을 때, 기분이 어떻게 다를지에 대해서 말예요.

치료자: 네, 좋은 생각이에요.

집을 사겠다는 사람이 나타난 우연한 상황이 도티로 하여금 즉각적인 행동을 취하도록 했다. 그러면서 그녀의 삶이 어떻게 달라지고, 기분도 얼마나 좋아지는지 느낄 수 있었다. 도티는 자신의 발전을 '해방시키는' 과정과 관련지어 생각했다. 우연한 사건이 도티를 '정상적으로' 행동하고 느낄 기회를 제공했을 뿐만 아니라, 변화를 깨닫고 지속하는 데 기틀이 되었다. 거래가 성사되지 않았을 때, 도티는 다시 한 번 놀라운 회복력을 보여 주었다. 이 회기에는 도티의 긴장된 근육 문제에 대한 논의 또한 이루어졌고, 팀은 이완 방법을 알려 주었다. 도티에게 점진적 근육 이완에 관한 테이프도 제공하였다.

10회기: 해방

치료자: 자, 어떻게 지냈어요?

내담자: 오늘 아침 일어났을 때 정말 오랜만에 매우 기분이 좋았는데, 아마도 몇 가지 이유 때문인 것 같아요. 4주 전에 그 테이프를 제게 주셨잖아요. 그것을 하기 시작했어요. 이제 잘할 수 있어요. 모든 것을 이완할 수 있어요. 어젯밤엔 정말로 기분이 좋았어요. 저 자신을 해방시키는 것이 얼마나 기분 좋은 일인지에 대해 많이 생각해 보았어요. 저는 사소한 방식으로 그렇게 하려고 했어요. 드러나게 거창한 방식으로는 어떤 것을 할 줄 모르거든요. 그러니까 사소한 방식으로 해야만 하죠. 다른 사람에게는 아무것도 아니지만, 저에게는 그것이 대단한 거예요. 저는 자신에게 말하기 시작했어요. '나는 그저 그런 사람이 아냐. 그저 그런 사람이 무엇을 하든 누가 상관하겠어!'

치료자: 좋아요.

내담자: 제 인생을 찾기 위해 시작한 한 가지는 지난주 화요일 저녁에 사촌 셸리와 제가 외출했다는 거예요. 우리는 저녁을 먹으러 나가서 요

거트를 먹고 그냥 얘기하면서 아주 즐거운 저녁을 보냈어요. 그러면서 전 강박 행동을 던져 버리고 있었죠. 일종의 해방이죠. 제가 강박 행동을 던져 버렸을 때가 훨씬 좋아요.

치료자: 대단하군요. 정말로 당신이 현재의 길을 계속 가기를 바라요. 이완도 계속하세요. 또 해방시키는 것도 매우 중요하지요. 특히 당신이 그 집을 팔려고 할 때 얼마나 대단하게 느꼈는지를 생각해 보면 말이에요. 그러니 당신을 해방시키고 인생을 찾는 사소한 방법들에도 계속 주의를 기울이세요.

내담자: 네, 선생님과 팀은 제가 하루 중 몇 번이나 여러분의 이름을 머릿속에 떠올리는지 모르실 거예요. 어떤 사소한 것도 제게는 작은 승리예요. 그리고 저는 여러분이 그 점에서 저를 자랑스러워 할 거라고 생각해요.

논 의

도티와의 회기는 더 이상 진행되지 않았다. 클리닉까지 거리가 멀기 때문에, 어머니를 더 많이 보살펴야 하는 상황에서 결국 더 이상 치료를 계속할 수 없었다. 그러나 한참 후에 이루어진 전화를 통한 추수 상담에서 도티는 여전히 어머니를 돌보면서 '해방시키기' 위한 노력을 계속하고 있다고 했다. 그녀는 가끔 어머니에게서 떨어져서 긍정적인 일들을 하면서 좋은 시간을 갖기도 한다고 했다. 그러는 중에 강박 행동도 줄어들었다고 보고했다. 또한 부담감을 느끼거나 강박 행동이 '특히 나빠졌던' 경우도 있다고 했다.

도티에 대한 치료를 통합적 언어로 이해해 보자. 첫째, 치료 외 요인이다. 치료 내내 도티는 가능성과 자원이 풍부한 사람으로 비추어졌다. 팀과 치료자는 그녀의 풍부한 자원에 바탕을 두고 치료에 적극적으로 참여하도록 그녀를 격려하는 데 많은 노력을 기울였다. 집을 팔려던 우연한 사건을 계기로 도티는 어머니에게서 벗어난 삶을 경험할 수 있었다. 비록 그것이 잘되지는 않았지만 그녀에게 삶에 대한 희망을 심어 주었다. 이 사건이 치료에서 다루어졌고, 그것은 도티가 이전에는 할 수 없다고 여겼던 일들을 해 보도록 만들었다.

관계 요인은 회기 내내 중요한 역할을 했다. 특히 치료자는 도티가 치료 관계에 대해 긍정적으로 느끼도록 많은 노력을 기울였다. 즉, 융통성을 발휘함으로써 도티와의 관계가 더욱 강화되었다. 또한 내담자의 변화하는 목표(예를 들면, 강박 행동을 감소시키는 것에서 어머니의 통제 문제와 도티의 인생을 해방시키고 자신의 삶을 찾는 것으로 목표가 변화함)에 치료를 지속적으로 맞추어 나감으로써 관계가 더욱 강화되었다.

기법적 요인 또한 치료에 중요한 역할을 했다. 도티와의 치료에는 해결중심적, 전략적, 행동주의적 그리고 가족 체계적 요소들이 사용되었는데, 이는 내담자의 가능성, 목표 그리고 관점에 치료를 맞추기 위해서뿐만 아니라 치료가 더 이상 진전되지 않을 때 다른 가능성을 제공하기 위해서였다.

* * *

그리고 사람들은 의논했다. "어서 도시를 세우고 그 꼭대기 가운데가 하늘에 닿게 탑을 쌓아 우리 이름을 날려 사방으로 흩어지지 않도록 하자." 야훼께서 땅에 내려오시어 사람들이 이렇게 세운 도시와 탑을 보시고…… 말씀하셨다. "땅에 내려가서 사람들이 쓰는 말을 뒤섞어 놓아 서로 알아듣지 못하게 해야겠다." 야훼께서는 사람들을 거기에서 온 땅으로 흩으셨다……. 야훼께서 온 세상의 말을 거기에서 뒤섞어 놓아 사람들을 온 땅에 흩으셨다고 해서 그 도시의 이름을 바벨이라고 불렀다.

창세기 11:1, 4-5, 7-9

마침내 오순절이 되어 신도들이 모두 한곳에 모여 있었다. 그들의 마음은 성령으로 가득 차서 성령이 시키는 대로 여러 가지 외국어로 말하기 시작하였다. 그 소리가 나자 많은 사람들이 몰려들었다. 그리고 사도들이 말하는 것이 사람들에게는 저마다 자기네 지방 말로 들리므로 모두 어리둥절해졌다. 그들은 놀라고 또 한편 신기하게 여기며…… 그러나 그중에는 "저 사람들이 술에 취했군!" 하고 빈정거리는 사람들도 있었다.

사도행전 2:1, 4, 6, 12-13

에필로그

앞에서 우리는 심리치료의 실제에서의 통합적 언어를 위한 기본 용어들을 설명하고자 했다. 우리는 이 책에서 제시한 특정한 용어들이 다양한 심리치료 학파들을 고찰하거나 통합하는 유일한 방법이라고 생각하지는 않는다. 그보다는 어떤 통합적 대화가 필요한 시기가 되었음을 알리고자 하였다. 때문에 우리는 심리치료를 구성하는 다양한 전통과 분야들 간에 다리를 놓을 다른 시도들도 환영하며 기대한다. 치료자들의 다양한 공통점들을 기술하기 위하여 채택되거나 사용된 특정한 언어보다 좀 더 보편적인 정신과 방향을 발전시켜 나가는 것이 더 중요한 일이라고 생각하기 때문이다.

이 책을 집필하는 과정은 개인적 · 직업적으로 하나의 긴 여정이었다. 심리치료 분야가 그 모습 그대로 계속될 때 나타날 부정적인 결과에 대해 경고하려고 노력한 만큼 우리는 우리 스스로가 자신을 둘러싸고 있는 관습을 넘어서기 위해 노력했다. 그러나 공통 요인들을 향해 나아감에 있어서 상실감도 함께 있었음을 고백한다. 책을 쓰면서 우리는 이전에 우리가 개인적 · 직업적으로 관심이 있었던 모델들을 열망의 눈으로 되돌아보는 자신을 발견하곤 했다. 우리는 아직도 새롭고 발전된 심리치료를 가르쳐 주겠다는 광고를 보면 유혹을 느낀다. 그 광고가 40년 동안의 심리치료의 성과에 관한 연구들이 절대로 그렇게 할 수 없을 것이라고 장담했던 것들(예를 들면, 미지의 것을 타파하고 더 빠르고 효과가 오래가는 치료 결과를 가져다주는 것)을 할 수 있다고 약속한다면 말이다. 하지만 이러한 광고들에 유혹을 느끼는 것을 우리는 희망의 증거라고 생각하기로 했다. 즉, 내담자들이 스스로 문제를 해결하고 고통을 줄일 수 있도록 우리가 도울 수 있다는 것에 대한 희망이다. 처음에는 대부분의 치료자들을 심리치료 분야로 이끌었다가, 그 길의 중간 어디에선가 모델이나 기법에게 자리를 빼앗긴 바로 그 희망 말이다.

참고문헌

Acierno, R., & Hersen, M. (1994). Review of the validation and dissemination of eye-movement desensitation and reprocessing: A scientific and ethical dilemma. *Clinical Psychology Review, 14*, 287-299.

Adler, A. (1963). *The practice and theory of individual psychology*. Paterson, NJ: Littlefield, Adams.

Adler, A. (1964). *Problems of neurosis*. New York: Harper & Row.

Alcoholics Anonymous World Wide Services, Inc. (1977). *Alcoholics Anonymous* (3rd ed.). New York: Author.

Allport, G. (1964). Mental health: A generic attitude. *Journal of Religion and Health*, 4, 7-21.

American Psychiatric Association (1994). *Diagnostic and statistical manual of mental disorders*. Washington, DC: American Psychiatric Association.

Andersen, T. (1987). The reflecting team: Dialogue and meta-dialogue in clinical work. *Family Process, 26*, 415-428.

Andersen, T. (Ed.) (1991). *The reflecting team: Dialogue and dialogues about dialogues*. New York: Norton.

Andreas, C. R., & Andreas, S. (1990). Briefer than brief. *Family Therapy Networker, 14*(2), 36-42.

Annis, H. M. (1979). Group treatment of incarcerated offenders with alcohol and drug problems. *Canadian Journal of Criminology, 21*, 3-15.

Ansbacher, H., & Ansbacher, R. (1956). *The individual psychology of Alfred Adler*. New York: Basic.

Bachelor, A. (1988). How clients perceive therapist empathy. *Psychotherapy, 25*, 227-240.

Bachelor, A. (1991). Comparison and relationship to outcome of diverse dimensions of the helping alliance as seen by client and therapist. *Psychotherapy, 28*, 534-549.

Balint, M. (1968). *The basic fault.* London: Tavistock.

Bandura, A. (1977). Self-efficacy: Toward a unifying theory of behavior change. *Psychological Review, 84*, 191-215.

Bandura, A. (1986). *Social foundations of thought and action.* Englewood Cliffs, NJ: Prentice-Hall.

Bandura, A., & Schunk, D. H. (1981). Cultivating competence, self-efficacy, and intrinsic interest through proximal self-motivation. *Journal of Personality and Social Psychology, 41*, 586-598.

Barlow, D. (1988). *Anxiety and its disorders.* New York: Guilford.

Barlow, D., & Wolfe, B. (1981). Behavioral approaches to anxiety disorders. *Journal of Consulting and Clinical Psychology, 49*, 448-454.

Berg, I. K., & Miller, S. D. (1992). *Working with the problem drinker: A solution-focused approach.* New York: Norton.

Bergin, A. E. (1971). The evaluation of therapeutic outcomes. In A. E. Bergin & S. L. Garfield (Eds.), *Handbook of psychotherapy and behavior change: An empirical analysis.* New York: Wiley.

Berkman, A. S., Bassos, C. A., & Post, L. (1988). Managed mental health care and independent practice: A challenge to psychology. *Psychotherapy, 25*, 434-440.

Berman, J. S., & Norton, N. C. (1985). Does professional training make a therapist more effective? *Psychological Bulletin, 98,* 401-406.

Beutler, L. E. (1989). The misplaced role of theory in psychotherapy integration. *Journal of Integrative and Eclectic Psychotherapy, 8,* 17-22.

Beutler, L. E., Machado, P. P., & Neufeldt, S. A. (1994). Therapist variables. In A. E. Bergin & S. L. Garfield (Eds.), *Handbook of Psychotherapy and Behavioral Change* (4th ed.). New York: Wiley.

Beyebach, M., Morejon, A. R., Palenzuela, D. L., & Rodriguez-Aris, J. L. (1996). Research on the process of solution-focused therapy. In S. D. Miller, M. A. Hubble, & B. L. Duncan, (Eds.), *Handbook of solution-focused brief therapy.* San Francisco: Jossey-Bass.

Boedecker, A. L. (1994). We have allowed therapy to grow unchecked, unregulated. *The National Psychologist, 3*(3), 14.

Bohart, A., & Tallman, K. (1996). The active client: Therapy as self-help.

Journal of Humanistic Psychology, 36, 7-30.

Booth, (1948). Psychodynamics in parkinsonism. *Psychosomatic Medicine, 10,* 1-14.

Bower, B. (1995). EMDR: Promise and dissent. *Science News, 148*(17), 270, 272.

Brandon, D. (1976). *Zen in the art of helping.* London, England: Arkana.

Butler, S. F., & Strupp, H. H. (1986). Specific and nonspecific factors in psychotherapy: A problematic paradigm for psychotherapy research. *Psychotherapy, 23,* 30-40.

Butler, W., & Powers, K. (1996). Solution-focused grief therapy. In S. D. Miller, M. A. Hubble, & B. L. Duncan (Eds.), *Handbook of solution-focused brief therapy.* San Francisco: Jossey-Bass.

Cannon, W. B. (1942). "Voodoo" death. *American Anthropologist, 44*(2), 169-181.

Carlinsky, J. (1994). Epigones of orgonomy. *Skeptic, 2*(3), 90-92.

Carter, J. (1993). *Talking peace: A vision for the next generation.* New York: Dutton Children's Books.

Chambless, D. L. (June, 1996). Identification of empirically supported psychological interventions. *Clinician's Research Digest (Supplemental Bulletin), 14*(6), 1-2.

Chang, J., & Phillips, M. (1993). Michael White and Steve de Shazer: New directions in family therapy. In S. Gilligan & R. Price (Eds.), *Therapeutic conversations.* New York: Norton.

Christensen, A., & Jacobson, N. (1994). Who (or what) can do psychotherapy: The status and challenge of nonprofessional therapies. *Psychological Science, 5*(1), 8-14.

Clement, P. W. (1994). Quantitative evaluation of 26 years of private practice. *Professional Psychology: Research and Practice, 25*(2), 173-176.

Clinicians Research Digest (July, 1994). How effective are marital and family therapies? *12*(7), 1.

Cohen, P., & Cohen, J. (1984). The clinician's illusion. *Archives of General Psychiatry, 41,* 1178-1182.

Coyne, J. (1982). Undressing The fashionable mind. *Family Process, 21,* 391-396.

Covey, S. R. (1989). *The 7 habits of highly effective people.* New York:

Simon and Schuster.

Coyne, J. (1994). The rush to be brief [Letter to the editor]. *Family Therapy Networker, 18*(5), 8.

Cross, D. G., Sheehan, P. W., & Kahn, J. A. (1980). Alternative advice and counseling psychotherapy. *Journal of Consulting and Clinical Psychology, 48,* 615-625.

Cummings, N. A. (1986). The dismantling of our health system: Strategies for the survival of psychological practice. *American Psychologist, 41*(4), 426-431.

Dawes, R. M. (1994). *House of cards: Psychology and psychotherapy built on myth.* New York: Free Press.

de Shazer, S. (1988). *Clues: Investigation solutions in brief therapy.* New York: Norton.

de Shazer, S. (1991). *Putting difference to work.* New York: Norton.

de Shazer, S. (1993). Commentary: de Shazer & White: Vive la difference. In S. Gilligan & R. Price (Eds.), *Therapeutic conversations.* New York: Norton.

de Shazer, S. (July 15, 1994). Presentation at Therapeutic Conversations Conference II. Washington, DC.

de Shazer, S., Berg, I., Lipchik, E., Nunnally, E., Molnar, A., & Gingerich, W. (1986). Brief therapy: Focused solution development. *Family Process, 25*(2), 207-222.

Doherty, W. J., & Simmons, D. S. (January, 1995). Clinical practice patterns of marriage and family therapy: A national survey of therapists and their clients. *Journal of Marital and Family Therapy, 21*(1), 3-16.

Doherty, W. J., & Simmons, D. S. (January, 1996). Clinical practice patterns of marriage and family therapy: A national survey of therapists and their clients. *Journal of Marital and Family Therapy, 22*(1), 9-26.

Duncan, B. L. (1989). Paradoxical procedures in family therapy. In M. Ascher (Ed.), *Therapeutic paradox.* New York: Guilford.

Duncan, B. L., Hubble, M. A., & Miller, S. D. (1997). *Psychotherapy with impossible cases: Efficient treatment of therapy veterans.* New York: Norton.

Duncan, B. L., & Moynihan, D. W. (1994). Applying outcome research: Intentional utilization of the client's frame of reference. *Psychotherapy,*

31(2), 294-302.

Duncan, B. L., Solovey, A. D., & Rusk, G. S. (1992). *Changing the rules: A client-directed approach to therapy*. New York: Guilford.

Durrant, M., & Kowalski, K. (1993). Enhancing views of competence. In S. Friedman (Ed.), *The new language of change*. New York: Guilford.

Efran, J. S., & Green, M. A. (1994). Overpromised, underresearched: Where's the science in psychotherapy? *Family Therapy Networker, 18*(5), 97-102.

Egan, G. (1975). *The skilled helper*. Monterey, CA: Brooks/Cole.

Ekeland, I. (1993). *The broken dice*. Chicago: University of Chicago Press.

Elliot, R. (1985). Helpful and nonhelpful events in brief counseling: An empirical taxonomy. *Journal of Counseling Psychology, 32*(3), 307-322.

Elkin, I. (1994). The NIMH treatment of depression collaborative research program: Where we began and where we are. In A. E. Bergin & S. Garfield (Eds.), *Handbook of psychotherapy and behavior change* (4th ed.). New York: Wiley.

Evans, D. R., Hearn, M. T., Uhleman, M. R., & Ivey, A. E. (1979). *Essential interviewing: A programmed approach to effective communication*. Monterey, CA: Brooks/Cole.

Fancher, R. (1995). *Cultures of healing*. New York: Freeman.

Ferenczi, S. (1985). In Judith Dupont (Ed.), *The clinical diary of Sandor Ferenczi*. Cambridge, MA: Harvard University Press.

Fisch, R., Weakland, J., & Segal, L. (1982). *The tactics of change*. San Francisco: Jossey-Bass.

Follette, W. (1991). Taking up the cudgel: Activism and science. (Interview with Neil S. Jacobson). *The Scientist Practitioner, 1*(4), 8-18.

Frances, A., Clarkin, J., & Perry, S. (1984). *Differential therapeutics in psychiatry: The art and science of treatment selection*. New York: Brunner/Mazel.

Frank, G. H. (1964). The effect of directive and nondirective statements by therapists on the content of patient verbalization. *Journal of General Psychology, 71,* 323-328.

Frank, J. D. (1973). *Persuasion and healing: A comparative study of psychotherapy*. Baltimore, MD: Johns Hopkins University Press.

Frank, J. D. (1976). Psychotherapy and the sense of mastery. In R. L.

Spitzer & D. F. Klein (Eds.), *Evaluation of psychotherapies: Behavioral therapies, drug therapies and their interaction* (pp. 47-56). Baltimore, MD: Johns Hopkins University Press.

Frank, J. D. (1990). Foreword. In M. Talmon (Ed.), *Single session therapy.* San Francisco, CA: Jossey-Bass.

Frank, J. D., & Frank, J. B. (1991). *Persuasion and healing: A comparative study of psychotherapy* (3rd ed.). Baltimore, MD: Johns Hopkins University Press.

Frazer, Sir James George (1920). *The golden bough*. New York: Collier.

Frederick, C., & Phillips, M. (1992). The use of hypnotic age progressions as interventions with acute psychosomatic conditions. *American Journal of Clinical Hypnosis, 35*(2), 89-98.

Freedman, J., & Combs, G. (1996). *Narrative therapy: The social construction of preferred realities*. New York: Norton.

Freud, S. (1990). In W. Boehlich (Ed.), *Letters of Sigmund Freud to Edward Silberstein*. Boston: Harvard University Press, p. 56.

Garb, H. (1989). Clinical judgement, clinical training, and professional experience. *Psychological Bulletin, 105,* 387-392.

Garduk, E. L., & Haggard, E. A. (1972). Immediate effects on patients of psychoanalytic interpretations. *Psychological Issues, 7*(4).

Garfield, S. L. (1971). Research on client variable in psychotherapy. In S. L. Garfield & A. E. Bergin (Eds.), *Handbook of psychotherapy and behavior change: An empirical analysis*. New York: Wiley.

Garfield, S. L. (1982). Eclecticism and integration in psychotherapy. *Behavior Therapy, 13,* 610-623.

Garfield, S. L. (1987). Towards a scientifically oriented eclecticism. *Scandinavian Journal of Behavior Therapy, 16,* 95-109.

Garfield, S. L. (1989). *The practice of brief psychotherapy.* New York: Pergamon.

Garfield, S. L. (1994). Research on client variables in psychotherapy. In A. E. Bergin & S. L. Garfield (Eds.), *Handbook of psychotherapy and behavior change* (4th ed.). New York: Wiley.

Garfield, S. L., & Bergin, A. E. (Eds.) (1971). *Handbook of psychotherapy and behavior change: An empirical analysis*. New York: John Wiley.

Garfield, S. L., & Bergin, A. E. (1994). Introduction and historical overview.

In A. E. Bergin & S. L. Garfield (Eds.), *Handbook of psychotherapy and behavior change* (4th ed.). New York: Wiley.

Garfield, S. L., & Wolpin, M. (1963). Expectations regarding psychotherapy. *Journal of Nervous and Mental Disease, 137,* 353-362.

Gediman, H. K., & Lieberman, J. S. (March 14, 1996). An interview with Dr. Helen K. Gediman and Dr. Janice S. Lieberman. *Psychotherapy Books News, 30,* 7.

Gilovich, (1991). *How we know what isn't so.* New York: Free Press.

Goldfried, M. R., & Newman, C. F. (1992). A history of psychotherapy integration. In J. C. Norcross & M. R. Goldfried (Eds.), *Handbook of psychotherapy integration.* New York: Basic.

Goleman, D. (December 24, 1991). In new research optimism is the key to a successful life. *New York Times,* B5-6.

Gordon, D., & Meyers-Anderson, M. (1981). *Phoenix: Therapeutic patterns of Milton H. Erickson.* Cupertino, CA: Meta.

Gould, R. A., & Clum, G. A. (1993). A meta-analysis of self-help treatment approaches. *Clinical Psychology Review, 13*(2), 169-186.

Gravitz, H., & Bowden, J. (1987). *Recovery: A guide for adult children of alcoholics.* New York: Simon & Schuster.

Grosskurth, P. (1991). *The secret ring: Freud's inner circle and the politics of psychoanalysis.* Reading, MA: Addison-Wesley.

Grunebaum, H. (1988). What if family therapy were a kind of psychotherapy? A reading of the *Handbook of Psychotherapy and Behavior Change. Journal of Marital and Family Therapy, 14,* 195-199.

Haley, J. (1985). *Conversations with Milton H. Erickson: Changing individuals* (vol. 1). New York: Triangle.

Haley, J. (1986). *Uncommon therapy: The psychiatric techniques of Milton H. Erickson, M.D.* New York: Norton.

Haley, J. (1993). How to be a therapy supervisor without knowing how to change anyone. *Journal of Systemic Therapy, 12*(4), 41-52.

Haley, J. (1994). Zen and the art of therapy. *The Family Therapy Networker, 18*(1), 54-60.

Hammond, D. C., Hepworth, D. H., & Smith, V. G. (1977). *Improving therapeutic communication.* San Francisco, CA: Jossey-Bass.

Hattie, J. A., Sharpley, C. F., & Rogers, H. F. (1984). Comparative effectiveness of professional and paraprofessional helpers. *Psychological Bulletin, 95,* 534-541.

Held, B. (1991). The process/content distinction in psychotherapy revisited. *Psychotherapy, 28*(2), 207-217.

Held, B. (1995). *Back to reality.* New York: Norton.

Henry, W. P., Strupp, H. H., Schacht, T. E., & Gaston, L. (1994). Psychodynamic approaches. In A. E. Bergin & S. L. Garfield, (Eds.), *Handbook of psychotherapy and behavior change* (4th ed.). New York: Wiley. American Library.

Hester, R. K., Miller, W. R., Delaney, H. D., & Meyers, R. J. (November, 1990). *Effectiveness of the community reinforcement approach.* Paper presented at the 24th Annual Meeting of the Association for the Advancement of Behavior Therapy. San Francisco, CA.

Hoffman, E. (1994). *The drive for self: Alfred Adler and the founding of individual psychology. Reading,* MA: Addison-Wesley.

Hollon, S. D., & Beck, A. T. (1994). Cognitive and cognitive-behavioral therapies. In A. E. Bergin & S. L. Garfield (Eds.), *Handbook of psychotherapy and behavior change* (4th ed.). New York: Wiley.

Horvath, A. O., & Luborsky, L. (1993). The role of the alliance in psychotherapy. *Journal of Consulting and Clinical Psychology, 61,* 561-573.

Howard, K. I., Kopte, S. M., Krause, M. S., & Orlinsky, D. E. (1986). The does-effect relationship in psychotherapy. *American Psychologist, 41*(2), 159-164.

Hubble, J. P., & Koller, W. C. (1995). The parkinsonian personality. In W. J. Weiner & A. E. Lang (Eds.), *Advances in neurology: Behavioral neurology of movement disorders* (vol. 65). New York: Raven.

Hubble, M. A. (1993). Therapy research: The bonfire of the uncertainties. *The Family Psychologist: Bulletin of the Division of Family Psychology, 9*(2), 14-16.

Hubble, M. A., & O'Hanlon, W. H. (1992). Theory countertransference. *Dulwich Centre Newsletter, 1,* 25-30.

Hubble, M. A., & Solovey, A. D. (1994). Ambassadorship in medical rehabilitation: A remedy for noncompliance. *Journal of Systemic Therapies, 13*(3), 67-76.

Hunsley, J., & Glueckauf, R. L. (1988). The utilization of chance occurrences in strategic therapy. *Journal of Strategic and Systemic Therapies, 7*(4), 73-81.

Imber, S. D., Pilkonis, P. A., Harway, N. I., Klein, R. H., & Rubinsky, P. A. (1982). Maintenance of change in the psychotherapies. *Journal of Psychiatric Treatment and Evaluation, 4,* 1-5.

Ivey, A. E., & Gluckstern, N. (1976). *Basic influencing skills participant manual.* North Amherst, MA: Microtraining.

Ivey, A. E., & Simek-Downing, L. (1980). *Counseling and psychotherapy.* Englewood Cliffs, NJ: Prentice-Hall.

Jacobson, N. (1995). The overselling of psychotherapy. *Family Therapy Networker, 19*(2), 40-52.

Jensen, V. H. (1977). *Helping relationships: Skills development manual for training professional, paraprofessional, and lay counselors.* Provo, UT: Brigham Young University Press.

Jensen, J. B., Bergin, A. E., & Greaves, D. W. (1990). The meaning of eclecticism: New survey and analysis of components. *Professional Psychology, 21,* 124-130.

Johnson, B. (1973). *I'll quit tomorrow.* New York: Harper & Row.

Jordan, J. S., Harvey, J. H., & Weary, G. (1988). Attributional biases in clinical decision making. In D. C. Turk & P. Salovey (Eds.), *Reasoning, inference, and judgement in clinical psychology.* New York: Free Press.

Johnson, L., & Miller, S. D. (1994). Modification of depression risk factors: A solution-focused approach. *Psychotherapy, 31*(2), 244-353.

Joseph, L. E. (1994). *Common sense: Why it's no longer so common.* New York: Addison-Wesley.

Kaminer, W. (1992). *I'm dysfunctional, you're dysfunctional.* Reading, MA: Addison-Wesley.

Katagiri, D. (1988). *Return to silence.* Boston, MA: Shambhala.

Kazdin, A. E. (1980). Acceptability of time-out from reinforcement procedures for disruptive child behavior. *Behavior Therapy, 11,* 329-344.

Kazdin, A. E. (1986). Comparative outcome studies of psychotherapy: Methodological issues and strategies. *Journal of Consulting and Clinical Psychology, 54,* 95-105.

Kendall, P. C. (1992). When clients don't progress: Influences on and explanations for lack of therapeutic progress. *Cognitive Therapy and Research, 16,* 269-281.

Kessler, R. S., & Miller, S. D. (1995). The use of a future time frame in psychotherapy with and without hypnosis. *American Journal of Clinical Hypnosis, 38*(1), 39-46.

Kiesler, D. J. (1966). Some myths of psychotherapy research and the search for a paradigm. *Psychological Bulletin, 65,* 110-136.

Kiesler, D. J. (1995). Some myths of psychotherapy research and the search for a paradigm: Revisited. *Psychotherapy Research, 5*(2), 91-101.

Kirk, S., & Kutchins, H. (1993). *The selling of DSM: The rhetoric of science in psychiatry.* New York: Aldine de Gruyter.

Kiser, D., Piercy, F., & Lipchi, E. The integration of emotion in solution-focused therapy. *Journal of Marriage and Family Therapy, 19*(3), 233-242.

Kissin, B., Platz, A., & Su, W. H. (1971). Selective factors in treatment choice and outcome in alcoholics. In N. K. Mello & J. H. Mandelson (Eds.), *Recent advances in studies of alcoholism* (pp. 781-802). Washington, DC: U. S. Government Printing Office.

Kivlighan, D. M. (1989). Changes in counselor intentions and response modes and in client reactions and session evaluation after training. *Journal of Counseling Psychology, 36,* 471-476.

Knesper, D. J., Pagnucco, D. J., & Wheeler, J. R. C. (1985). Similarities and differences across mental health service providers and practice settings in the United States. *American Psychologist, 40,* 1352-1369.

Koss, M. P., & Butcher, J. N. (1986). Research on brief psychotherapy. In S. L. Garfield & A. E. Bergin (Eds.), *Handbook of psychotherapy and behavior change* (3rd ed.). New York: Wiley.

Koss, M. P., & Shiang, J. (1994). Research on brief psychotherapy. In A. E. Bergin & S. L. Garfield (Eds.), *Handbook of psychotherapy and behavior change* (4th ed.). New York: Wiley.

Kottler, J. (1991). *The compleate therapist.* San Francisco: Jossey-Bass.

Kowalski, K., & Durrant, M. (1990). Overcoming the effects of sexual abuse: Developing a self-perception of competence. In M. Durrant & C. White (Eds.), *Ideas for therapy with sexual abuse.* Adelaide,

Australia: Dulwich Centre.

Kral, R. (1986). Indirect therapy in the schools. In S. de Shazer & R. Kral (Eds.), *The family therapy collections: Indirect approaches in family therapy*. Rockville, MD: Aspen.

Kral, R., & Kowalski, K. (1989). After the miracle: The second stage in solution-focused brief therapy. *Journal of Strategic and Systemic Therapies, 8*(2-3), 73-76.

Kraft, K. (1988). *Zen: Tradition and transition*. New York: Grove.

Kristol, E. (June, 1990). Declarations of codependence. *American Spectator*.

Krumboltz, J. D. (1966). *Resolution in counseling: Impacts of behavioral science*. Boston, MA: Houghton-Mifflin.

Kuehl, B. P., Newfield, N. A., & Joanning, H. (1990). A client-based description of family therapy. *Journal of Family Psychology, 3,* 310-321.

Kupst, M. J, & Shulman, J. L. (1979). Comparing professional and lay expectations of psychotherapy. *Psychotherapy, 16,* 237-243.

Lakoff, R. (1990). *Talking power*. New York: Basic.

Lambert, M. J. (1992). Implications of outcome research for psychotherapy integration. In J. C. Norcross & M. R. Goldfield (Eds.), *Handbook of psychotherapy integration*. New York: Basic.

Lambert, M. J., & Bergin, A. E. (1994). The effectiveness of psychotherapy. In A. E. Bergin & S. L. Garfield (Eds.), *Handbook of psychotherapy and behavior change* (4th ed.). New York: Wiley.

Lamberti, D. (1994). At bat. *Northwest Traveller, 27*(9), 65.

Lawson, D. (1994). Identifying pretreatment change. *Journal of Counseling and Development, 72,* 244-248.

Lerner, M. (1995). The assault on psychotherapy. *Family Therapy Networker, 19*(5), 44-52.

Levitt, E. E. (1966). Psychotherapy research and the expectation-reality discrepancy. *Psychotherapy, 3,* 163-166.

Liberman, B. L. (1978). The maintenance and persistence of change: Long-term follow-up investigations of psychotherapy. In J. D. Frank, R. Hoehn-Sarix, S. D. Imber, B. L. Liberman, & A. R. Stone (Eds.), *Effective ingredients of effective psychotherapy*. New York: Brunner/Mazel.

Lipchik, E. (1988). Purposeful sequence for beginning the solution-focused interview. In E. Lipchik (Ed.), *Family therapy collections: Interviewing.* Newbury Park, CA: Sage.

Lipchik, E. (March/April, 1994). The rush to be brief. *Family Therapy Networker, 18*(2), 34-39.

Lisson, R. C. (1995). [Letter to the editor]. *Family Therapy Networker, 19*(2), 11.

Locke, E. A., Shaw, K. N., Saari, L. M., & Latham, G. P. (1981). Goal setting and task performance: 1966-1980. *Psychological Bulletin, 90,* 125-152.

Lytle, R. A. (1993). An investigation of the efficacy of eye-movement desensitization in the treatment of cognitive intrusions related to memories of a past stressful event. *Dissertations Abstracts International, 54-09(B),* 4926.

Mahoney, M. (1991). *Human change processes: The scientific foundations of psychotherapy.* New York: Basic.

Markus, H., & Nurius, P. (1986). Possible selves. *American Psychologist, 41,* 954-969.

Marmar, C., Horowitz, M. J., Weiss, D., & Marzialie, E. A. (1986). The development of the therapeutic alliance rating system. In L. Greenberg & W. Pinsof (Eds.), *Psychotherapeutic process: A research handbook* (pp. 367-390). New York: Guilford.

Martin, C. (1989). *University of Utah Review, 22*(5), 2.

Martin, G., & Pear, J. (1983). *Behavior modification: What it is and how to do it.* Englewood Cliffs, NJ: Prentice-Hall.

Matuschka, E. (1985). Treatment, outcome, and clinical evaluation. In T. E. Bratter & G. G. Forrest (Eds.), *Alcoholism and substance abuse: Strategies for clinical intervention.* New York: Free Press.

Matheson, D., Bruce, R., & Beauchamp, K. (1978). *Experimental psychology: Research design and analysis.* New York: Holt, Rhinehart, and Winston.

McCall, R. B. (1980). *Fundamental statistics for psychology* (3rd ed.). New York: Harcourt, Brace, Jovanovich.

McKeel, A. J. (1996). A clincian's guide to research on solution-focused brief therapy. In S. D. Miller, M. A. Hubble, & B. L. Duncan (Eds.), *Handbook of solution-focused brief therapy.* San Francisco, CA: Jossey-Bass.

Meador, B., & Rogers, C. (1979). Person-centered therapy. In R. J. Corsini (Ed.), *Current psychotherapies* (2nd ed.). Itasca, IL: Peacock.

Metcalf, L., Thomas, F., Duncan, B. L., Miller, S. D., & Hubble, M. A. (1996). What works in solution-focused brief therapy: A qualitative analysis of client and therapist perceptions. In S. D. Miller, M. A. Hubble, & B. L. Duncan (Eds.), *Handbook of solution-focused brief therapy*. San Francisco, CA: Jossey-Bass.

Miller, S. D. (1992). The symptoms of solution. *Journal of Strategic and Systemic Therapies, 11*, 1-11.

Miller, S. D. (1994a). The solution conspiracy: A mystery in three installments. *Journal of Systemic Therapies, 13*(1), 18-37.

Miller, S. D. (1994b), Some questions (not answers) for the brief treatment of people with drug and alcohol problems. In M. Hoyt (Ed.), *Constructive therapies*. New York: Guilford.

Miller, S. D. (1995). Solution-focused brief therapy: Focusing on "What works" in clinical practice [Workshop handouts]. Chicago, IL: Author.

Miller, S. D. (1996). Working with Michael: Giving up models, methods, and techniques. *L'Effet Spirale, 4*(1), 7-8.

Miller, S. D., & Berg, I. K. (1991). Working with the problem drinker: A solution-focused approach. *Arizona Counseling Journal, 16*(1), 3-12.

Miller, S. D., & Berg, I. K. (1995). *The miracle method: A radically new approach to problem drinking*. New York: Norton.

Miller, W. R. (1986). Increasing motivation for change. In W. R. Miller & N. H. Heather (Eds.), *Addictive behaviors: Processes of change*. New York: Plenum.

Miller, W. R. (1987). Motivation and treatment goals. *Drugs and Society, 1*, 131-151.

Miller, W. R., Benefield, R. G., & Tonigan, J. S. (1993). Enhancing motivation for change in problem drinking: A controlled comparison of two therapist styles. *Journal of Consulting and Clinical Psychology, 61*(3), 455-461.

Miller, W. R., & Hester, R. K. (1989). Treating alcohol problems: Toward an informed eclecticism. In R. K. Hester & W. R. Miller (Eds.), *Handbook of alcoholism treatment approaches*. New York: Pergamon.

Mohl, D. C. (1995). Negative outcome in psychotherapy: A critical review.

Clinical Psychology, 2, 1-27.

Morrock, R. (1994). Pseudo-psychotherapy: UFOs, cloudbusters, conspiracy, and paranoia in Wilhelm Reich's psychotherapy. *Skeptic, 2*(3), 93-95.

Mosak, H. H. (1978). Adlerian psychotherapy. In R. J. Corsini (Ed.), *Current psychotherapies* (2nd ed.). Itasca, IL: Peacock.

Murphy, J. J. (1996). Solution-focused brief therapy in the school. In S. D. Miller, M. A. Hubble, & B. L. Duncan (Eds.), *Handbook of solution-focused brief therapy.* San Francisco, CA: Jossey-Bass.

Murray, E. J., & Jacobsen, L. I. (1971). The nature of learning in traditional and behavioral therapy. In A. E. Bergin & S. L. Garfield (Eds.), *Handbook of psychotherapy and behavior change: An empirical analysis.* New York: Wiley.

Murphy, P. M., Cramer, D., & Lillie, F. J. (1984). The relationship between curative factors perceived by patients in psychotherapy of depression: An exploratory study. *British Journal of Medical Psychology, 57,* 187-192.

Nisbett, R., & Ross, L. (1980). *Human inference: Strategies and short-comings of social judgement.* Englewood Cliffs, NJ: Prentice-Hall.

Nunnally, E., de Shazer, S., Lipchik, E., & Berg, I. (1986). A study of change: Therapeutic theory in process. In D. Efron (Ed.), *Journeys: Expansion of the strategic-systemic therapies.* New York: Brunner/Mazel.

Nylund, D., & Corsiglia, V. (1994). Becoming solution-focused forced in brief therapy: Remembering something important that we already knew. *Journal of Systemic Therapies, 13*(1), 5-12.

O'Hanlon, B. (1987). *Taproots: Underlying principles of Milton Erickson's therapy hypnosis.* New York: Norton.

O'Hanlon, B. (March/April, 1990a). Debriefing myself: When a brief therapist does long-term work. *Family Therapy Networker, 14*(2), 48-49.

O'Hanlon, B. (1990b), A grand unified theory for brief therapy: Putting problems in context. In J. Zeig & S. Gilligan (Eds.), *Brief therapy: Myths, methods, and metaphors.* New York: Brunner/Mazel.

O'Hanlon, B. (1991). Not systemic, not strategic: Still clueless after all these years. *Journal of Strategic and Systemic Therapist, 10*(3-4), 105-109.

O'Hanlon, B. (1999). The third wave. *Family Therapy Networker, 18*(6), 18-

25, 28-29.

O'Hanlon, B., & Hexum, A. L. (1990). *An uncommon casebook: The complete clinical work of Milton H. Erickson, M.D.* New York: Norton.

O'Hanlon, B., & Weiner-Davis, M. (1989). *In search of solutions.* New York: Norton.

O'Hanlon, B., & Wilk, J. (1987). *Shifting contexts: The generation of effective psychotherapy.* New York: Guilford.

O'Regan, B. (1985). Placebo: The hidden asset in healing. *Investigations: A Research Bulletin, 2*(1), 1-3.

Orlinsky, D. E., Grawe, K., & Parks, B. K. (1994). Process and outcome in psychotherapy-noch einmal. In A. E. Bergin & S. L. Garfield (Eds.), *Handbook of psychotherapy and behavior change* (4th ed.). New York: Wiley.

Orlinsky, D. E., & Howard, K. I. (1986). Process and outcome in psychotherapy. In S. L. Garfield & A. E. Bergin (Eds.), *Handbook of psychotherapy and behavior change* (3rd ed.). New York: Wiley.

Patterson, C. H. (1984). Empathy, warmth, and genuineness in psychotherapy: A review of reviews. *Psychotherapy, 21,* 431-438.

Patton, M., & Meara, N. M. (1982). The analysis of language in psychological treatment. In R. L. Russell (Ed.), *Spoken interaction in psychotherapy.* New York: Irvington.

Paul, G. (1967). Strategy in outcome research in psychotherapy. *Journal of Consulting Psychology, 31,* 109-118.

Penn, P. (1995). Feed forward: Future questions, future maps. *Family Process, 23*(3), 299-310.

Perloff, L. S. (1983). Perceptions of vulnerability to victimization. *Journal of Social Issues, 39,* 41-61.

Phillips, M., & Frederick, C. (1992). The use of hypnotic age progressions as prognostic, ego strengthening and integrating techniques. *American Journal of Clinical Hypnosis, 35*(2), 99-108.

Prochaska, J. O. (1991). Prescribing to the stage and level of phobia patients. *Psychotherapy, 28,* 463-468.

Prochaska, J. O. (1993). Working in harmony with how people change naturally. *The Weight Control Digest, 3,* 249, 252-255.

Prochaska, J. O. (1995). Common problems: Common solutions. *Clinical*

Psychology: Science and Practice, 2, 101-105.

Prochaska, J. O., & DiClemente, C. C. (1982). Transtheoretical therapy: Toward a more integrative model of change. *Psychotherapy, 19,* 276-288.

Prochaska, J. O., & DiClemente, C. C. (1984). *The transtheoretical approach: Crossing traditional boundaries of therapy*. Homewood, IL: Dow Jones-Irwin.

Prochaska, J. O., & DiClemente, C. C. (1992). The transtheoretical approach. In J. C. Norcorss & M. R. Goldfried (Eds.), *Handbook of psychotherapy integration*. New York: Basic.

Prochaska, J. O., DiClemente, C. C., & Norcross, J. C. (1992). In search of how people change. *American Psychologist, 47,* 1102-1114.

Putnam, F. W., Guroff, J. J., Silberman, E. K., Barban, L., & Post, R. M. (1986). The clinical phenomenology of multiple personality disorder. *Journal of Clinical Psychiatry, 47,* 285-293.

Rabkin, R. (1983). *Strategic psychotherapy: Brief and symptomatic treatment*. New York: Meridian.

Reimers, T. M., Wacker, D. P., Cooper, L. J., & De Raad, A. O. (1992). Acceptability of behavioral treatments for children: Analog and naturalistic evaluations by parents. *School Psychology Review, 21,* 628-643.

Report of the Research Task Force of the National Institute of Mental Health (1975). Research in the service of mental health (DHEW Publication No. ADM 75-236). Rockville, MD: DHEW.

Reuterlov, H., Lofgren, T., Nordstrom, K., & Ternstrom, A. (in press). "What's better?": Clients' reports of change in second and subsequent sessions. *Brief Therapy*.

Roper Organization (1992). *Unusual personal experiences: An analysis of data from three national surveys*. Las Vegas, NV: Bigelow Holding Company.

Rogers, C. (1951). *Client centered therapy: Its current practice, theory, and implications*. Chicago, IL: Houghton Mifflin.

Rosen, S. (1982). *My voice will go with you*. New York: Norton.

Rosenzweig, S. (1936). Some implicit common factors in diverse methods in psychotherapy. *American Journal of Orthopsychiatry, 6,* 412-415.

Rossi, E. (1980). *The Collected Papers of Milton Erickson on Hypnosis* (vol. I-IV). New York: Irvington.

Sachs, J. S. (1983). Negative factors in brief psychotherapy: An empirical assessment. *Journal of Consulting and Clinical Psychology, 51,* 557-564.

Sagan, C. (1980). *Cosmos.* New York: Random House.

Sanchez-Craig, M. (1980). Random assignment to abstinence or controlled drinking in a cognitive-behavioral program: Effects on drinking behavior. *Addictive Behavior, 5,* 35-39.

Schauble, P. G., & Pierce, R. M. (1974). Client in-therapy behavior: A therapist guide to progress. *Psychotherapy, 11,* 229-234.

Selekman, M. D. (1989). Taming chemical monsters: Cybernetic-systemic therapy with adolescent substance abusers. *Journal of Strategic and Systemic Therapies, 8*(2), 5-10.

Selekman, M. D. (1991). The solution-oriented parenting group: A treatment alternative that works. *Journal of Strategic and Systemic Therapies, 10*(1), 37-50.

Seligman, M. E. P. (1975). *Helplessness: On depression, development, and death.* San Francisco, CA: Freeman.

Seligman, M. E. P. (1990). *Learned optimism.* New York: Knopf.

Shadish, W. R., Montgomery, L. M., Wilson, P., Wilson, M. R., Bright, I., & Okwumabua, T. (1993). Effects of family and marital psychotherapies: A meta-analysis. *Journal of Consulting and Clinical Psychology, 61,* 992-1002.

Shapiro, F. (1989a). Efficacy of the eye movement desensitization procedure in the treatment of traumatic memories. *Journal of Traumatic Stress Studies, 2,* 199-223.

Shapiro, F. (1989b). Eye movement desensitization: A new treatment for post-traumatic stress disorder. *Journal of Behavior Therapy and Experimental Psychiatry, 20,* 211-217.

Shostrom (1966). *Three approaches to therapy.* Santa Ana, CA: Psychological Films.

Simon, D. (1996). Crafting consciousness through form: Solution-focused therapy as a spiritual path. In S. D. Miller, M. A. Hubble, & B. L. Duncan (Eds.), *Handbook of solution-focused brief therapy.* San Francisco, CA: Joseey-Bass.

Smith, D. (1982). Trends in counseling and psychotherapy. *American Psychologist, 37,* 802-809.

Smith, M. L., & Glass, G. V. (1987). *Research and evaluation in education and the social sciences.* Englewood Cliffs, NJ: Prentice-Hall.

Smith, M. L., Glass, G. V., & Miller, T. I. (1980). *The benefits of psychotherapy.* Baltimore, MD: Johns Hopkins University Press.

Snyder, C. R., Irving, L. M., & Anderson, J. R. (1991). Hope and health. In C. R. Snyder & D. R. Forsyth (Eds.), *Handbook of social and clinical psychology.* New York: Pergamon.

Speisman, J. C. (1959). Depth of interpretation and verbal resistance in psychotherapy. *Journal of Counseling Psychology, 23,* 93-99.

Steenbarger, B. N. (1992). Toward science-practice integration in brief counseling and therapy. *The Counseling Psychologist, 20,* 403-450.

Steenbarger, B. N. (1994). Duration and outcome in psychotherapy: An Integrative review. *Professional Psychology, 25*(2), 111-119.

Stein, D. M., & Lambert, M. J. (1984). On the relationship between therapist experience and psychotherapy outcome. *Clinical Psychology Review, 4,* 1-16.

Strupp, H. (1971). *Psychotherapy and the modification of abnormal behavior.* New York: McGraw-Hill.

Strupp, H. (1995). The psychotherapist's skills revisted. *Clinical Psychology, 2,* 70-74.

Strupp, H., Hadley, S. W., & Gomez-Schwartz, B. (1974). Specific versus nonspecific factors in psychotherapy: A controlled study of outcome. *Archives of General Psychiatry, 36,* 1125-1136.

Szasz, T. (1994). Diagnoses are not diseases. *Skeptic, 2*(3), 86.

Talmon, M. (1990). *Single session therapy.* San Francisco: Jossey-Bass.

Talmon, M., Hoyt, M. F., & Rosenbaum, R. (December, 1988). *When the first session is the last: A map for rapid therapeutic change.* Paper presented at the Fourth International Congress on Ericksonian Approaches to Hypnosis and Psychotherapy. San Francisco, CA.

Task force report on promotion and dissemination of psychological procedures (1993). Washington, DC: American Psychological Association.

Taylor, S. E. (1989). *Health psychology* (2nd ed.). New York: McGraw-Hill.

Taylor, S. E., & Brown, J. D. (1988). Illusion and well-being: A social psychological perspective on mental health. *Psychological Bulletin, 103,* 193-210.

Taylor, S. E., Wayment, H. A., & Collins, M. A. (1993). Positive illusions and affect regulation. In D. M. Wegner & J. W. Pennebaker (Eds.), *Handbook of mental control.* Englewood Cliffs, NJ: Prentice-Hall.

Thompson, A. P. (1986). Changes in counseling skills during graduate and undergraduate study. *Journal of Counseling Psychology, 33,* 65-72.

Thorton, C. C., Gottheil, E., Gellens, H. K., & Alterman, A. I. (1977). Voluntary versus involuntary abstinence in the treatment of alcoholics. *Journal of Studies on Alcohol, 38,* 1740-1748.

Todes, C. J., & Lees, A. J. (1985). The pre-morbid personality of patients with Parkinsons disease. *Journal of Neurology, Neurosurgery, and Psychiatry, 48,* 97-100.

Torem, M. (1992). Back from the future: A powerful age progression technique. *American Journal of Clinical Hypnosis, 35*(2), 81-88.

Truax, C. B., & Carkhuff, R. R. (1967). *Toward effective counseling and psychotherapy.* Chicago, IL: Aldine.

Uchiyama, K. (1993). *Opening the hand of thought: Approach to Zen.* New York: Penguin.

Vaihinger, H. (1925). *The philosophy of "as if": A system of the theoretical, practical and religious fictions of mankind.* New York: Harcourt, Brace and Company.

Van Gennep, A. (1960). *The rites of passage.* Chicago, IL: University of Chicago Press.

Veroff, J., Kulka, R. A., & Douvan, E. (1981). *Mental health in America.* New York: Basic.

Viscott, D. (1972). *The making of a psychiatrist.* New York: Arbor House.

Walter, J., & Peller, J. (1992). *Becoming solution-focused in brief therapy.* New York: Brunner/Mazel.

Waters, D., & Lawrence, E. (1993). Creating a therapeutic vision. *Family Therapy Networker, 17*(6), 53-58.

Watkins, C. E., Jr., Lopez, F. G., Campbell, V. L., & Himmell, C. D. (1986). Contemporary counseling psychology: Results of a national survey. *Journal of Counseling Psychology, 33,* 301-309.

Watzlawick, P. (1983). *The situation is hopeless, but not serious*. New York: Norton.

Watzlawick, P. (1986). If you desire to see, learn how to act. In J. Zeig (Ed.), *The evolution of psychotherapy*. New York: Brunner/Mazel.

Weakland, J. (1993). Conversation-but what kind? In S. Gilligan & R. Price (Eds.), *Therapeutic Conversations*. New York: Norton.

Weakland, J. (1995). [Letter to the editor]. *Family Therapy Networker, 19*(5), 16.

Weinberg, J. (1995). Common factors aren't so common: The common factors dilemma. *Clinical Psychology, 2,* 45-69.

Weiner-Davis, M., de Shazer, S., & Gingerich, W. (1987). Building on pretreatment change to construct the therapeutic solution: An exploratory study. *Journal of Marital and Family Therapy, 13*(4), 359-364.

Weinstein, N. D. (1980). Unrealistic optimism about future life events. *Journal of Personality and Social Psychology, 39,* 806-820.

Weinstein, N. D. (1982). Unrealistic optimism about susceptibility to health problems. *Journal of Behavioral Medicine, 5,* 441-460.

Weinstein, N. D. (1984). Why it won't happen to me: Perceptions of risk factors and susceptibility. *Health Psychology, 3,* 431-457.

Weiss, B. L. (1988). *Many lives, many masters*. New York: Fireside.

White, M. (1993). Commentary: The histories of the present. In S. Gilligan & R. Price (Eds.), *Therapeutic conversations*. New York: Norton.

White, M. (1986). Negative explanation, restraint, and double description: A template for family therapy. *Family Process, 25*(2), 169-183.

White, M., Epston, D. (1990). *Narrative means to therapeutic ends*. New York: Norton.

Wile, D. B. (1984). Kohut, Kernberg, and accusatory interpretations. *Psychotherapy, 21,* 353-364.

Wilson, S. A., Becker, L. A., & Tinker, R. H. (1995). Eye movement desensitization and reprocessing (EMDR): Treatment for psychologically traumatized individuals. *Journal of Consulting and Clinical Psychology, 63*(6), 928-937.

Witt, J. C., Elliot, S. N., & Martens, B. K. (1984). Acceptability of behavioral interventions used in the classroom. *Behavioral Disorders, 9,* 95-104.

Wolberg, L. (1954). *The technique of psychotherapy*. New York: Grune and

Stratton.

Wolberg, L. (1977). *The technique of psychotherapy* (3rd ed.). New York: Grune and Stratton.

Zilbergeld, B. (1983). *The shrinking of America*. Boston: Little, Brown.

Zimet, C. N. (1989). The mental health care revolution: Can psychology survive? *American Psychologist, 44*(4), 703-708.

찾아보기

• 인명

• 내용

저자 소개

Scott D. Miller

미국 일리노이 주 시카고에서 단기치료 교육 컨소시엄을 이끌고 있으며, 미국 전역에 걸쳐 단기치료에 관한 워크숍과 훈련을 제공하고 있다. 또한 해결중심상담의 대가인 de Shazer 및 Insoo Berg와 위스콘신 주 밀워키에 위치한 단기가족치료센터에서 치료 및 훈련을 담당하고 있다. 저서로는 *Working with the Problem Drinker, The Heart and Soul of Change, Psychotherapy with "Impossible" Cases, Handbook of Solution-Focused Brief Therapy, The Heroic Client* 등이 있다.

Barry L. Duncan

미국 Nova Southeastern University 가족치료학과 겸임교수로 플로리다 주의 포트 세인트 루시에서 개인 치료실을 운영하고 있으며, 현재 Miller와 함께 시카고에서 단기치료 교육 컨소시엄을 공동으로 이끌고 있다. 저서로는 *Brief Intervention for School Problems, What's Right with You! Debunking Dysfunction and Changing Your Life* 등이 있다.

Mark A. Hubble

미국 오하이오 주 북알링턴에서 개인 치료실을 운영하고 있으며, 시카고의 단기치료 교육 컨소시엄에도 참여하고 있다. 캔자스시티에 있는 미주리대학교 단기치료 클리닉의 설립자이자 회장을 역임하였으며, Miller 및 Duncan과 함께 연구와 저술 활동을 하였다.

역자 소개

김희정 연세대학교 교육학과 상담심리 석사
미국 뉴욕주립대학교(버펄로캠퍼스) 상담교육 철학박사
현 한국교원대학교 교육학과 상담심리 교수

조민아 미국 산타클라라대학 상담심리 석사
연세대학교 교육학과 상담심리 박사
현 연세대학교 교육학과 BK21 박사 후 연구원
연세대학교, 이화여자대학교 출강

송소원 연세대학교 교육학과 상담심리 석 · 박사, 상담심리전문가
현 상명대학교 학생생활상담센터 전임연구원
상명대학교, 건국대학교, 경희대학교 출강

장석진 연세대학교 교육학과 상담심리 석 · 박사, 상담심리전문가
현 상명대학교 복지상담대학원 아동 및 청소년상담학과 초빙교수

이정화 연세대학교 교육학과 상담심리 석 · 박사, 상담심리전문가
현 연세대학교 상담센터 객원상담원 및 슈퍼바이저
이화여자대학교, 경희대학교, 상명대학교 출강

유능한 상담자의 심리치료
-내담자에게 집중하라-

Escape from Babel

2009년 9월 1일 1판 1쇄 발행
2025년 3월 25일 1판 7쇄 발행

지은이 • Scott D. Miller · Barry L. Duncan · Mark A. Hubble
옮긴이 • 김희정 · 조민아 · 송소원 · 장석진 · 이정화

펴낸이 • 김 진 환
펴낸곳 • (주) 학지사
04031 서울특별시 마포구 양화로 15길 20 마인드월드빌딩 5층
대표전화 • 02) 330-5114 팩스 • 02) 324-2345
등록번호 • 제313-2006-000265호
홈페이지 • http://www.hakjisa.co.kr
인스타그램 • https://www.instagram.com/hakjisabook

ISBN 978-89-6330-183-9 93180

정가 14,000원